Mentoring managérial

Collection « Entreprendre et comprendre »
Cette collection est dirigée par Luc Chelly

Depuis plus de 20 ans, « Entreprendre et Comprendre » réalise des études et des recherches avec des chercheur.e.s des différentes disciplines des sciences humaines et sociales. Créée par Luc Chelly, « Entreprendre et Comprendre » est une agence d'études qui est intervenue et qui intervient auprès d'institutions (ministères, collectivités territoriales, Agences de l'État, etc.), d'entreprises (publiques et privées) et d'organisations, en assurant un rôle déterminant en amont quant à leurs décisions stratégiques et organisationnelles par une démarche d'abord qualitative. C'est à partir des pratiques et de cette expérience que la collection « Entreprendre et Comprendre » propose un regard analytique et critique afin de contribuer aux débats avec l'objectif d'être opératoire.

Dernière parution

Philippe Soille, *Esprit et Suite de Résistances*, 2020.
Sébastien Petit, *Les métamorphoses du travail intellectuel. Une mise sous tension des ingénieurs et des concepteurs*, 2020.
Ida Bost, *Les herboristes au temps du certificat (1803-1941)*, 2019.

Bruno Diehl, Philippe Faugeron

Pour Serge et Claudie,

Heureux de vous
inviter sur le chemin

Mentoring managérial

Des actes aux gestes

du GESTE
et de partager ces
réflexions
Affectueusement
Philippe

L'Harmattan

5-7, rue de l'École-Polytechnique, 75005 Paris

www.editions-harmattan.fr

ISBN : 978-2-343-25055-7
EAN : 9782343250557

Introduction

Enfin un livre de management qui s'éloigne sensiblement des manuels qui proposent des recettes infaillibles et uniques. Recettes oubliées bien souvent par leurs auteurs qui l'année suivante mettent sur le marché de nouvelles théories miraculeuses assurées.

Tout d'abord le livre « *Mentoring managérial, des actes aux gestes* » génère une respiration salutaire sur un thème complexe, encombré et d'une grande actualité. En entamant un cheminement sans l'imposer, se refusant à être injonctifs, les auteurs proposent une expérience fraîche et enjouée, éclairante et inspirante du management et du leadership. Tout comme « Le sous-préfet aux champs » d'Alphonse Daudet, ils s'autorisent à « *être rêveurs, empathiques, écoutants et parlants avec les autres et avec soi-même* » Cet ouvrage est un moment de plaisir qui donne envie de discuter avec les auteurs et avec d'autres lecteurs afin de croiser les regards, les expériences, les satisfactions et tout autant les interrogations et les doutes.

Ce livre fournit une boussole. Souvent plus utile qu'un G.P.S. et plus sympathique par son rôle d'aimantation, la boussole indique la direction et non les itinéraires à suivre, laissant libre chacun d'emprunter le chemin lui convenant.

L'ouvrage part d'une demande de formation au leadership qui progressivement se transforme en un dispositif de partage d'expériences, où le formateur et l'apprenant se réunissent pour cheminer et se perfectionner ensemble. C'est à ce moment qu'apparaît l'idée de geste qui donne de la vie aux échanges et aux questionnements. Car au-delà des actes managériaux, il y a des gestes qui aident à orienter la pensée et l'action dans la vie de l'entreprise. Les gestes ne sont jamais banals et insignifiants. Ils sont le vecteur de nos relations avec les autres, ils contribuent à établir et à renforcer le rapport aux autres. Ou bien au contraire, ils mettent une distance si nécessaire, surtout lorsque les gestes sont mauvais. Cette idée de geste qui nous vient de loin, est ici réactualisée et revivifiée. On en redécouvre la fécondité dans sa mise en œuvre, tout particulièrement dans les échanges d'expérience que sont les mentoring.

L'ouvrage « *Mentoring managérial, des actes aux gestes* » s'attache à proposer un usage conscient, volontaire et productif du geste qui se comprend ici comme un « élan », une passerelle vers les autres, un partage de sens et une façon de vivre ensemble. L'élan, ici présenté, expliqué, déplié, transmis, ne s'inscrit pas, heureusement, dans les chartes, conseils, procédures qui s'inquiètent de répondre à la litanie : « quoi ? » et « qui ? ». Il relève du « comment ça vit ».

Ce livre est un chemin à prendre avec confiance pour les autres, pour soi-même, pour une progression qui va se faire au fil des moments en laissant derrière les certitudes dogmatiques et les impératifs. Il apporte un regard nouveau et vivifiant sur le *mentoring* qui ces temps-ci se diffuse dans nos organisations.

Bruno Diehl et Philippe Faugeron à partir de leurs expériences, de leurs pratiques, de leurs observations, de leurs analyses, de leur souci des autres ont cheminé, cheminent et chemineront en mentors, afin de proposer d'« être toujours naissants ». Dialoguer avec eux à partir de la lecture de leur travail, c'est générer de l'écho par un geste proliférant, démultiplicateur, fécondant qui peut faire devenir tout un chacun « Mentor », tel l'ami d'Ulysse, instructeur de Télémaque.

Luc Chelly, Directeur de la collection Entreprendre et Comprendre.

Préambule

> *« Non je n'ai pas de méthode, mais je puis vous faire part de mon expérience. »*[1]

Le premier postulat du management moderne [2] affirme que les organisations humaines doivent être toujours plus efficaces. Un corollaire, récent, énonce qu'elles sont aussi tenues de se transformer. Depuis les années quatre-vingt-dix, le management de la transformation a fait l'objet d'un véritable engouement. S'adapter. Voilà l'exigence de notre modernité. S'adapter à quoi ? Aux lois du marché. Les idéologies concurrentes[3] ont été défaites en novembre 1989.

Rien n'est fixe, tout se transforme, tout le monde sait cela depuis bien longtemps. En quoi cette injonction est-elle donc nouvelle pour être ressassée partout à ce point, comme un cri de guerre qui presse à se bouger, toujours plus vite. Difficile de se défiler, d'oser un pas de côté. Qui a posé cette exigence ? Inutile de s'interroger là-dessus, c'est ainsi. « *No way* » disent les gens raisonnables.

Nous avons participé à cette accélération et à cette mondialisation du monde. Avec entrain mais aussi sans nous y retrouver tout à fait. Quelque chose clochait.

Il y a dix ans une question nous a été posée : « *comment développer le leadership ?* ». Dès lors, nous avons conduit une expérience pédagogique originale qui nous a amenés à explorer ce que le leadership apporte, ce qu'il procure à la conduite de l'action, et comment le bonifier. Nous nous sommes demandé en particulier comment faire

---

[1] Jean François Billeter, Leçons sur Tchouang Tseu. Editions Allia. P 29

[2] Pour une histoire de la doctrine du management et de son expansion dans les activités humaines, voir le livre de Thibault Le Texier, « Le maniement des hommes. Essai sur la rationalité managériale » 2016.

[3] Y compris l'économie de l'état chinois qui s'est ralliée aux logiques de marché dès les année 90.

pour que les « *leaders* » s'inspirent toujours de valeurs humaines ordinaires. Beaucoup n'y croient plus et nous moquent. « *Tu crois encore à ça toi ?* » nous dit-on. Au cours de cette exploration, nous avons observé, exploré, expérimenté des moyens d'aborder les façons de vivre et d'agir en relation avec les autres, proches et moins proches, et parfois de savoir prendre le « *lead* ».

Ce que nous avons découvert a été une manière différente de comprendre l'art du management et du développement des talents. Car ils sont liés. Et surtout de la partager à l'aide une pédagogie qui part des praticiens et non des théoriciens. Enfin, au-delà des actes de management nous nous sommes intéressés aux gestes managériaux.

Nous sommes repartis du vécu de l'action de diriger, tel que des dirigeants nous en ont parlé, avec leurs mots. Ensemble nous avons remonté cette matière et en avons pointé les aspects remarquables. Ensemble nous avons précisé ce qui s'était passé, sans chercher ni à modéliser ni à théoriser, mais simplement à en discuter tous les deux. Cela a eu pour effet d'enrichir leur façon de penser comment ils avaient agi. Mais aussi leur façon de le dire, avec précision, sobrement et librement.

Ce fut et c'est encore une source de compréhension et de perfectionnement pour nous et pour ceux avec qui nous avons cheminé durant ces dix années, ceux que nous avons accompagnés. Nous pensons que ces découvertes peuvent faire partie de notre monde en gestation. Elles pourraient apporter une contribution aux interrogations des acteurs aux commandes et de ceux qui les aident. Elles aident à développer les pratiques d'accompagnement dénommées depuis peu « *mentoring* ».

Le texte qui suit est un récit à deux voix de ce parcours de dix années. Il retrace les moments d'interrogation, d'expérimentation, de découverte et de compréhension. Les lectrices et lecteurs qui recherchent un guide y trouveront des éléments qui enrichiront leurs propres guides. Pour les autres ce parcours apportera des idées et des éléments de réflexion qui pourront les éclairer.

Il comporte cinq parties :

Première partie : Le donné de départ. Comment dans les années 2000 nous nous impliquions dans le management et dans son enseignement.

Deuxième partie : Comment notre pédagogie a pris vie en nous appuyant plus sur le vécu de gens que sur des modèles et des injonctions. L'idée de geste qui nous est venue progressivement aide à enrichir la vie qui se passe derrière l'exécution des actes et des rôles. Elle permet de prendre en compte en un seul mouvement des élans et des talents, et d'ainsi valoriser différemment l'action.

Troisième partie : Comment nous avons précisé la progressivité de l'accès à l'idée de geste comment nous l'avons étayée à partir de notions issues des sciences, dures et douces, de l'art et de la philosophie. En quoi cette notion est particulièrement féconde pour les accompagnements par des mentors.

Quatrième partie : Comment nous avons appliqué cette idée de geste au management des métiers, et de tous les publics où les gens agissent par des gestes plutôt que par des actes.

Cinquième partie : Pour les temps qui viennent comment nous imaginons l'intérêt de penser un monde où les gestes auront retrouvé leur place.

Des encadrés et des témoignages viennent illustrer différentes notions évoquées durant ce parcours.

Chapitre Un : Nos premiers pas

« Nous nous imaginons vivre dans un monde qui n'est pas celui dans lequel nous vivons.[1] »

Introduction

Il y a dix ans nous étions convaincus de l'intérêt de disposer de « bons leaders » pour diriger et pour conduire les transformations des organisations. Nous constations aussi que les formations au leadership manquaient souvent leur but. Ces formations étaient avant tout des formations au management, certes améliorées, mais elles restaient centrées sur la gestion des affaires et des organisations, plus que sur la conduite de l'action humaine. La partie « humaine » faisait appel aux techniques de relations humaines[2] et de développement personnel[3]. Une occasion nous a fait nous pencher sur la question du leadership et comment en améliorer la pédagogie.

1.1 Comment nous pensions le management

En 2010, le mot d'ordre de la « modernité »[4] était de transformer. Faire bouger les lignes, « *faire avancer le schmilblick* » disions-nous entre nous. S'engager, motiver, aligner, étaient devenus des impératifs pour toutes les grandes organisations, et pour leur bras armé : les managers. Nous étions de bons soldats de ces batailles. En 2010

---

[1] Bruno Latour 30 janvier 2021, entendu à la radio.

[2] Techniques de relations humaines principalement issues de la communication et du comportementalisme.

[3] L'usage des techniques de développement personnel en entreprise est analysé précisément par Julia de Funes dans son livre « Développement (im) personnel ».

[4] La « modernité » était caractérisée par quatre composants : le tout marché, la financiarisation, la numérisation et la mondialisation.

Philippe y enseignait de leadership et Bruno avait développé un réseau de mentors.

Philippe :

« Avoir la responsabilité d'êtres humains n'est pas pour moi affaire de paroles incantatoires ou d'écrits. C'est un engagement qui nécessite de se mettre en mouvement et de s'y tenir. J'ai connu mes premières contrariétés dès l'université, avec mes enseignants en sociologie des organisations à Dauphine. Je partageais leurs analyses, et j'étais prêt à réagir, à y aller. Mais ils s'arrêtaient à leurs énoncés. Pour certains l'important était de faire comprendre « *l'emprise de l'organisation* »[5] sur les salariés. Ils m'affirmaient que leur job était juste de constater, de formaliser et de consigner leurs idées dans leurs publications. La question n'était pas pour eux d'agir et de s'engager pour corriger concrètement les dérives qu'ils avaient constatées.

Devenu consultant j'ai appris à analyser la vie des relations humaines et sociales dans les organisations, en particulier grâce à la sociodynamique développée par Jean Christian Fauvet.[6] Je voyais que, pour les responsables en entreprise, les plans d'action et les reportings prenaient le pas sur la recherche de l'engagement et de la mise en mouvement des équipes.

Mes clients me confiaient des missions de conception et de mise en œuvre de dispositifs RH. Je constatais que leur détermination pour mettre en œuvre les actes de management qui les portent, ceux-là mêmes qui valorisent l'humain et la relation, dérivait inexorablement vers l'application de process. La force de vie que j'y mettais naturellement était tout juste un plus. Elle était considérée au mieux comme un style : mon style.

De nombreuses entreprises créaient des corps de spécialistes qui privaient les managers d'une partie de leurs responsabilités sur leurs équipes, en les réduisant à un rôle de pilote de plans d'action. J'ai eu à cœur de promouvoir une culture managériale

---

[5] *Max Pagès, Michel Bonetti, Vincent. de Gaulejac : « L'emprise de l'organisation », ed. PUF, 1984.*

[6] *La sociodynamique est une approche de la dynamique des relations et des associations, notamment de la stratégie des alliés, développée par Jean Christian Fauvet et le Cabinet Bossard Consultants. Voir présentation synthétique en annexe.*

où il s'agissait de redonner toute sa place à la responsabilité hiérarchique dans un esprit de subsidiarité[7].

Dans mes débuts de DRH, j'avais travaillé sur la transmission des méthodes de travail. Nous réalisions des supports que j'avais appelés « l'excellence du geste ». Je choisissais des responsables formateurs qui avaient le talent de transmettre. Ils n'utilisaient pas les beaux supports que j'avais préparés. Ils savaient transmettre par eux-mêmes.

J'avais vu que dans « transmettre » il y avait quelque chose comme « faire grandir l'autre ». « *Faire grandir les gens c'était votre truc !* », m'a dit, vingt ans après, mon ancienne responsable de formation, déléguée syndicale de surcroît. Cela m'a rappelé les moments passés avec mon grand-père, lequel avait joué pour moi le rôle d'un vrai maître d'apprentissage, pour me transmettre les secrets du jardinage et du travail du bois (voir précision page 123).

J'ai beaucoup travaillé sur ces notions de transmission. La transmission, dans le cadre de l'apprentissage, ce n'est pas seulement de la méthode, mais c'est de la présence, du temps, du partage du sens, un bout de chemin avec son maître.

Après des années de responsabilités de DRH, je suis revenu au métier de consultant.

Je me souviens d'une mission qui visait à améliorer l'efficacité commerciale des équipes de vendeurs. Nos clients attendaient que nous optimisions les process de ventes, les plans de visites, les argumentaires. J'ai choisi de prendre le contrepied en privilégiant la mise en mouvement, l'implication des managers et l'envie des collaborateurs (voir encadré ci-dessous). Le client, qui avait su apprécier notre contribution, nous a confié que dans leur entreprise d'ingénieurs, qui privilégiait la « ligne froide » du management, nous leur avions fait découvrir la « ligne chaude ». Le travail que nous avions réalisé : le réveil de la responsabilité des managers au contact de leurs équipes, au-delà des process commerciaux, avait contribué à multiplier leurs ventes. »

---

[7] *Le principe de subsidiarité pose que chaque niveau fait tout ce qu'il peut ou sait faire et qu'on ne lui retire que les activités qu'il ne peut ou ne sait pas faire.*

1. Primauté à la mise en mouvement

« Le monde de la presse est confronté à une désaffection des lecteurs « papier », face au développement du numérique et à la concurrence des chaînes d'information en continu.

Certaines équipes se retrouvent au pied du mur pour réinventer leur métier, utiliser au mieux le multicanal, convaincre les annonceurs de leur rester fidèles, séduire le lecteur pour qu'il continue à acheter le journal, etc.

Un cabinet de grand renom avait été appelé par les actionnaires pour proposer un plan de redressement choc pour un quotidien régional. Les consultants avaient conçu un plan d'actions qui comprenait cinq chantiers. Immanquablement, ils devaient permettre de remettre le journal sur la voie de la réussite. Les propositions étaient pertinentes, l'idée était la bonne. Il n'y avait plus qu'à y aller.

Pourtant rien ne se passait. Le front était stabilisé. L'idée lumineuse ne produisait pas d'effet moteur parmi les collaborateurs. L'enclenchement de l'« Agir » était grippé. Nous avions un « QUOI » intelligent, mais pas de mouvement en vue. Malgré les tentatives désespérées, le nouveau patron, homme de presse, à coup sûr bon meneur d'hommes, ne trouvait pas les clefs pour réveiller les forces vives qui s'étaient éteintes.

À ce stade j'ai suggéré que, quelle que soit la pertinence du plan, il fallait retrouver avant tout le goût du mouvement. Et ce sans chercher à faire adhérer au préalable à la solution proposée par la direction. Je leur proposais de sortir du syndrome « inertie - médisance ». À chaque plan d'actions, ils trouvaient des raisons de ne pas agir. La situation était toujours « gelée », à cause des autres.

J'ai proposé deux pistes pour retrouver l'envie d'agir, deux petits jeux : l'un pour redonner goût au mouvement, l'autre pour réduire l'inertie imputée aux autres.

Pour redonner goût au mouvement, chacun était invité à réfléchir à une action modeste de sa part qui pourrait améliorer leur quotidien, une action simple facile à engager, à réaliser (classer des dossiers, relancer tel prospect, réunir les correspondants locaux, lancer un thème d'enquête). J'invitais aussi les responsables à initier ce mouvement pour eux-mêmes. Chez eux aussi c'était difficile.

Oser se lancer, même si la chose rate ou n'aboutit pas. Et surtout en parler, fêter les petites victoires et laisser paraître en ces occasions le lien de ces actions modestes avec l'esprit et l'ambition des chantiers de plus grande ampleur.

Très vite, l'envie est revenue et les forces vives se sont réveillées.

Il fallait aussi traiter le deuxième aspect de l'inertie : combattre la médisance. Là encore nous avons lancé un jeu : dès qu'un procès d'intention, des propos méprisants voire blessants étaient formulés, le témoin ou la victime faisait le geste de brandir un « carton rouge !». Si au contraire une proposition de jeu commun, d'invitation au faire ensemble était formulée, on disait « carton vert !». Rapidement le pli a été pris, des connivences se sont installées et la vie est revenue habiter ce collectif.

Une fois retrouvée la possibilité d'agir, il est devenu plus facile de s'attaquer à plus consistant. Les équipes étaient prêtes à s'engager sur les chantiers de plus grande ampleur ».

Bruno :

« Je suis curieux des choses et depuis toujours je cherche à comprendre ce qui se passe. J'ai suivi des formations d'ingénieur et le suis devenu, avec le plaisir de bien penser comment les choses fonctionnent. Il allait de soi qu'une chose bien pensée était un problème quasiment résolu. C'était là que je plaçais mon goût de la perfection. L'âge avançant je me suis aussi intéressé à comment les choses vivent.

Bien penser les choses, rigoureusement, méthodiquement, voire scientifiquement. C'est ainsi que j'ai conduit de nombreux projets de transports urbains d'abord puis de conseil ensuite. C'est à ce moment que j'ai découvert ce qu'était le management de collectifs humains. Chez Bossard Consultants, nous disions que ce qui prime dans les transformations, ce sont les humains Certes il fallait préconiser des organisations bien conçues, bien dessinées, avec les systèmes bien adaptés et bien instrumentés, mais surtout il fallait en penser le management des personnes qui donnerait vie à ces belles mécaniques. Notre façon d'observer et d'agir sur les questions de management des personnes, se fondait sur la distinction que nous faisions entre le comment ça fonctionne et le comment ça vit. (Voir encadré ci-dessous).

Arrivé chez France Télécom, j'ai découvert un monde, non plus en observateur externe, mais en habitant des lieux. J'ai dû vite apprendre à vivre dans un nouveau pays. Cela m'a passionné, mais mes compétences d'ingénieur et de consultant n'y suffisaient pas. Les activités de l'entreprise étaient passionnantes, les personnes de grands professionnels, la transformation du secteur totale, les évolutions à venir énormes. Et je devais y faire ma place, au milieu des autres, qui bénéficiaient d'une antécédence et d'une expérience étoffée. Un bon caractère, une pensée claire, des méthodes efficaces devaient m'y aider mais étaient clairement insuffisants. Il me fallait entrer dans le paysage pour, plus tard, en faire partie pour y agir vraiment.

J'ai donc tissé des relations, au fil de l'eau, sans trop savoir distinguer celles qui me serviraient de celles qui me desserviraient. J'ai avancé à vue, sans objectifs précis, si ce n'est de vivre professionnellement l'aventure, résolument et intensément. Avec mes exigences, mon énergie et mes savoir-faire. J'ai bien travaillé et bien vécu dans ce monde professionnel. À 57 ans, France Télécom devenu Orange m'a proposé de quitter le navire. J'ai alors choisi de faire le saut.

« *Enfin seul pour entreprendre !* ». Libre d'agir, je voulais rester actif, mais je n'avais pas de projet précis. Je ne disposais que de mes seules ressources : une bonne expérience professionnelle et des qualités relationnelles. Je me suis orienté vers l'accompagnement personnel de cadres dirigeants, en situation de prise de poste à forts enjeux. J'ai nommé ces accompagnements des *mentoring*, car j'agissais plus comme « mentor[8] » que comme un précepteur. J'ai ainsi pris plaisir à faire grandir des gens, dans leur monde professionnel.

Des amis ont souhaité me rejoindre dans cette activité. Nous avons ainsi constitué un réseau de mentors[9]. Tous de grands professionnels, aux parcours remarquables, désireux de « transmettre » leur expérience dans un cadre ouvert, quasi amical, et efficace. Nous avons appris à bien écouter, bien repérer les talents, parler d'égal à égal et en partageant nos expériences, à faire grandir.

Philippe a été l'un des premiers à nous rejoindre. Il travaillait dans un cabinet de conseil. Un jour ce cabinet a voulu répondre à un appel d'offres de développement du leadership des cadres dirigeants de l'État. Il fallait quelqu'un qui sache parler des talents des personnes. Ils ont pensé à moi. C'était le début de notre aventure. »

---

[8] *Mentor était l'ami d'Ulysse, à qui il a demandé d'être présent aux côtés de son fils Télémaque, futur roi d'Ithaque, lors de ses longs déplacements.*

[9] *Talents et Mentoring, Site : https://talents-et-mentoring.com/*

2. « *Comment ça fonctionne* » et « *comment ça vit* » sont deux choses différentes

Nous avons habituellement deux façons de voir, de lire, de comprendre une organisation : La première correspond au « comment elle fonctionne » et la seconde au « comment elle vit ». Ces deux façons sont distinctes. L'une vise à comprendre les lois qui la régissent ou devraient la régir, l'autre comment la vie y trouve sa place et s'y exprime, s'y épanouit ou s'y rétrécit.

La première correspond au travail des organisateurs, des stratèges, des programmateurs, des ingénieurs, des gestionnaires, des contrôleurs, des formateurs… Leurs maîtres mots sont la rationalité, l'efficacité, l'impératif, le droit, le calcul, la prévision.

La seconde relève des observateurs, des acteurs, des auteurs, des expériences de vie, des aspirations, des rencontres, des envies, des estimes ou des méfiances, des admirations ou des jalousies, des jeux et des épreuves. Ils n'ont pas de maîtres-mots qui les ordonnent, seulement des mots qui les animent[10].

La réalité des dynamiques des organisations gagne à être éclairée par ce double regard, de façon articulée, sans chercher à réduire l'une à l'autre, à asservir l'une à l'autre.

C'est ce que j'avais appris lors de mon parcours chez Bossard Consultants.

Nous étions des experts en conception d'organisation pour nos clients, qui devaient répondre à un certain nombre d'exigences. Une fois posées les caractéristiques de la nouvelle organisation proposée, après un travail de diagnostic et de conception, nous avions l'habitude de nous interroger entre nous sur « *comment elle vit cette organisation ?* ».

Cette question m'a été posée à mes débuts chez Bossard. La première fois je n'ai pas très bien compris la question. L'associé en charge de notre projet m'a précisé sa question : « *Comment la personne, à ce poste, dans cette situation, prend cette décision et agit comme tu le penses ?* » J'ai répondu mollement. « *Eh bien, il a été formé, il est bien managé, il comprend bien l'intérêt d'agir ainsi, cela lui plaît même…* ». « *Regarde ça de plus près* » m'a-t-il répondu. Il m'a fallu six mois pour revenir avec une compréhension plus fine de la question du *« comment ça vit »*. Avec le temps je me suis amélioré, et dès le début du travail j'intègre ces deux dimensions.

---

[10] *Cette distinction correspond en partie à celle que proposait Pascal entre esprit de géométrie et esprit de finesse.*

Cette attention portée au « *comment ça vit* » fait parfois partie intégrante de la pensée des dirigeants. Plus les organisations sont petites, plus c'est le cas.

Un de nos mentors nous a rappelé qu'au Club Méditerranée, le président, deux mois après l'ouverture de chaque nouveau village demandait en comité exécutif « *et alors comment il vit ce village ?* ». Parti dans une autre entreprise qui avait la même activité, il a posé cette question à l'ouverture d'un village. Tout le comité exécutif l'a regardé bizarrement en l'interrogeant sur l'intérêt d'une telle question.

Aujourd'hui, sans nous retirer de l'intérêt du comment ça fonctionne, beaucoup traité par fonctions de direction des entreprises et par les professionnels du conseil, nous privilégions clairement l'éclairage du « *comment ça vit* ». C'est cette dimension du management que nous développons dans ce livre.

Ainsi au début des années 2010, nous étions tous deux des soldats aguerris des « transformations ». Nous agissions le plus consciencieusement, le plus professionnellement possible, avec le souci d'embarquer les gens, le plus dignement possible. Nous étions dans le mouvement, nous l'avions en nous. Hélas nous traitions ces transformations au moyen de plans d'action, de descriptions des rôles, de conceptions de process, de développements des compétences, de dispositifs d'accompagnements, c'est-à-dire au moyen de cadres assignés.

Bruno :

> « Depuis le début des années 2000, pour avoir sa place et jouer un rôle dans les grandes organisations il fallait épouser la cause des transformations, sans s'interroger sur leur nécessité. Cela allait de soi ; nécessité de croissance, obligation de s'adapter aux marchés et aux nouvelles technologies, penser qualité, flux tendus, amélioration continue, *outsourcing*[11], création de richesse[12]. En termes financiers cela se traduisait par la nécessité de rendre tous les actifs, humains y compris, le plus liquide possible afin de les immobiliser le moins possible. Les coûts fixes en étaient ainsi d'autant diminués.

[11] *Outsourcing = Externalisation de pans d'activités, qui seraient mieux réalisées par des partenaires externes.*

[12] *Compris dans le sens de profits et de création de valeur pour les actionnaires.*

J'aimais participer à cette effervescence et à faire avancer les choses. Avec savoir-faire, rigueur, tact et responsabilité. J'étais dans l'action. « *The show must go on* ». Avec beaucoup d'autres, nous pensions bien traiter la question des transformations. Toutefois ces transformations nous les observions et les pensions avec les mots des ingénieurs, avec les mots des organisateurs, des RH, des marketeurs, des communicants, des économistes… Autant d'outils de mise en forme dans des schémas de pensée réducteurs. Paradoxalement, nous fixions le mouvement des choses dans des cadres, dans des plans d'action, des processus, des dispositifs de contrôle. Que des mises en bon ordre.

Parfois la rudesse des injonctions et des méthodes employées me rebutait. Je pensais qu'il y avait une façon plus intelligente et plus humaine pour traiter les exigences des situations. J'y mettais une touche de sens partagé, d'écoute et de dialogue. Les choses avançaient mieux ainsi.

Quelque chose me rapprochait de Philippe. Les normes, les certifications, les évaluations, le contrôle n'étaient pas notre tasse de thé. Nous partagions la crainte de la fixation de l'action dans des schémas simplificateurs, comme le font les scripts et les processus. Bien qu'utile, tout ce qui force à mettre la réalité en adéquation avec des référentiels passe à côté de beaucoup de choses. Référentiels de compétences, indicateurs de performances, catalogues de bonnes pratiques, énoncés de valeurs, formulation de projet d'entreprise. Autant de référents qui ouvraient la porte aux évaluations et aux évaluateurs, presque toujours extérieurs à l'action. Il en résultait qu'une partie de la vraie vie, la vie qui se joue dans l'action, disparaissait. Il ne restait que la vie mécanisée, anonymisée, digitalisée, laissée sans voix. Des indifférences, voire des méprises apparaissaient alors sur ce qui se passe effectivement dans la vie professionnelle des collaborateurs, jusqu'aux plus hauts niveaux. Ces réductions nous les voyions comme des dénis de réalité, voire des enfermements. Nous les refusions pour les autres autant que pour nous-mêmes.

Pour autant nous agissions en acteurs engagés des transformations sans trop nous poser la question de quoi il s'agissait. C'était ainsi. Nous n'avions pas fait le travail d'éclaircissement auquel se sont livrés plusieurs auteurs, dont

Barbara Stiegler dans son livre « Il faut s'adapter »[13]. Nous rusions avec cette injonction qui irriguait notre monde professionnel. »

Philippe :

« Je prends le rôle de manager très au sérieux. Mes convictions sur le management reposent sur le fait premier qu'un manager est celui ou celle à qui l'on confie des humains. À ce titre, un manager il a « charge d'âme » comme j'aime à le rappeler. Il se doit d'assumer cette responsabilité pour conduire le collectif dont il a la charge. Cela n'est pas secondaire.

Un manager doit être en tension permanente vis-à-vis de ses équipes, tel un joueur de tennis qui attend la balle : campé sur ses jambes, souple, attentif, prêt à réagir, saisir les signaux faibles ou trop forts. Cette posture attentive doit être accompagnée d'un sens aigu de justice, pour assurer l'équilibre entre la contribution et la rétribution. L'engagement, l'implication, la capacité à « faire équipe » sont des éléments de la contribution, tout aussi importants que l'exercice premier du métier. La rétribution se fait en termes d'argent et, tout autant, par de bonnes conditions d'exercice de l'activité, par la sécurité, par des opportunités de développement de carrière, ainsi que par des signes de reconnaissance,

C'est cet équilibre mouvant qu'un manager se doit de tenir. Nous avions coutume de dire que : « manager c'est l'art de concilier les impératifs de l'organisation et les aspirations des collaborateurs ». En période de stabilité de l'activité tout comme lors des transformations. La tenue de cet équilibre prime pour réussir. Toute transformation qui oublie cette ligne, perd son sens. Le manager y est parfois aidé par la politique de son entreprise, par le soutien de sa hiérarchie, d'autres fois, il doit mener un combat.

Cette idée je la vivais en tant que manager de mes équipes, mais aussi en tant que DRH en charge de l'évolution du contrat social. Je partageais et faisais respecter un des engagements de nos fondateurs : « un progrès économique doit s'accompagner d'un progrès social ». Adage oh combien agréable à appliquer pour un

---

[13] *Barbara Stiegler, « Il faut s'adapter », Gallimard, 2019.*

DRH d'une entreprise en développement. Je dois avouer qu'en contexte de crise ce principe est plus lourd à gérer.

Malgré la situation positive de croissance que connaissait mon entreprise, je devais aussi faire face et résister à des pressions contraires : certains auraient souhaité que nous limitions les contreparties, pendant que porté par mes valeurs, je penchais pour plus de redistribution.

Les tensions et les épreuves de force faisaient partie du quotidien, avec les équipes, avec les managers, avec mes patrons, avec les partenaires sociaux. Faire jouer les stratégies d'alliance, rester fidèle à ses responsabilités et à ses valeurs, tout en faisant appel à ces mêmes engagements de la part de mes partenaires, telle était mon activité jour après jour. C'était aussi mon miel Il y avait mouvement d'adaptation permanent, c'était cela mon ressort pour aller au travail. Nous aimions faire partager le fait que rien n'était figé. Si le contexte changeait, si de nouvelles contraintes ou de nouvelles orientations s'imposaient, nous devions apprendre à nous remettre autour de la table, pour nous adapter, pour évoluer en phase avec de nouvelles donnes. Pour moi l'idée de transformation était un concept abstrait, tandis que l'adaptation permanente dans le mouvement était une réalité vécue. »

Bruno :

« Je m'intéressais au management des transformations. Non pas celles des réglages et des améliorations continues, propres aux régimes « stables », en situation normale, mais celles des évolutions lourdes, des réorganisations, des restructurations, des mutations des modèles d'activités, suite notamment aux innovations technologiques.

J'avais bien été équipé par Jean Christian Fauvet et sa sociodynamique[14] lors de mon passage chez Bossard. Jean Christian nous disait que toute organisation est parcourue en permanence par des tensions entre les personnes et les groupes de personnes. Il nous disait que le management était l'art de composer au mieux ces forces en tension. Il citait les philosophes présocratiques pour qui tout était mouvement. (Voir encadré ci-dessous).

---

[14] *Sociodynamique, voir note page 6 et présentation synthétique en annexe*

Jean Christian avait élaboré un modèle simple, compréhensible par des ingénieurs, qui permettait de cartographier ces forces : la carte des partenaires. Elle permettait de visualiser les jeux de tension à l'œuvre et comment composer avec. »

3. Le feu du management

Héraclite d'Ephèse affirmait il y a vingt-cinq siècles que rien n'est permanent, que le changement. Il avait poussé l'observation du changement en distinguant deux dimensions : sa vitesse (lent / rapide) et sa consistance (lourd / léger), Il en déduisait les quatre éléments : la Terre (lourd, lent), l'Eau (lourd, rapide), l'Air (lent, léger) le Feu (rapide, léger). Appliquant cette classification aux organisations Jean Christian Fauvet distinguait d'une part les structures, les immobilisations et les statuts (Terre), ensuite les systèmes et les process (l'Eau), puis la culture, les habitudes et les mentalités (l'Air), et enfin le Management (le Feu). Les managers étaient très flattés de se sentir perçus comme le feu des organisations. Cette distinction nous permettait de penser les transformations selon la malléabilité de ses composants.

Une question posée dans un appel d'offres m'a rapproché de Philippe : « comment développer le leadership des dirigeants de l'administration ? ». Il était demandé de définir ce que sont les rôles d'un leader et de solliciter les participants pour qu'ils les mettent en œuvre, en s'appuyant sur leurs talents personnels. Philippe était un professionnel des rôles attendus des managers et dirigeants, et je commençais à être reconnu dans les questions de management des talents. »

1.2 Vous avez dit leadership ?

Philippe :

« Je m'étais interrogé sur l'efficacité managériale. Nous voyons souvent le travail d'un manager réduit à réaliser un volume d'activités, à faire bien produire sans anicroche l'organisation qu'il dirige, tout en contenant ses coûts, à développer une compétence technique qui apportera un avantage compétitif, à inventer de nouveaux produits... Pour ce faire on lui a appris dans des formations, ou il apprend sur le tas toute une gamme d'actes managériaux qu'il met en musique, avec plus ou moins de bonheur et d'habileté. Ces actes sont foisonnants, pris dans la masse de l'action quotidienne, parfois explicites et référencés dans des tables contraignantes, voire dans des codes de bonnes conduites, parfois tacites, sans référent formel. Une partie de ces actes concerne les questions de « ressources humaines » dont il faut assurer le management, le recrutement, la formation, des conditions d'exercice de leur activité, la rémunération, la sécurité… Je ne retrouvais pas dans les référentiels utilisés la prise en compte de ma préoccupation, celle de « responsabiliser » le manager sur la conduite du collectif qui lui a été confié. Pour moi un manager est responsable de ses collaborateurs, il a « charge d'âme »

Avec mes amis consultants,[15] nous avions établi un référentiel des fondamentaux du management, qui pouvait adresser ces questions de responsabilisation d'un manager. Nous l'avions proposé à nos clients. Ils l'avaient trouvé très « intéressant ». Je le présentais en ponctuant mon propos d'exemples vécus, d'illustrations vivantes. Je tenais à y mettre de la vie. Je ne pouvais qu'espérer qu'il en serait de même de la part de mes auditeurs que j'aurais convaincus. Ce « référentiel » n'était rien d'autre qu'un cadre qui me permettait de faire vivre et partager ma conviction, par les illustrations, par des anecdotes. Ce n'était pas un référent qui devait faire loi. Ce n'était qu'un support à mon propos pratique. Alors, dans ces moments-là, lorsque je parlais du management, je savais que je parlais de la véritable efficacité managériale, celle qui fédère et engage un collectif. Et là je parlais sans doute déjà de leadership.

Travailler sur le leadership n'est ainsi pour moi qu'un glissement sémantique car la responsabilité majeure reste la même : être en charge de ses collaborateurs.

Passer de manager à leader c'est un peu plus de la même chose, avec quelque chose en plus, comme lorsqu'on change de dimension et d'échelle.

On me demandait souvent de décrire la différence entre un manager et un leader. Mon propos tenait sur une définition qui consistait à considérer le manager comme la personne qui tient la

---

[15] *En particulier Yves Jaunet du cabinet Kea & Partners*

maison (manager vient du mot français ménager)[16]. Maître de l'ordre, d'une forme de plein. Le leader quant à lui était la personne qui savait affronter le vide et le désordre pour conduire sur des routes non tracées vers des devenirs incertains.

Cette distinction imagée est pédagogiquement utile, mais doit être dépassée. Je dirais aujourd'hui, pour rendre hommage à tous les managers que j'ai côtoyés, que la notion du vide a aussi son importance chez les managers qui pour faire grandir leurs collaborateurs savent jouer de la dynamique du *« vide contrôlé »*[17].

En tout état de cause, notre conception du manager et du leader privilégie le grandissement plutôt que la puissance de soi, la responsabilisation et le soutien plutôt que la subordination. J'aime à dire que « *C'est parce qu'il aura fait grandir les autres qu'il grandira lui-même.* »

Je dois à ce stade préciser que le leadership que je prônais est différent de l'exercice du commandement par le chef. Issue des métiers du combat, cette notion peut inspirer, mais elle ne saurait couvrir tous les enjeux d'un leadership en société.

Il n'était non plus pas dans mon propos de préconiser les formes de leadership suivantes :

- L'expression d'une volonté démesurée qui cherche à s'imposer absolument,
- La manifestation d'un « charisme », inné, naturel ou entraîné,
- L'acquisition d'attributs héroïques, ou ceux de « star ». Nous nous méfiions des héros et des podiums,
- Et bien sûr le leadership imprégné de cynisme.

Ces sept rôles retenus dans notre référentiel n'ont rien de théorique. Ils correspondent à des champs d'action distincts, sur lesquels le leader est attendu. Voici comment nous les formulions :

---

[16] *To manage en anglais veut dire aussi se débrouiller de quelque chose, s'arranger pour que la chose réussisse. Le mot management a pris progressivement pris la connotation de gestion, et les écoles de management sont devenues principalement des écoles de gestion.*

[17] *Le vide contrôlé est une forme de délégation où le manager laisse libre le collaborateur, tout en restant attentif pour le soutenir en tant que de besoin.*

4. Les sept rôles du leader

1. Le leader donne le SENS : C'est le premier rôle du Leader. Penser ce sens, être capable de le définir, de l'expliquer, faire des choix transformateurs, se projeter dans une stratégie plus que dans une tactique. Le partage du sens s'inscrit dans le temps long, dans le partage des apprentissages. Le leader est exemplaire dans les valeurs qu'il porte. C'est un temps de gestation qui permet de créer l'envie d'agir. Il montre et fait partager les trois valeurs du mot sens : la direction, la signification et enfin la sensation.
2. Le leader pilote la PERFORMANCE : Il décide et partage les arbitrages pour son organisation. Au-delà des indicateurs, c'est la compréhension et l'implication sur les domaines de la performance qu'il faut savoir partager. Il sait régler le rythme, la pression, les efforts qui conduisent aux résultats. Bien sûr, il sait célébrer les victoires, même les plus modestes.
3. Le leader crée des LIENS : Il installe des coopérations libres et mutuellement profitables. Il sait examiner les champs tant internes qu'externes. Il joue de la transversalité en cassant les silos si besoin. Il sait que les liaisons peuvent être tout aussi importantes que la structure, parce que c'est la vie, les échanges. Aller vers les autres, il a le goût à cela.
4. Le leader libère les ÉNERGIES : Il communique sa propre énergie et en retour se nourrit de celle de ses équipes. Il sait user habilement des différents modes de management. Il sait laisser des marges de manœuvre et susciter la créativité et l'engagement. Il a le souci d'un juste équilibre contribution - rétribution. Il sait partager le plaisir du progrès. Il installe les actes de management qui génèrent et font vivre la dynamique de ses équipes. Il incite à l'initiative et fait respecter le droit à l'erreur.
5. Le leader COMMUNIQUE : Il est l'acteur déterminant de la communication. Il est le premier médium[18] de son organisation, tant pour l'interne, que pour le monde extérieur. Il sait doser entre le discours et le parler vrai. Il a le souci de l'écoute et du feed-back pour que ce qu'il communique fasse sens dans le vécu quotidien de ses collaborateurs.

[18] *Voir Marshall Mac Luhan : « The medium is the message » in « Understanding Media: The extensions of man », 1964, ed. McGraw-Hill Education*

6. Le leader développe les TALENTS : C'est un rôle à part entière qui ne se délègue pas. Il investit le temps nécessaire pour faire grandir ses collaborateurs et faire partager ce principe à tous les niveaux. Il sait encourager, faire confiance pour que chacun apprenne à relever des défis et trouve sa voie. Il fait émerger les leaders de demain.

7. Le leader exerce l'AUTORITÉ : Il sait user des modes de management à bon escient, l'imposition, la transaction et l'animation. Il a le courage de décider sur les points durs. Il sait aller sur le terrain, à l'écoute de ses collaborateurs pour doser son exigence et les conditions de la prise de décision. Il défend l'exercice de l'autorité par ses équipes (pour lesquelles il est un recours) jusqu'à créer un style. Il sait aussi exercer son autorité vis-à-vis de sa hiérarchie.

D'expérience ce référentiel tient toujours bien la route. Il ne présente pas de trous dans la raquette. Nous le présentions sous la forme de pétales, nous parlions alors de la marguerite du leadership. »

Bruno :

« Je ne m'étais jamais vraiment posé la question du leadership. Je sentais bien que l'idée de leadership correspondait à une réalité dans la conduite des nations et des grands groupes, avec sa part d'intention d'imposer sa volonté aux autres. C'est vrai dans l'Histoire. Je l'ai entendu affirmée pour ce qui concerne le leadership américain, de façon tranchante et péremptoire C'était en 2001, quelque temps après les attentats, nous étions en réunion à New York dans une tour d'un grand groupe bancaire, où notre hôte glorifiait le rôle de leader de l'Amérique dans la conduite des affaires du monde. On allait voir ce qu'on allait voir. Aujourd'hui j'entends parler de cœur du leadership par les dirigeants chinois. Tout un programme qui fait froid dans le dos.

Appliquée à une personne la notion demeurait floue.

La première idée qui me venait à l'esprit était le charisme, dont certains seraient dotés, « naturellement », ce qui était loin d'être mon cas. Le charisme peut fonctionner, mais il s'adresse trop à l'émotionnel et aux manipulations. Ce n'est pas pour moi. Je savais qu'existaient des techniques de développement personnel pour gagner en leadership et en assertivité. Mais là aussi j'avais d'autres chats à fouetter.

L'idée de leadership personnel me renvoyait aussi à d'autres champs, très moyennement convaincants. Je me souviens d'un jour ou nous avons abordé cette notion auprès de cadres dirigeants d'une société basée en Hollande. Ils nous ont aussitôt arrêtés en nous rappelant sans nullement plaisanter qu'en hollandais leader se dit führer. Nous avons vite changé nos mots et adapté notre propos.

Appliqué à une personne le mot leader, importé d'outre Atlantique, n'a pas vraiment de traduction en français. La seule évoquée dans les dictionnaires renvoie à l'idée de chef.

Là les choses sont plus claires et font référence directement à la notion de commandement, largement documentée[19]. Mais réduire

---

19 *Voir le travail d'Yves Cohen sur comment l'idée de chef a circulé entre les domaines de la guerre, de la politique et de l'industrie au cours du XX° siècle : Le siècle des chefs, Une histoire transnationale du commandement et de l'autorité (1890-1940), éditions Amsterdam.*

le leadership au commandement laisse de côté beaucoup de choses dans l'art de manager les personnes.

Tout d'abord il y a le risque de confusion et de glissement dans les travers des petits chefs. Le petit chef, se saisit de ses prérogatives et de leur périmètre pour y régner sur un groupe de personnes. *« Je suis le chef, je représente l'ordre, je dois être obéi »*. Il ne tient sa force de chef que de son statut, et de l'obéissance de ses sujets. Le petit chef est méfiant des changements qui peuvent rendre visible l'inanité de ce statut, syndrome du « *le Roi est nu* ». Largement moqués, ils sont toujours très actifs, pas seulement dans les bureaucraties où ils prospèrent. Un vrai chef n'est pas un petit chef.

Il y a autre chose que le commandement dans le leadership. Pour s'en donner une idée j'ai établi un inventaire à la Prévert de formes de leadership que l'histoire nous fournit. (Voir encadré ci-après).

J'avais bien en tête que dans certaines situations des personnes font preuve de leadership et prennent le « *lead* », non pour des questions de position et de statut, mais simplement parce que la situation « exige » que quelqu'un prenne la barre. Une fois la manœuvre accomplie, ce « *lead* » ne leur apparaît plus nécessaire et ils retournent à leurs affaires[20]. Certains aussi savent tenir les rênes sur la durée, avec une certaine efficacité et un certain talent.

La façon de Philippe de parler du leadership ne me rebutait pas. Son propos était concret. Il partait de cas pratiques, essayait de mettre en ordre ses expériences, pour bien les mettre en évidence, mais sans faire de théorie. Il y mettait de la conviction et de l'engagement. Ce n'était pas un théoricien, c'était un militant du leadership responsable ! Je trouvais ses présentations intéressantes, inspirantes, exigeantes. Il mettait en avant la responsabilité qu'il y a à embarquer des gens et à conduire des embarcations avec ses équipages. Je ne pouvais qu'être d'accord avec son propos. »

---

[20] *C'est le cas chez les Hobbits des romans de Tolkien, et aussi chez les Mapuches, populations indiennes Araucans, du Sud du Chili, qui se dotaient en cas d'agression extérieure d'un chef temporaire, et aussitôt la menace écartée, s'en défaisait. Ils ont ainsi conservé leur indépendance face aux espagnols jusqu'à la fin du XIX siècle.*

5. Différents types de leaders : un inventaire à la Prévert

Pour la petite histoire, nos pérégrinations dans le bestiaire du leadership nous ont amenés à repérer plusieurs types de leader. La liste n'est évidemment pas exhaustive. Chacun pourra la compléter et y saura y mettre des noms.

1. Le leader Pharaon qui dirige et étend des empires.
2. Le leader Pastoral qui libère son peuple et le mène où il est bon qu'il aille.
3. Le leader Roi Franc qui bâtit une nation, l'organise et la défend.
4. Le leader Capitaine de caravelles qui embarque dans des entreprises de conquêtes.
5. Le leader Capitaine d'industrie, apparu lors du déploiement des activités carbonées.
6. Le leader Religieux, qui prend ses ordres ailleurs.
7. Le leader Innovateur, originaire de la Silicon Valley.
8. Le leader sur un Marché Mondial, amoureux des podiums et du « toujours plus ».
9. Le leader d'Opinion, dont on ne sait pas trop quoi penser.
10. Le leader Boss, qui s'arrange pour que les autres fassent ce qu'il veut qu'ils fassent.
11. Le leader Spontané, qui se retire dès que le besoin de leader disparaît.[21].
12. Le leader Jardinier, qui a notre préférence ces temps-ci.

DES COMPETENCES AUX TALENTS

« Vous allez rencontrer un être qui n'est pas ordinaire » [22]

L'appel d'offres précisait explicitement que notre réponse devait aussi intégrer un volet relatif aux compétences comportementales à mettre en œuvre par un leader. Nous avions traduit la chose par : « développer ses talents pour agir en leader ». Ce n'est pas un simple glissement sémantique[23]. C'est un sujet que nous approfondissions depuis quelques années.

---

[21] *À l'image du chef Mapuche voir note page 30.*

[22] *Haruki Murakami, 1Q84,*

[23] *Une compétence est une aptitude, qui se doit d'être objective, mesurable, évaluable, certifiable. Un talent n'a aucune de ces caractéristiques : c'est une disposition, subjective, en puissance dans un sujet, remarquable, qui ouvre à la virtuosité.*

Bruno :

« Je ne me suis intéressé aux talents que sur le tard, ceux des autres. Les miens ne m'intéressaient guère. C'est toujours le cas d'ailleurs, je préfère les laisser mener leur vie. Dans le monde des ingénieurs, la question des talents n'en est pas une. Ce qui compte, ce sont les connaissances techniques, et l'aptitude à les mettre en œuvre, ce que nous nommons habituellement les compétences.

Pourtant, très tôt, j'ai été touché par des rencontres inhabituelles où quelqu'un me parlait de moi de façon tout à fait originale. Il ne me parlait pas de façon psychologique, ni pour m'introspecter, ou me faire m'introspecter, encore moins pour me dire « qui je suis », ou « il serait bon que tu sois comme ça ».

Non. Ils me parlaient sans me juger, sans me questionner de façon orientée. Ils montraient une véritable curiosité portée à ma jeune personne, parfois même avec une considération discrète, non feinte. Leur curiosité les poussait à chercher à éclairer quelque chose de moi auquel je ne prêtais pas attention, qui ne méritait pas à mes yeux qu'on s'y attarde. Et eux s'y attardaient, sans insistance. Alors, passé le moment de timidité, leur propos m'interpellait, parce qu'il me fallait leur répondre, sans fard, depuis quelque part de plus profond en moi. Ils faisaient cela avec légèreté, par petites touches, en tapotant. Et j'en ressortais tout tourneboulé, à la fois plus dense en me sentant plus dégrossi et aussi plus grandi.

Dans ces moments j'ai ressenti que l'autre me considérait au-delà de ma simple présence, et me prêtait des qualités particulières. Sans nécessairement les préciser, il indiquait des qualités dignes de s'y intéresser et d'être cultivées. Voilà sans doute ma première expérience d'interpellation sur des talents.

Je m'y suis essayé à mon tour. Établir un tel type de contact avec certaines personnes, de façon rare et exceptionnelle. Il se passait alors toujours quelque chose, toujours surprenant, toujours fort et vif. Sans chercher à bien comprendre ce qui se passait, je rencontrais des caractères, des personnalités, des qualités personnelles originales, des talents singuliers.

Je suis ainsi devenu « observateur de talents », par expérience. Sur le tard, une activité particulière me l'a fait approfondir : l'activité d'observation dans un cabinet d'*« assessment »*[24].

Le métier d'*« assessment »*[25] est un curieux métier où l'on « observe » des gens « mis en situation » dans des jeux de rôle. On en déduit ensuite quelles sont leurs forces et leurs faiblesses potentielles. Je faisais partie des observateurs. J'ai beaucoup apprécié rencontrer des grands professionnels dont les qualités, les points forts, étaient remarquables et valaient la peine d'être mis en lumière. Non pour les flatter, mais pour leur dire qu'équipés de tels talents ils pouvaient aller beaucoup plus loin sans trop d'efforts.

Pour éclairer ces questions, de nombreuses « techniques » sont disponibles : psychologiques, cognitives et comportementales pour les plus répandues. Mais très vite, pour bien les maîtriser celles-ci demandent des connaissances particulières, des connaissances d'experts, très utiles et efficaces pour certaines situations, en particulier pour traiter notamment les traumatismes lors de catastrophes. Elles nécessitent d'être formés, bien formés. Je ne souhaitais pas devenir un spécialiste, voire un « expert » reconnu pour savoir ausculter les énergies des personnes, leur potentiel et pratiquer l'introspection.

Je pensais que la meilleure façon de discerner cette énergie, ces talents, réside dans la confiance en son propre ressenti et en sa propre intuition. Mais pour devenir bon, il faut la travailler cette intuition. Et la confronter au regard des autres, en particulier ceux ayant connu l'intéressé.

Les exercices d'*« assessment »* auxquels j'ai été invité m'ont mis le pied à l'étrier. Nous utilisions un référentiel bien pratique pour mettre en ordre ses impressions lors des observations d'une personne. La carte de lecture était simple et pointait quatre facettes : le tonus - le caractère (l'énergie), la façon de penser (le cogito), la façon de parler (le langage), et la façon d'agir -

---

[24] *Le cabinet ArnavA, créé en 1991 par Jean-Alain BAUP. Site : https://www.arnava.com/*

[25] *Un Assessment Center met en œuvre des méthodes qui évaluent les compétences d'un candidat au travers de plusieurs outils psychométriques et par des mises en situation. (Source Wikipédia)*

interagir avec les autres (homo actans). Cette expérience m'a fait pousser plus avant la question (voir ci-dessous l'encart « le trèfle des Talents »).

À vrai dire, l'approche d'*« assessment »* ne me convenait pas tout à fait. Elle se centrait plus sur les comportements « attendus » d'un manager, que sur les ressources dont il dispose. Elle visait à « noter » la personne. Pour ma part, je cherchais plus quelque chose pour établir un dialogue avec la personne pour la questionner sur ses ressorts et sur ses talents. Quelque chose de plus qualitatif, qui permette d'aller plus loin dans l'exploration, ensemble. Avec nos mentors nous avions amélioré ce référentiel dont la principale qualité est qu'il permettait de mettre en évidence les points forts de la personne, là où elle en a sous le pied, là où elle est talentueuse. Nous l'avions utilisé dans nos accompagnements et nous pouvions le proposer dans la réponse à l'appel d'offres. Compte tenu de sa forme en pétales, nous avions appelé ce référentiel le trèfle des talents. »

6. Le trèfle des talents : un instrument léger pour apprécier l'étoffe d'une personne

Pour mettre un peu d'ordre dans toutes les impressions que vous font une personne rencontrée pour la première fois, je me suis appuyé sur un modèle qui était utilisé dans le cabinet d'*« assessment »* où j'avais travaillé. Je l'ai fait évoluer tout d'abord pour qu'il aide à repérer les points forts qui ressortent de l'observation de la personne plutôt que les points faibles. Ensuite j'ai souhaité qu'il puisse se référer aux grandes disciplines, bien documentées, qui traitent de l'agir humain. Pour le dire simplement, depuis Platon, le monde des choses et celui des idées sont séparés. Il y a les mots et les choses, les idées et l'action. Puis plus récemment, depuis l'invention du sujet à l'âge classique, il y a le soi et les autres, l'Ego et l'Alter, dissociés. Voilà les deux découpages que nous avons retenus pour notre modèle qui classe ainsi en quatre catégories les ressentis lors d'une première rencontre avec quelqu'un : Comment fonctionne-t-il seul dans le monde de l'action (comment il existe[26]), et comment fonctionne-t-il seul dans le monde des idées (comment il pense), comment fonctionne-t-il avec les autres dans le monde des idées (comment il parle), et comment agit-il avec les autres (comment il fait avec).

[26] *Du latin « ex- sistere » : se tenir debout, dehors.*

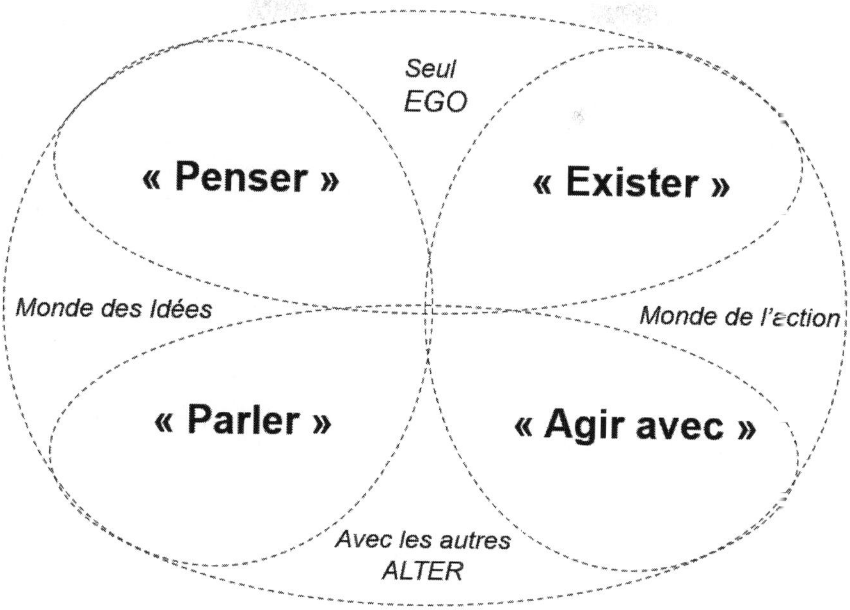

Cette façon concrète de distinguer les différents talents me paraissait intuitive et bien correspondre à des expériences de vie. En effet lors de la rencontre avec un inconnu, la première impression que nous ressentons est « physique ». Son « exister » nous touche, son port physique, sa poignée de main qui dénote une force corporelle qui nous donne envie de poursuivre la relation ou bien qui nous laisse perplexes. Vient ensuite son « parler », l'impression que sa voix nous fait, dégagée, ouverte ou retenue. Une fois ce premier contact établi et les premiers propos échangés, notre curiosité se porte sur sa façon de penser les choses, anecdotiques, construites, réfléchies spontanées… Et là encore en résulte une attirance, une dissonance, ou bien une simple perplexité. Enfin, ces premières impressions étant établies intuitivement, nous vient la question qui nous réunit : comment fonctionne-t-il avec les autres et cela me convient-il ? Cela me donne-t-il envie d'interagir avec lui ?

Ce parcours se fait extrêmement rapidement dans notre tête. Une première impression s'imprime qu'il sera difficile de la modifier ensuite. De tout ce qui se passera après, le réflexe est de ne retenir que ce qui conforte cette première opinion, et d'éviter ce qui en déroge. C'est pour cela qu'il est important de soigner sa première impression. Pour éviter de tomber dans les stéréotypes simples qui s'imposent par manque de temps.

« Il y avait un point sur lequel nous nous retrouvions avec Philippe. Le sixième rôle du leader, que Philippe énonçait ainsi : *« le leader développe les talents »*. C'était une évidence pour moi. J'ai eu de bons patrons et des moins bons, voire des carrément mauvais. Ceux qui ont été bons pour moi étaient ceux avec lesquels je me suis senti grandir professionnellement, grâce à eux. Je leur attribue sans hésiter la médaille de leader. Pas aux autres. »

Philippe :

« Consultant puis DRH, j'avais beaucoup recruté, évalué, j'avais appris à repérer les ressorts qui animent une personne, mais je me méfiais des grilles, des tests et des référentiels, trop réducteurs à mon goût. Pas d'analyse psychologique, pas d'introspection interprétée de façon malsaine et inutile, pas de modèle fixé à appliquer comme une recette. J'étais allergique à ces mises en cases. Par-dessus tout j'étais viscéralement opposé aux démarches par trop intrusives.

J'avais pourtant accepté de jouer le rôle d'observateur dans un cabinet d'*« assessment »* où j'avais dû me plier à un modèle. Comme à mon habitude, je ne voulais pas rentrer dans une grammaire trop sophistiquée, trop conceptuelle.

Je préférais sentir l'effet que me fait une personne, ressentir ses élans de vie, sa tenue, sa relation aux autres, bien sûr, sa mécanique intellectuelle et ce qu'elle en faisait. Je cherchais à repérer des caractéristiques simples, de base, pour éviter les défauts rédhibitoires, et être surtout attentif aux qualités, qui peuvent révéler des potentiels.

L'approche sur les talents qu'apportait Bruno, m'était non seulement familière, mais sa logique de présentation me parlait bien, j'avais aimé l'état d'esprit du trèfle : La clarification d'une lecture des compétences, simple en termes d'action et de pensée, et de soi avec les autres. Bruno le simplifiait, quand d'autres cherchaient à le complexifier.

Ce regard sur les talents avait une utilité pour moi. Il permettait d'aller chercher comment une personne habitait convenablement et à bon escient les rôles que nous avions formalisés. Et le tout s'articulait bien. Un autre aspect de cette approche me convenait bien aussi : c'était l'incitation à aller pointer là où il y avait du ressort, et les points forts de la personne. »

1.3 Comment nous avons répondu à la question posée

Il était demandé de proposer un dispositif d'aide aux cadres dirigeants pour « *leur permettre d'auto-évaluer et de développer leur leadership de la transformation* » (sic). La demande précisait explicitement qu'il fallait former les intéressés au leadership mais aussi les interpeller sur leurs talents personnels pour les mobiliser, notamment grâce à des amorçages de « *coaching de développement* ». La grille d'évaluation des réponses prévoyait que 70 % de la note serait basée sur la qualité du référentiel de leadership proposé et du professionnalisme des intervenants.

Nous allions donc proposer la mise en œuvre d'un référentiel « éprouvé » par des professionnels aguerris et compatibles avec les courants actuels de la science managériale : « Notre référentiel du leadership ».

En pratique nous avons proposé deux référentiels, celui des rôles du leader et celui des compétences requises pour mettre en œuvre ces rôles, et summum de l'art du référentiel, nous les avons croisés. Tout était bien calé et se tenait bien dans nos têtes bien faites. Et nous proposions la formule : « Les rôles du leader qu'il met en œuvre en usant de ses talents à bon escient ».

Dans la réponse à l'appel d'offres que nous avions faite avec deux consultants du cabinet Kea & Partners[27], notre ton était celui de quelqu'un qui sait et qui donc prescrit à des apprenants. Ils allaient devoir s'approprier ce référentiel qu'on apportait et le diffuser.

On parlait de partage dans notre proposition, mais c'était un étrange partage. Nous en fixions les règles. Nous allions utiliser un outil labellisé, sorte de protocole cadré pour amener les gens à se positionner sous la conduite d'un animateur qui allait diriger les échanges.

Nous allions plus loin même, nous allions les faire « monter en conscience ». Leur faire prendre conscience qu'ils étaient perfectibles, et donc leur faire accepter l'idée de progresser. Nous faisions référence aux travaux d'un spécialiste anglais[28] qui avait mis en évidence sept niveaux croissants de conscience du leadership.

[27] *François Zoetelief et Vincent Jeanteur*

[28] *Richard Barrett « leadership development, values and consciousness » voir site « barrett value center ».*

Concrètement le dispositif proposé comportait des rencontres « Thématiques » et des rencontres « Témoins », des modules d'aide à l'autoévaluation et à la définition de plans d'action de progrès, ainsi que des accompagnements personnalisés.

Tout cela était profondément fixé dans un cadre et proposé en mode chausse-pied, comme le client le demandait.

Le premier contact

Bruno :

« Agréable surprise, nous avons été retenus en « *short list* » et nous nous sommes préparés alors à une « soutenance orale » face à un jury, nombreux. Nous avions préparé un support, bien rationnel, bien en ligne avec notre proposition initiale.

L'associé du cabinet a présenté l'ensemble puis s'est retourné vers Philippe pour qu'il expose notre référentiel du leadership. Philippe a démarré par une affirmation catégorique « *le leader héroïque, c'est fini* », et s'est mis à parler de l'aptitude à embarquer un collectif. Très vite une interpellation l'a arrêté. « *Et comment vous repérez un tel leader en trois minutes ?* » La réponse de Philippe a jailli, immédiate, directement du cœur. « *La capacité à entraîner un collectif, ça ne se voit pas en trois minutes, ce n'est pas possible.* ». Le donneur d'ordre avait saisi l'instant et a déclaré « *Ce monsieur parle d'or* ». La relation entre eux s'était établie. Nous partagions des mêmes valeurs, c'était sûr. Et nous parlions de quelque chose que nous connaissions chacun pour l'avoir vécu.

Une nouvelle dimension s'était introduite dans nos échanges : la passion de l'engagement, de la responsabilité, de quelque chose de grand qui incite à l'action. L'irruption de cette dimension dans l'exercice codé et hyper-rationnel de la soutenance allait nous permettre d'ouvrir l'échange.

Elle nous a permis de laisser poindre des questionnements non résolus, des réflexions en recherche, des interrogations qu'ils aimeraient partager. Nous-mêmes aussi étions en recherche, beaucoup moins sûrs que ne le laissait penser la construction rigoureuse de notre proposition. L'échange s'est poursuivi cordialement et nous restions bien sur nos pieds pour répondre à toutes les questions d'organisation du dispositif et de modalités.

En sortant je ne savais pas trop quoi en penser, mais il semblait que quelque chose avait fait mouche. Un « *je-ne-sais-quoi* » aurait dit un philosophe du siècle passé. Quelques jours plus tard, nous avons appris que nous avions été retenus. Tout allait commencer ! »

1.4 Les adaptations successives

Notre client avait posé les bases d'un dispositif mais rapidement nous nous sommes rendu compte qu'il était prêt à le remettre en cause si nous proposions des améliorations. Il nous incitait même à le « martyriser » (sic). Nous ne nous en sommes pas privés.

Un premier retournement

Philippe :

« Un climat d'échange s'était installé lors de la présentation, je sentais que le courant était passé avec notre donneur d'ordre ce malgré le cadre solennel du jury. J'avais vu qu'avec lui on pourrait travailler différemment.

Cela nous a donné l'envie de rentrer plus avant dans la conception du dispositif, de faire preuve d'un peu d'audace face à une construction qui restait quelque peu théorique à nos yeux, tant la leur que la nôtre. L'échange nous paraissait nous avoir ouvert la possibilité d'adapter notre proposition initiale au plus près de leurs attentes mais aussi à nos façons de voir et à nos envies.

Ils attendaient de nous que nous leur apportions un référentiel solide de leadership, ainsi que de compétences que nous ferons évoluer pour nous intéresser aux talents. Ils nous demandaient aussi que nous trouvions la meilleure façon de l'enseigner à leur public, exigeant et fier. Il était spécifié que non seulement nous devions leur enseigner notre modèle, mais aussi faire qu'ils prennent conscience du chemin à parcourir, pour qu'ils mesurent les progrès à réaliser pour s'y conformer. Au fond de nous, nous avions du mal à nous poser en donneurs de leçons. Les cadres dirigeants de l'État ne nous avaient pas attendus pour avoir une idée arrêtée de ce qu'était un leader. Nous avions affaire à un public averti, de sacrées pointures. Nous étions convaincus de la pertinence de notre référentiel, mais de là à l'imposer à ce public comme le modèle à suivre il y avait un pas difficile à franchir. Nous le voyions juste comme des repères pour signaler l'essentiel de la responsabilité d'un leader. C'étaient eux les praticiens, eux qui savaient, par leur expérience, par leur vie professionnelle. Nous n'avions pas non plus la prétention d'en imposer auprès du premier d'entre eux qui était notre donneur d'ordre, qui avait bien creusé la question et avait beaucoup à nous apprendre…

Le dispositif initial prévoyait des conférences mensuelles. Chaque mois un orateur, l'un d'entre nous, ou un expert plus prestigieux, devait venir exposer son savoir sur chacun des rôles d'un leader et des compétences utiles qui y étaient attachées. Les auditeurs auraient eu la possibilité de poser des questions, et ainsi chacun serait reparti avec une vision plus claire de chaque rôle, et comment il pourrait se mettre mieux en adéquation avec. À nos yeux, ce dispositif, relativement classique, présentait le risque de perdre progressivement son public, malgré la qualité des orateurs. Il fallait trouver autre chose pour interpeller plus personnellement et de façon plus exposée chacun des participants.

L'idée nous est venue de proposer aux participants un travail sur ces rôles, un travail individuel et collectif. Ils passeraient ainsi d'une position de spectateur à une situation d'acteur – contributeur. L'approfondissement des rôles serait apporté par eux, à partir de leur propre expérience. Il fallait arriver à ce que chacun accepte de nous dire sa façon de faire, nous dévoile ses ficelles. C'était assez osé dans ce monde où parler de soi est ressenti comme une antivaleur. Lors de notre première réunion, nous aurons en effet droit à la repartie « *le moi est haïssable disait Pascal.* » !

L'idée est retenue et nous allons la déployer. Nous allons découvrir combien ils sont capables de nous en parler avec beaucoup de finesse et d'humour. Nous ne mesurions pas à ce stade, toute l'intensité que constituerait le fait que chacun accepte de s'exposer devant ses pairs ; une expérience inédite pour la plupart d'entre eux.

Nous avons avancé pas à pas. Nous avons pensé un format qui permettait d'embarquer un même groupe sur une durée longue, nécessaire à tout apprentissage. Nous convenons de la configuration suivante : un groupe d'une douzaine de dirigeants sur six mois, à raison d'une réunion par mois. Nous sommes ainsi sortis du schéma « présence à la carte », en fonction de l'intérêt porté à un thème présenté par un orateur. Le principe était posé : « *nous allons vous présenter les sept rôles d'un leader, vous nous apporterez vos témoignages, vous échangerez avec vos pairs, nous vous renverrons la vision que nous aurons eue de vos talents à partir de vos témoignages. Nous n'allons rien vous enseigner, nous allons observer, découvrir et apprendre, ensemble* ». L'idée de cohorte de partage d'expérience était née. »

ILS NOUS ONT DEMANDE DE SOPHISTIQUER NOS REFERENTIELS AVEC DES ROUES

Bruno :

« Le dispositif d'animation se précisait. Les participants allaient venir témoigner de leur façon d'agir en leader, mais nos référentiels demeuraient au centre de l'affaire. Ils devaient servir sur la base des témoignages à évaluer le niveau de leadership atteint, ainsi que le niveau de compétence mis en évidence. Et donc aussi, en creux, les manques, comme lors d'un examen scolaire. Notre client nous le demandait, nous nous devions de jouer le jeu.

Nous nous sommes ainsi livrés à l'exercice de décrire la progressivité de la mise en pratique d'un rôle. Nous avions retenu cinq étapes. Pourquoi cinq ? Pour nous inspirer du modèle classique de l'amélioration continue, que nous avions amélioré en lui apportant une cinquième étape : « Penser l'action, S'y préparer, Agir, Ajuster en fonction des retours d'expérience, Pérenniser ». Notre client appelait cette mise en mouvement du référentiel les roues, sans doute en référence à la roue de Deming[29].

L'idée d'améliorer notre référentiel à l'occasion de cette prestation ne nous déplaisait pas, notamment compte tenu du degré d'exigence de notre donneur d'ordre.

Néanmoins nous n'étions pas vraiment à l'aise à l'idée de l'appliquer auprès des participants pressentis. Pour éviter de nous engager dans cette impasse « prescriptive » où nous aurions dû jouer les « évaluateurs », il nous restait la possibilité de rendre la parole aux participants ; ce sont eux qui, à l'écoute des témoignages, auraient à apprécier si le rôle était bien rempli, s'ils l'avaient bien senti, s'il était inspirant pour eux. Et pour donner le plus de chance possible d'entendre l'exercice d'un rôle donné, nous recommandions aux apporteurs de témoignages non seulement de décrire comment ils l'avaient mis en œuvre, comment ils l'avaient compris mais aussi, et surtout, comment ils l'avaient vécu.

L'idée a été acceptée. D'un côté nous avions nos roues sous le bras, et de l'autre nous ne nous en servirions pas. Cela ne s'est pas fait sans une certaine frustration du directeur de cabinet de notre client qui tout en étant très satisfait de la qualité des échanges qui allaient suivre, a été toujours en manque d'une évaluation formelle et contrôlée. »

---

29 *La roue de Deming comporte quatre natures d'action qui s'enchainent successivement « Plan, Do, Check, Act », c'est-à-dire « planifier, réaliser, contrôler et améliorer ». W Edward Deming est un statisticien américain qui a conçu cette roue très utilisée dans les doctrines de l'amélioration continue.*

NOUS NOUS SOMMES ACCORDES SUR LE FORMAT D'ANIMATION DU DISPOSITIF

Philippe :

« L'animation de la cohorte se dessinait. De nouvelles questions apparaissaient. Il allait falloir intéresser les participants à exercer leurs rôles auprès de leurs équipes pour réussir une importante réforme, les faire parler de la façon dont ils assumaient cette responsabilité. Sérieux, profondeur et utilité, devaient garantir que nos invités s'impliquent réellement.

Il fallait aussi éviter le risque de glisser dans des débats stériles : élaboration de doctrines de management, pertinence des méthodes du privé dans un cadre public... Mais surtout nous devions établir un climat propice aux échanges, libres, sans arrière-pensées, sans jugements, et surtout qui leur donneraient envie de revenir aux réunions suivantes.

Pour y parvenir nous avons proposé d'abord des règles du jeu. Des règles qui protégeaient les participants (confidentialité), qui facilitaient les échanges au sein du groupe (écoute, respect, non-jugement, modalités de prise de parole), des règles qui nous permettaient de recadrer un échange qui aurait pu déraper en querelle, de théoriciens ou d'autres. Enfin nous énoncions une règle d'assiduité pour s'assurer qu'ils reviennent d'une réunion sur l'autre, pendant six mois. Une gageure pour ce type de public.

De surcroît nous voulions éviter les discussions de type « *open bar* », faites de causeries sympathiques entre pairs, dans le ciel de Paris comme les salons de Bercy s'y prêtaient si bien. Nous souhaitions entrer en profondeur dans le vif du sujet : « *comment j'agis en leader* ».

Comment alors les aider à penser leur façon d'agir sans se fixer dans un référent auquel il faudrait répondre, ni se justifier, ni expliquer de façon démonstrative. Il fallait aller chercher ce que nous aimions appeler le « *et toi dans tout ça !* » (nous reviendrons sur le sens de cette expression.)

En résumé nous faisions face à deux défis :

- Présenter un ensemble de rôles face à des gens qui intellectualisent rapidement, et mettre beaucoup de vie dans nos propos.
- Obtenir des témoignages de qualité. »

ÇA SE COMPLIQUE ! ILS NOUS DEMANDENT DE CROISER LE « QUI » AVEC LE « QUOI »

Bruno :

« Nous avions un autre défi à relever. Nous devions croiser le référentiel des rôles (le Quoi) et le référentiel des compétences de ceux qui le mettent en œuvre (le Qui). Nous avions même établi un tableau plausible, qui a retenu l'attention de nos interlocuteurs lors de notre réponse à l'appel d'offres. Nous avions donc dû leur expliquer ce tableau à double entrée.

C'était clairement tiré par les cheveux. On restait toujours face à deux colonnes, non miscibles au fond. Nous nous empêtrions alors dans les tentatives de concordance. Entre penseurs nous nous mettions d'accord sur une sorte de mécanique d'adéquation, avec des notations pour évaluer le niveau d'avancement ou du chemin restant à accomplir sur les deux colonnes du tableau. Mais nous ne poussions pas plus avant la question, certes passionnante, mais qui au fond ne peut être conclue. D'autres questions plus urgentes se présentaient. Puisque nous allions demander aux participants d'apporter leurs témoignages, comment allions-nous le leur demander ? Cela allait nous donner un répit.

Pourtant la question continuait à rôder. Nous sentions bien que nous nous adressions toujours à une personne, agissante, formant un tout, qui quand elle agit, ne distingue pas de tableau à double entrée. Pour leur parler d'eux « *agissant depuis eux-mêmes* » nous sentions que nous devions trouver un lieu au-dessus de cette projection dans un référentiel à deux dimensions. Comme sur une ligne de crête, en veillant à ne pas chuter d'un côté ou de l'autre. Il nous faut donc éviter le Qui, qui creuse, et le Quoi, qui fixe. Comment sortir de cette impasse ?

La réponse viendra par la forme de questionnement. Nous sommes allés les interpeller sur le « comment » ils vivent leur pratique du leadership. Le « *que doit faire un leader quand il agit* » est devenu progressivement du « *comment ça se passe quand un leader agit* ? ». En s'intéressant au comment, au comment ils le faisaient, au comment ils le vivaient, non au comment ils l'expliquaient. Non pas théoriquement mais concrètement, à partir de leurs expériences de vie.

Les témoignages ainsi sollicités allaient apporter des illustrations de situations, des anecdotes bien parlantes. Ils allaient aussi révéler de remarquables talents. Nous allions être fortement surpris par la qualité des personnes et des témoignages. L'amorçage demandé à des coachings individuels en a été ainsi largement facilité. »

Nous voulions transmettre un état d'esprit, plutôt qu'une méthode. Aujourd'hui nous pouvons dire que nous étions confrontés de fait à un problème de pédagogie, pour lequel les solutions courantes ne fonctionnaient pas[30]. Le concept que nous voulions enseigner demeurait au fond indéfinissable et les pédagogies courantes inappropriées. Une fois la confiance établie avec notre donneur d'ordre, nous pouvions nous mettre en mode « *inventons une approche adaptée* ». Comment nous y sommes-nous pris ? En tournant ensemble autour de la question, en nous écoutant mutuellement, en nous mettant à l'affût des réactions les uns des autres. Notre façon très libre d'interagir entre nous a ainsi largement contribué à nous orienter dans ce parcours.

[30] *Des pédagogies alternatives, mises en forme et labellisées, existaient par ailleurs. En particulier les groupes de « codéveloppement », inspiré du coaching collectif avaient la côte pour aider au partage d'expérience. Néanmoins sa nature « méthode de résolution de problème » ne convenait ni à notre question, ni à notre client.*

1.5 Nous avons appris à « *croiser nos regards* »

C'était la première fois que nous explorions ensemble une question nouvelle. Chacun venait avec son bagage, sa vitalité et ses manières de faire. Et nous étions tous deux curieux de la façon d'agir de l'autre, respectueux, intéressés, tenus par une estime réciproque. Nous nous sommes laissés aller à nous parler en toute liberté, liberté de penser et de proposer. Nous n'étions pas deux dominants qui cherchaient à avoir raison. Nous cherchions simplement à composer nos expériences, pour voir si quelque chose de plus efficace allait en sortir. Ceci est fréquent dans le monde scientifique mais finalement plus rare chez les experts du management[31]. Plus tard nous avons appelé cette façon de faire « *croiser nos regards* ».

Philippe :

> « Je suis un passionné et intuitif. J'aime le contact avec les gens, dans l'engagement. Mon terrain est celui de la prise de conscience de la responsabilité managériale. J'aime aussi la photographie, saisir de beaux moments.
>
> Bruno est pour moi un ingénieur. Il tient la machine. Mais il est aussi artiste. Il dessine, il peint. Ce dernier point nous rapproche dans notre façon de voir les choses. Pour nous, la forme compte, tout comme le fond.
>
> L'un comme l'autre nous nous étions impliqués sur des points durs de transformation de grands groupes. Bruno chez Orange et moi chez Carrefour.
>
> Nous aimions établir des contacts directs, vivants lors de nos prestations de conseil, tout en étant extrêmement rigoureux sur les méthodes que nous appliquions. Nous jouions bien des deux cordes, sans mettre en avant ni l'une, ni l'autre. Nous étions des défenseurs de la vie par nos comportements, par nos façons d'être, mais nous étions aussi des tâcherons des process, des plans d'action, des évaluations des résultats. Nous faisions la promotion de méthodes où le soft pouvait avoir sa place. In fine c'était le

---

[31] *Les professeurs de management se sentent en concurrence. L'un d'eux nous a dit qu'il se considérait comme une « Marque » sur un marché, Marque qu'il devait défendre et valoriser.*

client qui décidait de la place à lui donner. Et cette fois-ci notre donneur d'ordre souhaitait lui donner une véritable place

J'aimais raconter la vie qui se passait dans les situations managériales, en me référant beaucoup à mes expériences professionnelles. Cela me donnait une bonne assise. Bruno aimait agir sur le « mode dauphin »[32], bien que n'ayant pas fait Dauphine. Cela me plaisait, un dauphin donne l'impression de jouer. Quand un problème lui semblait trop complexe pour être pensé, il me disait que ses façons de penser étaient inappropriées à la situation et qu'il fallait qu'il les interroge pour élargir l'éventail des solutions. Il s'en dégageait une impression de grande fluidité et d'ouverture. Parfois aussi de tâtonnement pour voir comment avancer.

Nous appréciions d'écouter le point de vue de l'autre, et chercher à comprendre ce qu'il voulait dire derrière les mots qu'il employait. Nous trouvions le temps pour croiser nos points de vue. C'était d'autant plus nécessaire que nous recevions souvent des coups des tenants des méthodes et des cadres de pensée. Il nous fallait nous serrer les coudes, et nous avions appris à nous faire confiance au-delà de nos compréhensions, sans doute grâce à ces moments de prise de recul et de croisement de regards. Cette forme de relation était plus difficile à établir avec nos camarades consultants qui demeuraient impatients de fixer nos avancées dans des méthodes, et des contrats reproductibles. Nous avons aussi bénéficié du creuset constitué par nos amis mentors, auprès desquels nous testions régulièrement nos vues.

Enfin j'étais tranquille sur la façon de Bruno d'aborder la dimension « personnelle » requise par le cahier des charges, qui aurait pu me faire craindre les dérives intrusives. »

Bruno :

« Une fois passée l'effervescence de la sélection, nous nous sommes mis au travail. J'étais embarqué dans l'aventure, mais pas en première ligne : les questions de compétences allaient venir plus tard, j'avais un peu de temps pour m'y préparer.

---

[32] *Sur le mode Dauphin, voir encart page 85.*

Notre question du moment était d'établir une relation de travail fructueuse avec un client exigeant, très professionnel et de trouver avec lui la façon d'interpeller des grands commis de l'État sur leur leadership. Il ne pouvait être question de les instruire, ils n'étaient plus à l'ENA. Ni de leur dire ce qu'ils devaient faire, ils le savaient, depuis longtemps. C'était eux qui avaient l'expérience, nous ne pouvions être que des catalyseurs de quelque chose, tout au plus. Mais notre client épousait-il ce point de vue ?

Philippe était à la manœuvre. Je découvrais son talent de professionnel du management. Et j'étais serein de ce côté-ci. Il parlait avec conviction, depuis son expérience de direction et de conseil dans des grands groupes. C'était solide et combatif.

Lors des travaux préparatoires j'essayais de comprendre tout ce qu'il disait, à ma façon. Je le questionnais pour qu'il me précise l'idée, le concept sous-jacent. Peine perdue. Il rebondissait, fournissait une nouvelle illustration, qui souvent débordait l'idée que je me faisais, sans jamais produire une idée bien précise comme je les aime. Et cette façon à lui d'argumenter, parfois irritante, me convenait finalement bien au fond. C'était à moi de préciser le concept, si concept il y avait. De son côté il ne rechignait pas face à mes questionnements. Il appréciait les ouvertures que je proposais et s'y intéressait. Parfois il restait fermement campé sur une position. Par exemple celle de l'obligation d'exercer les sept rôles qu'il présentait dans son modèle. Je lui disais que chacun pouvait avoir ses préférences parmi les différents rôles, et que s'il y excellait, il serait un tout aussi grand leader que s'il s'évertuait à remplir toutes les cases. Bref nous savions nous opposer amicalement et avec exigence. Nous avons vite compris qu'aucun de nous deux n'avait « raison » et que quelque chose de plus pertinent venait du croisement de nos regards. Nous étions deux points de vue qui se frottaient et s'éprouvaient, s'opposaient, se composaient et s'accordaient. Chacun de nous deux tentait d'avancer vers plus d'exploration, plus de compréhension. Alors des figures communes apparaissaient. Nous avons perfectionné depuis dix ans cette façon de faire. »

Le dispositif pédagogique était maintenant dessiné sur de nouvelles bases. Il allait faire une large part aux témoignages. Nous allions aider à les préparer en allant voir les témoins chez eux, là où ils agissaient, là où ils vivaient. Pour nous c'était aller voir sur le terrain, pour sentir, écouter et observer ce qui s'y passait. Bien sûr l'observation serait sommaire, mais nous avions cassé le cercle vicieux habituel de deux mondes qui ne se mêlent pas, celui de l'acteur et celui du modélisateur. Nous ne venions pas pour leur expliquer ensuite ce qu'ils devaient faire.

Il nous restait un point à voir : comment allions-nous préparer les participants à parler de leur expérience de leader puis les accompagner dans leur parole ? C'était notre nouvelle question.

Chapitre Deux : Sur la trace des gestes

« Dans le silence de la montagne,
on accomplit le moindre geste avec précision. »[1]

Introduction

Le dispositif prévoyait six réunions au cours desquelles nous souhaitions rendre les participants progressivement plus attentifs à leur façon d'agir en leader. Lors de la première réunion, après une introduction de notre donneur d'ordre, Philippe a présenté les sept rôles d'un leader. Chaque participant a choisi ensuite parmi ces sept rôles celui qu'il souhaitait illustrer à partir de son expérience. Nous nous préparions à la première réunion et repassions en revue les sept rôles.

2.1 Nous leur présentons notre modèle

Bruno :

> « Nous y sommes. Ils arrivent les uns après les autres, simplement, modestement, touchés d'avoir été retenus pour ce dispositif expérimental de qualité. Le lieu est symbolique : au dernier étage de Bercy, juste au-dessus de la Seine. L'ambiance est aimable. Ils m'impressionnent, des grands dirigeants de l'administration sont là, en toute simplicité, souriants, s'interrogeant sur notre affaire.
>
> Certains plaisantent pour détendre l'atmosphère. L'un d'entre eux évoque avec sourire le plaisir qu'il trouve à suivre une formation pour devenir Lider Massimo. »

[1] *Robert Pirsig - Traité de Zen et de l'entretien des motocyclettes, Edition du Seuil.*

Philippe :

« Je suis parti pour une épreuve de force : présenter en dix-sept minutes notre modèle de leadership qui, bien qu'éprouvé, était pour la première fois exposé auprès d'un tel public. Nous considérions ce modèle comme une simple proposition, que nous étions prêts à amender, voire à perfectionner avec eux. Nous disions qu'il pouvait être un objet « martyr » (sic). Il va sans dire que ce type de public se serait délecté dans des joutes intellectuelles auxquelles leurs formations initiales les avaient préparés. Nous risquions de nous faire piéger dans des définitions de mots, de concepts. Et de passer à côté de leur vécu, de la vie qui se joue derrière l'exercice de ces rôles.

Dans mon exposé hypercadré en temps et contrôlé sur le fond par le directeur de cabinet de notre donneur d'ordre, j'ai tout de même pris le temps de placer quelques exemples vivants, des illustrations vécues, des anecdotes. Cela avait manifestement touché certains des participants.

À la fin de ma présentation, j'ai été confronté à une première réaction polie, mais virulente. Elle remettait en cause notre façon de voir. « *Merci pour cette présentation, pourtant j'ai bien peur d'avoir à casser votre jouet. Vous, les intellectuels, les « bisounours de Bercy », vous êtes loin de saisir les réalités et les contraintes que nous rencontrons sur le terrain* ».

Encore en plein dans ma présentation, je m'apprêtais à défendre bec et ongles la pertinence de notre modèle. J'ai au même moment vu que Bruno prenait la main. Il avait senti que les participants, touchés par mes propos et les exemples, projetaient déjà leur propre expérience dans ces rôles. Il a senti qu'une opportunité s'ouvrait : plutôt que de les entraîner dans une discussion visant à nous mettre d'accord, à affiner l'objet théorique qui avait été présenté, il a proposé d'entrer dans l'échange d'expérience. Que pensaient-ils les uns et les autres de leur pratique du leadership ? Sans chercher à s'accrocher au modèle présenté et à ne le prendre que comme des balises pour se parler, des filtres pour clarifier les idées et les échanges. »

Bruno :

« Au démarrage de la présentation de Philippe je me sentais relativement tranquille. Après un propos liminaire de notre donneur d'ordre, très accueillant, très entraînant, Philippe est en piste. Je suis posté en arrière, en appui. Je me laisse aller à observer ce qui se passe. Ça va vite. Philippe égrène comme un conteur les sept rôles du leader, sous l'œil inquisiteur du directeur de cabinet, qui s'était érigé en véritable gardien de la méthode. Les participants semblent intéressés. Je veux dire que les paroles de Philippe font tilt et accrochent leur réflexion. Dix-sept minutes plus tard, exactement, la parole repasse aux participants. Après un silence de circonstance, l'un d'entre eux ose y aller. C'est une attaque directe, franche, sérieuse, audacieuse, de la part d'un préfet. Il déclare ne pas trouver ce qui pourra l'aider à résoudre nombre de questions qu'il se pose. Tout particulièrement celles concernant le décalage entre la réalité du terrain et les injonctions qu'il reçoit de sa hiérarchie. Pour moi ça a tout d'une bonne remarque, même si j'ai envie de prendre la défense de Philippe qui a été brillant. C'est même sans doute un nœud pour l'exercice du leadership dans la fonction publique, ou le must pour un fonctionnaire, énoncé en son temps par le Général de Gaulle, est de « fonctionner » sans se poser ce type de questions. Je dis cela après coup, car à chaud la situation est beaucoup plus critique. Le ton est solennel. Philippe prend l'argument à son compte et s'apprête à répondre du tac au tac. C'est là que j'interviens, sans réfléchir. Intérieurement je l'exhorte à se taire. C'est tellement fort pour moi qu'il le voit dans mes yeux. Confiant, il s'arrête alors dans son élan. Tant mieux. Il permet de laisser advenir ce mouvement qui frémissait. Certains avaient été surpris par la rudesse de l'attaque, dans un monde habitué aux passes d'armes à fleurets mouchetés. Quelque chose pouvait se passer entre eux. Et s'est passé. Ils se sont mis à se parler de personne à personne ».

Philippe :

« Nous étions à ce moment loin de réaliser que nous prenions avec eux un virage fondamental. Nous les avions touchés, sans les inquiéter ni les engager dans des exercices théoriques. Ils se sentaient prêts à se parler de leur leadership et petit à petit à parler d'eux-mêmes. C'est dans cet esprit que notre donneur d'ordre a déclaré hardiment : « *eh bien moi je vais me lancer !* ». Et il s'est lancé dans un premier témoignage, sur le rôle « le leader donne le sens ». Il l'a fait sincèrement, sans apprêt, sans théorie, simplement, à partir de son vécu et des questions qu'il s'était posées. Le ton était donné. Cela a permis de demander qui voulait se lancer pour la prochaine fois ? Deux candidats se sont proposés sur deux autres rôles. La dynamique était mise en route. C'était une occasion inédite qui leur était proposée. Ils s'y sont risqués, sans appréhension apparemment. Ils ont aussi accepté notre style. Nous avions trouvé notre place parmi eux, pour nous parler. »

Ils ont été intéressés Nous sommes confiants sur le fait qu'ils vont revenir, sans doute pour les cinq séances à venir. Nous sommes maintenant au pied du mur. Il va falloir aller les voir pour préparer les témoignages.

2.2 Nous allons les aider à préparer leurs témoignages

Philippe :

« Pour les aider dans cette préparation, nous allons chez eux, sur leur lieu de travail. Les rendez-vous sont pris en toute simplicité, aucun n'est retardé. À notre arrivée, ils nous accueillent comme des hôtes, attendus et appréciés. Nous entrons dans leur bureau en y mettant les formes, légèrement impressionnés, respectueux, curieux de cette rencontre. C'est une façon devenue rare d'entrer chez les gens, tant en entreprise que dans les commerces, ou chez l'habitant lors de voyages. Manière sans doute datée mais tellement efficace pour se parler en bonne entente, de choses importantes, de choses qui comptent. Nous sommes acceptés.

Les appréhensions naturelles à parler d'eux semblaient avoir disparu. Ils n'avaient plus la crainte d'intrusion de notre part, dans leur monde et dans leur façon de voir les choses. Ils nous aident même à lever notre propre crainte, celle de ne pas réussir à établir un contact direct, simple, à la hauteur de leurs expériences de vie. Nous avons pu alors commencer nos échanges, en nous montrant très intéressés (comment ne l'aurions-nous pas été !) sans aucun jugement de notre part. Ils avaient trouvé bon que nous venions à eux, pour les aider à préparer leur témoignage afin d'en parler simplement avec leurs pairs.

Hélas nous étions deux invités rigoureux, nous avions deux exigences : tout d'abord celle de les faire témoigner sur l'un des sept rôles que nous leur avions présentés lors de la première réunion. D'une certaine manière, nous avions proposé une trame, ils apportaient la chaîne. Et pour réussir la toile, il n'était pas question qu'ils nous assènent un exposé académique. Nous voulions qu'ils nous parlent chacun d'un rôle, à partir d'eux-mêmes. Avec ce public habitué à la prise de parole, aux discours convenus, en surplomb, ce n'était pas gagné. Nous nous autorisions alors à trier dans leur propos, de sortir du discours convenu, parfois justificatif, dégagé des tentatives d'explication, en pointant là où ils nous parlaient de la vraie vie : dire ce qui se passait, ce qu'ils ressentaient, l'effet que telle action avait eu « objectivement », mais aussi sur eux. Expression de leurs véritables motivations et de leurs forces de vie à eux. Voilà notre deuxième exigence « aller chercher du vrai qui vient de soi, comme nous le disions : « *et toi dans tout ça* ». Il allait falloir s'accrocher pour le trouver !

« C'est de vous dont on a envie que vous nous parliez, c'est du sentiment qui vous accompagne dans votre façon d'agir » Certains le sentent bien tout de suite, la bonne intelligence s'installe, ils sont heureux d'avoir à partager leur vécu avec leurs pairs. D'autres au contraire restent fidèles à leur rôle fixé par leur statut. Ils se sont préparés et nous attendent avec un discours esquissé sur un papier. Nous devons oser leur dire que : « présenté comme cela, c'est un peu convenu, un peu triste même, on s'ennuie un brin. Et puis ce n'est pas vous ! » Et là un déclic se produit. Un discours ennuyeux et convenu se transforme en un récit vivant et habité par celui ou celle qui le rapporte : ils nous racontent quand comment ils ont senti qu'ils embarquaient leurs collaborateurs en exerçant tel ou tel rôle : « libérer les énergies », « créer des liens », des rôles qui prennent vie grâce à nos participants. Plus qu'un déclic sur la façon de raconter ces expériences, un vrai contact s'établit entre nous et eux. Ils se lâchent. Nous savons que cela va faire mouche auprès de leurs collègues. »

Bruno :

« Nos référentiels étaient proposés comme des systèmes de repères ouverts, des figures pour pointer des expériences dignes d'être remarquées. Dès lors, durant la préparation des témoignages nous cherchions à leur faire dégager des anecdotes illustratives de moments forts de leur vécu de ces rôles. Nous partions de leur expérience et nous y intéressions, sincèrement, sans jugement ni flatterie. Nous étions attentifs au « remarquable » autant qu'à l'apparemment « banal ». Paradoxalement, c'est en pointant ce « banal », qu'ils vont s'étonner, et prendre conscience de son intérêt et de sa force. Ils vont en rire et faire des associations d'idées. Nous avions redécouvert ce que tout scientifique sait : « *dans le banal se cache du remarquable.* »

Et cela me captive et m'aiguillonne. Je quitte alors mon rôle de « préparateur de témoignage ». J'ai envie de rentrer dans la danse et de participer à cette histoire en mouvement. Je me permets d'illustrer certains de leurs propos d'exemples succincts issus de ma propre expérience professionnelle. Ils en étaient friands. Nous parlions alors à même niveau, et pouvions évoquer des choses sans surplomb, d'égal à égal, signaler des points qui nous semblaient marquants dans l'agir en leader. Apparaissent ainsi des illustrations, des anecdotes, des moments mémorables. C'est un peu comme les multiples touches d'un tableau impressionniste, qui révèle petit à petit des formes. Ces formes de mise en vie et d'échange, j'espère pouvoir la retrouver lors de leur témoignage devant leurs pairs. Je le leur dis. Ils trouvent que je place la barre un peu haut. Mais ils y arriveront, et mieux encore. »

2.3 Ils se mettent à se parler

Quelques jours plus tard, nous nous retrouvons tous ensemble pour la deuxième réunion. Ils sont tous là, apparemment contents de se retrouver. L'ambiance est détendue, plus qu'à la première réunion. Après un bref accueil de notre donneur d'ordre, et une courte introduction de Philippe, le premier témoignage s'engage.

Philippe :

« Lors de la réunion suivante nous entendons deux témoignages, et ainsi de suite lors des réunions d'après. Nous sommes entrés au cœur des situations rendues vivantes par un recteur, une directrice d'administration centrale, un préfet... Ils ont accepté de parler de leur expérience concrète. Nous assistons à de vrais moments de vie. Ils nous font partager des situations complexes où la discrétion et la confidentialité sont de rigueur. Ils nous parlent de la façon dont ils ont agi pour faire face. L'un raconte comment il a fait évoluer son établissement, un autre comment il a géré une crise, un autre enfin comment il a fait déployer de façon mesurée des forces de l'ordre. La vraie vie en somme. Elles et ils nous font part de leurs interrogations, de leur stress, de leurs joies, des obstacles et des résistances qu'ils rencontrent, de l'écoute des situations et de leurs collaborateurs, de leur façon de comprendre et de décider. Surtout ils nous impressionnent par leur habileté à répondre aux situations et par les résultats qu'ils obtiennent. Ils nous scotchent. C'est bien plus que nous pouvions espérer. Par leurs anecdotes ils donnent vie aux rôles, ils revivent ces moments, avec précision, avec passion, mais aussi avec recul et une bonne dose d'humour.

Tous les participants écoutent attentivement ces récits et, lorsque la parole leur est repassée, le ton est au plaisir de se sentir embarqué dans le même bateau ; « *j'aurais aimé être avec toi sur ce coup* », « *ça me donne envie de travailler avec toi* » C'est bien de vie dont on se parle, ça en devient communicatif. Quelque chose de nouveau s'est passé entre eux, rapidement, et durablement. »

Progressivement nous avons réussi à les faire parler de leur façon d'agir, sans circonspection, sans retenue et sans chercher à se rapporter à un cadre. Et cela les a particulièrement intéressés. Ce sont eux qui en jouant le jeu d'une parole plus libre, en y mettant d'eux-mêmes, nous font prendre progressivement conscience de notre façon de faire dire la vie qui s'y joue et de lui faire une place.

Il se passait quelque chose de l'ordre d'une prise de conscience avec la curiosité et les interrogations qui vont avec. Ils vont nous permettre de construire en marchant une approche inhabituelle pour parler ensemble de leadership. Les principaux ingrédients d'une pédagogie étaient là.

Bruno :

« Une parole vivante circule maintenant entre nous. Philippe dit que nous avons su créer les conditions d'une parole libre et non conventionnelle. Nous ne parlons plus de méthodes et de plans d'action, mais de l'art d'embarquer les gens dans l'action. Nous ne sommes plus fixés dans des discours conventionnels, nous sommes dans un état d'esprit. Cela me rappelle mon apprentissage du métier d'ingénieur, quand l'un de mes aînés me disait que l'important n'est pas de trouver l'idée, c'est-à-dire de dessiner le projet, mais de la mettre en œuvre avec les autres.

Je pouvais alors me lancer dans le volet des « compétences » de notre contrat. De quelles compétences a-t-on besoin pour remplir ces rôles ? Le directeur de cabinet m'avait à l'œil. Il fallait qu'à cette occasion soit suscité l'intérêt à être coaché pour acquérir les compétences qui viendraient à manquer. Pas évident ! À la fin des échanges autour de chacun des témoignages il m'était donc réservé un court créneau pour aborder la chose. Je disposais de deux à trois minutes pour rendre les participants attentifs aux talents que notre témoin avait déployés lors de sa présentation. Comme nous avions été sensibles aux talents de nos interlocuteurs lors de la préparation avec Philippe nous avions une petite longueur d'avance. Mais l'idée n'était pas de leur dire « *voilà ce qui en est* », mais « *comment avez-vous senti vous-même les talents de cette personne ?* ». Cette question est inhabituelle dans ce type de cénacle, voire inconvenante. Il nous fallait apprendre à se parler les uns des autres. Pour nous aider, j'utilisais notre trèfle des talents[2].

Que retenir après coup de ces quelques semaines préparatoires et de nos premières réunions ? Nous étions confrontés à quelque chose de nouveau, pour lequel il nous fallait penser et agir de façon nouvelle. Tant pour notre donneur d'ordre, que pour nous. Il nous fallait aborder la question du leadership des grands commis de l'état, une question qui n'avait pas encore été traitée autrement qu'en appliquant des modèles et des référentiels issus du secteur privé ou des métiers du combat. Comment faire alors,

---

[2] Voir pages 34 et 35

lorsque les modèles empruntés ne fonctionnent pas correctement. Penser, concevoir un modèle différent ? Peut-être, mais il faudra bien l'éprouver pour voir s'il fonctionne de façon satisfaisante. Ou alors faire autrement : faire prendre conscience, sans se rapporter à un cadre ou à un référent. Nous devions véritablement innover. A posteriori nous pouvons dire que nous avons réussi une approche innovante.

Je retiens deux ingrédients qui l'ont permise.

Premièrement, notre donneur d'ordre a laissé de côté son rôle de client et s'est mis à interagir avec nous, en direct, sans médiation, avec toute son imagination, dans un jeu de construction, explorant, libre. J'emploie le mot « jouer », mais en en parlant plus tard avec lui, il hésitera devant ce mot, trouvant que ce n'était pas un jeu, mais quelque chose de beaucoup plus sérieux, un travail. C'était les deux à la fois. Nous nous sommes laissés aller à réfléchir à haute voix ensemble, sans retenue. Personne n'avait plus rien à prouver à l'autre, ni d'instruction à donner. Nous cherchions à bâtir ensemble une solution. Nous nous parlions d'être humain à être humain. Nous accordions nos intelligences, à même niveau. Cette façon de fonctionner ensemble est rare et bien stimulante !

Deuxièmement, notre façon de travailler avec eux nous a permis de nous libérer de la contrainte de produire par nous-mêmes un référentiel et de nous y fixer. Grâce à la mise en récit de moments de vie[3], et au dialogue avec les acteurs eux-mêmes, nous avons évité les querelles, incontournables et un peu théoriques lors de l'établissement de référentiels dans les sciences humaines. Nous avions changé de terrain de jeu. Ils se sont donné leurs propres repères. Nous les avons aidés à les saisir à partir de leur vécu et avec leurs mots. Pour les aider à pointer ces moments et les élans qui les sous-tendaient, nous avons utilisé nos deux esquisses : la marguerite du leadership et le trêfle des talents. Le trêfle et la marguerite allaient bien ensemble. Nous disions que nous aimions les champs où l'herbe est verte, mais c'était trop tôt pour le dire. Tous les participants se souviennent au moins d'un ou deux pétales de ces esquisses.

---

[3] *La mise en récit de moments de vie n'est pas assimilable à du storytelling où il s'agit de raconter des histoires.*

Enfin, notre dispositif leur a fait découvrir avec plus d'acuité, que l'art de diriger est fait de moments de vie, passionnants, que l'on gagne à partager en en parlant, simplement, avec certaines personnes. Et cela sans référence ni à des enseignements, ni à des codes d'appartenance. Partager ces moments de vie aide à découvrir qu'on s'y réalise en étant toujours plus fidèle à soi-même, plus intensément, avec plus d'exigence et de perfection. Il en est ainsi pour tout un chacun dès lors qu'il est en situation de conduire l'activité humaine. »

Lors des témoignages de belles actions sont ressorties, remarquables, puissantes, très parlantes pour tous. Nous n'étions plus dans les méthodes et les routines. Au-delà de bien agir rationnellement nous voyions d'autres aspects de l'action, sans avoir recours aux schémas habituels ; l'intelligence organisationnelle et décisionnelle, mais aussi la morale, les techniques comportementalistes…

Il se passait autre chose. Nous étions ailleurs.

2.4 Le mot geste nous vient

Bruno :

« Philippe évoquait les sept rôles fondamentaux du leadership. De bien grands mots, solennels. J'ironisais : Et pourquoi pas les sept piliers du leadership, en mémoire de Laurence d'Arabie ? Mais Philippe y mettait toute sa force et donnait de la vie à son propos. J'acceptais alors son vocabulaire, parce que j'y entendais autre chose que l'énonciation de vérités fondamentales, de tables de la loi. Sitôt prononcé le « fondamental », Philippe l'illustrait d'anecdotes percutantes, vécues, très vivantes. Il les mettait en scène avec brio. Nous étions comme au théâtre, la mayonnaise prenait. Les « rôles fondamentaux » étaient alors bien loin, *« on en était plus là ! »* comme dit la chanson. Il y avait du mouvement, de l'élan, du souffle, de la vie. Alors plutôt que de me résigner à accepter l'expression « *les rôles d'un leader* », je cherchais un mot qui corresponde mieux à l'idée que Philippe essayait de passer. Un jour, lors d'une réunion préparatoire, le mot geste m'est venu. Les gestes du leader. Le mot geste me semblait porter plus de sens, plus de vie, plus d'émotion. Il renvoyait à des mouvements larges, physiques, en présence. Mais aussi à des temps historiques, pleins de sens ; la chanson de geste, celle de

Rolland, la geste des Lorrains… C'était évident pour moi que nous allions gagner à remplacer le mot rôle par le mot geste.

Surprise. Philippe accepte l'idée, sans trop vraiment savoir pourquoi j'y tiens tant. Pour moi le mot geste embarque bien plus que l'action, dans sa fonctionnalité, sa rationalité et sa finalité. Le geste embarque aussi la vie, l'élan, le plaisir, la relation. Avec le mot geste nous parlons aussi de toute l'expérience vécue, celle qui forme et déforme nos vies. »

Philippe :

« Lors de nos réunions préparatoires, nous parlions des rôles du leader. Bruno a insisté pour que nous adoptions le mot geste. Le mot m'allait bien, le côté poétique ajoutait quelque chose que je ne voyais pas encore précisément, mais pourquoi ne pas l'essayer. Ce mot ne m'était pas inconnu, j'avais déjà parlé de l'excellence du geste, dans certains contextes : gestes professionnels dans la distribution, accueil, mise en rayon, réassort. Je parlais même d'expression des gestes dans la signature relationnelle de la marque. Mais ici, plutôt que l'idée d'excellence du geste Bruno pointait le mouvement de vie que porte l'idée de geste, avec ses élans, la prise de conscience, le plaisir de sa mise en forme et de ses perfectionnements. Je sentais bien l'élan qu'il y avait dans ce mot. J'étais d'autant plus prêt à l'accepter, que l'expression « les fondamentaux » n'était pas de moi. Elle m'avait été préconisée par les consultants avec qui je travaillais. En fait quand Bruno dit le mot je m'y suis rapidement retrouvé. Cette façon de dire la part de vie dans l'action, je ne savais pas la qualifier. Le mot geste l'embarquait bien. Au fond c'était bien de geste dont je parlais. »

Bruno :

« Je fais alors l'expérience de la force d'un mot. En paraphrasant René Char[4], je peux dire *« les mots surgissent, les mots rayonnent, les mots portent leur exigence.* ». Le mot geste jaillit, comme ça. Je ne sais pas vraiment le définir et pourtant il me semble juste. Il porte un sens légèrement différent et beaucoup plus complet que le mot rôle. Plus en mouvement, plus d'élan, plus d'espace, plus d'allure.

---

[4] *René Char, Le bâton de rosier, 16 aout 1982.*

Ce mot a produit un effet bien au-delà de ce que nous imaginions, bien au-delà de sa portée sémantique. Il a fait effet car il a ouvert la façon de se parler, de s'allier pour parler de la vraie vie, de ce qui se passe vraiment. Il nous a aidés à réunir des envies d'agir dans le même sens. Nous vivons cela ces temps-ci avec Philippe, quand nous présentons l'idée de geste à d'autres. Ils se retrouvent bien dans nos propos, Ils trouvent que nous traduisons bien leur expérience de leadership.

Cette façon de se parler m'évoque un passage des essais de Montaigne qui m'a ouvert les yeux sur le geste d'accompagner. Pour ce geste Montaigne ne nomme même pas la chose, il ne lui attribue pas de mot. Il ne fait que l'évoquer, sans recours à un concept. Magnifique suggestion !

« *J'eusse dit ses vérités à mon maître... S'il eut voulu. Non en gros, par leçons scolastiques, que je ne sais point, mais en les observant pas à pas, à toute opportunité, et en jugeant à l'œil, pièce à pièce, simplement et naturellement... Ce serait un office sans nom, autrement il perdrait son effet et sa grâce* ».[5]

Cette idée de geste je l'avais aussi déjà entrevue en lisant les livres de Jean François Billeter. Philosophe, sinologue, il s'intéresse avec une grande perspicacité à ce qui se passe quand on agit. Il donne une description méticuleuse et lumineuse de l'idée de geste dans son livre « Un paradigme »[6]. « *Nous savons que de la coordination des mouvements, à un certain moment, naît un geste. Nous savons que la naissance d'un geste est un évènement, un commencement. Elle est une source de plaisir et confère un pouvoir. J'ai désormais ce geste en moi et je le produirai à point nommé* ».

Nous n'en étions pas encore là. Nous n'avions même pas de définition pour ce mot de geste. Mais je sentais qu'il tenait la corde. »

---

[5] *Montaigne Les Essais, Livre 3, chapitre 13, Ed. Arléa.*

[6] *Jean François Billeter, Paradigme, p15. Ed. Allia.*

Nous adoptons le mot geste en lieu et place des rôles et des fondamentaux. De nouvelles perspectives s'ouvrent devant nous. Tout d'abord l'idée de geste nous aide à sortir de l'ambiguïté entre l'être et le doit être, car « *c'est ainsi* » et « *ça doit être ainsi* » ne sont pas la même chose.

ÊTRE ET DOIT ETRE SONT DEUX CHOSES DIFFERENTES

Philippe

« Je voudrais faire partager mon cheminement pour accueillir l'idée de geste qui en réalité m'a libéré d'une contradiction. Dans mon enseignement, j'étais très attaché à la prise de conscience, à la responsabilité, je m'appuyais sur les sept rôles que devait intégrer le leader pour exercer pleinement sa responsabilité. Je me sentais légitime pour le faire.

Je voyais que Bruno était moins déterminé que moi à faire appliquer la totalité des rôles : ce qui comptait pour lui c'était bien sûr cette prise de conscience que le leader agissait selon ces sept rôles, mais il ne lui paraissait pas nécessaire de les exercer tous les sept, avec la même intensité.

Je pensais que cela formait un tout, et qu'aucune pièce ne devait manquer. Je manquais de nuance ; un peu comme un maître d'apprentissage trop exigeant qui fait preuve d'une extrême rigidité dans la transmission élémentaire d'un savoir-faire. Obtenant l'effet mécanique des différents éléments il lui arrive de passer à côté de leur intégration. Bruno appréciait mon engagement pour transmettre les rôles du leader mais s'étonnait de mon exigence les voir tous appliqués.

Je me trouvais piégé par une injonction inopportune, un « ça doit être ainsi » exagéré. Notre objectif commun n'était-il pas que nos auditeurs comprennent et progressent dans leur façon d'agir, plus qu'ils ne retiennent théoriquement les sept rôles à exercer ?

Une nouvelle fois nous touchions à ce principe que j'avais pourtant toujours eu à cœur de mettre en avant : attacher plus d'importance à l'esprit qu'à la lettre. Cela avait été mon combat de toujours, pour que l'esprit d'un acte managérial l'emporte sur la méthode ou le process. Ce qui m'importait c'était bien sûr que mes auditeurs se mettent en mouvement. Ce n'était pas appliquer bêtement, mimétiquement les sept rôles et d'intégrer le référentiel tel qu'il est posé. C'était en saisir l'esprit au fond de soi.

Habituellement sur le plan pédagogique j'avais cette sensibilité mais là, bizarrement, je ne l'intégrais pas dans mon enseignement sur les sept rôles. Je tenais à ce qu'ils les exercent un par un, tout en restant dans l'esprit de responsabilité d'un leader. Pour le dire autrement j'avançais de façon contradictoire : d'un côté, je leur faisais prendre conscience qu'ils étaient des leaders qui agissaient en leader, et de l'autre je leur disais : « vous vous devez d'agir ainsi ». D'un côté je m'intéressais à qu'est-ce qu'être leader, et de l'autre à ce que doit être un leader. La plupart du temps la contradiction entre l'être et le doit être n'apparaît pas. Et elle ne dérange pas. Ici, avec ce public qui n'entendait pas se faire dire « ce qui doit être », il me fallait glisser dans l'inspiration de ce qu'est agir en leader. Le mot « geste » m'y a aidé. Il m'a libéré de l'injonction d'exercer les sept rôles. Les gestes sont devenus des balises qui jalonnent le champ des responsabilités. Cela m'a permis de glisser de : « *prescrire des rôles* » à « *susciter des gestes* ». Aujourd'hui je peux dire : « *Si tu me parles de rôle, tu me prescris quelque chose, si tu me parles de geste tu regardes ma manière de faire, et tu m'incites à m'y intéresser.* »

NOUS NOUS CONCENTRERONS PROGRESSIVEMENT SUR LE « COMMENT »

Bruno :

« Nous prenons conscience qu'un geste est un acte dans lequel la part de l'humain a toute sa place. C'est un acte, car il s'agit d'action, physique, décidée, engagée, pensée mais aussi éprouvée car s'y est joint du comment cela est vécu. Du vécu de moments de vie : vécu physique, sensoriel, émotionnel, psychologique mais aussi pensé, parfois le plus raisonnablement possible. Du sens vécu à la fois ressenti et pensé. L'idéal étant que les deux, le ressenti et le pensé se recoupent et s'intègrent. C'est dans cette intégration que le geste trouve toute sa dimension. Il intègre son senti du monde et son penser. Dans les gestes nous trouvons la relation au monde, la confrontation à la réalité, le goût et l'appréhension de l'épreuve, le regard des autres et aussi l'accueil, le respect, l'estime, la réalisation de soi. Le champ est très vaste, immense même, sans limites. Difficile à réduire !

Très vite, dans nos réunions, lors des témoignages et des échanges qui suivent, nous voyons les limites qu'il y a à se cantonner à décrire et à expliquer « *ce qui s'est passé* », c'est-à-dire du factuel soutenu par des explications. Plus précisément il était risqué de pousser les participants à approfondir leur compréhension de la situation présentée. En cherchant à préciser le contexte et les actions menées, et en essayant d'expliquer, le temps nous aurait manqué. Mais surtout, en nous empêtrant dans des discussions devenues vite théoriques, beaucoup auraient décroché. Il nous fallait ouvrir notre champ autrement.

Il n'était pas question non plus de se focaliser sur la personnalité et le caractère de la personne qui témoignait. Parfois ces choses sautent aux yeux et donnent une coloration particulière à l'action. Mais qu'en faire au-delà de constater cela ? Une interpellation salutaire ? Ce n'était pas notre sujet.

Nous avons eu recours à une astuce, classique diront certains, mais clarifiante pour nous. Nous avons cherché à distinguer ce qui relevait du « Quoi » (les faits), ce qui relevait du « Qui » (la personnalité), et à chercher ce qui ne relevait ni de l'un ni de l'autre, le reste en somme. Nous avons constaté que cela pouvait correspondre en gros à du Comment[7] ».

Philippe :

« Le travail sur la préparation des témoignages nous a permis de faire un pas de plus. Nous souhaitions qu'ils nous parlent d'eux, en mouvement dans l'action, qu'ils nous parlent de moments de vie. Nous voulions aussi qu'ils nous transmettent quelque chose de leur expérience.

Nous pouvions rencontrer deux écueils. Le premier était qu'ils nous parlent d'eux, pour nous émouvoir, en nous racontant un récit personnel qui nous touche. Nous ne risquions pas grand-chose avec notre public, peu habitué à ce type d'épanchement autour du « Qui ».

Le second, plus risqué, était qu'ils présentent les actions qu'ils avaient engagées, de façon bien construite, bien conceptuelle. Cela nous était assez familier pour d'anciens consultants. Parler d'état des lieux, de plans d'action, de mise en œuvre, d'enseignements risquait de refroidir l'ambiance des échanges que nous souhaitions établir. Nous craignions de nous perdre dans des « Quoi », froids, bien que nécessaires pour bien conduire l'action.

Pour éviter ces deux écueils, nous souhaitions nous placer sur une sorte de ligne de crête entre la pente du QUI, et la pente du QUOI. La ligne du COMMENT s'esquissait : « *comment cela se passe ? Comment cela se vit ?* ».

Avancer sur cette ligne de crête n'est finalement pas si difficile et même bien plaisant. S'y établir de façon légère, sans s'abstraire du Qui et du Quoi, m'a fait penser à Mary Poppins, volant au-dessus de la ville avec bonheur, portant une valise dans chaque main (l'une représentant le qui, l'autre représentant le quoi).

---

[7] Du « comment » au sens large, dans le sens de comment cela se passe et se vit, et non du « comment » d'un mode d'emploi.

Et c'est sur cette crête que se déploient les gestes. Les gestes qui intègrent des qui et des quoi, sans les oublier, mais aussi, et surtout, sans se laisser fixer par eux.

Dans nos préparations puis lors des échanges nous avons précisé ce que nous cherchions par notre interpellation : « *et toi dans tout ça ?* » : nous souhaitions que la personne se libère des emprises du Qui et des emprises du Quoi. Que restait-il alors ? Des gestes. Il restait des mouvements vivants, il restait du comment. Nous cherchions à observer ces mouvements, ces dynamiques, à nous intéresser au comment se forment les choses, et comment l'action se déploie. »

Pour rendre claires ces distinctions nous les avons schématisées de la façon suivante :

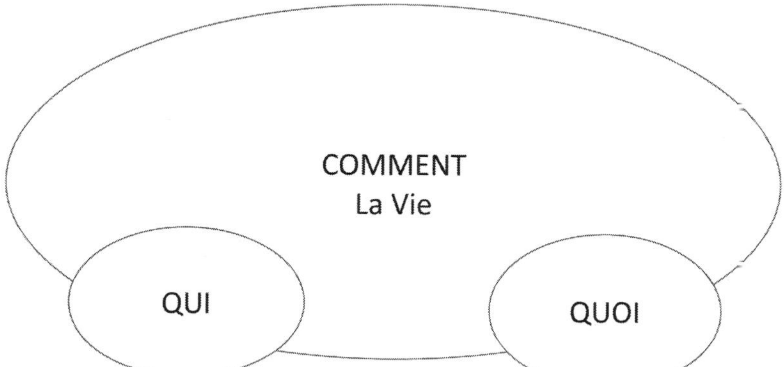

Bruno :

« Je tiens à préciser en quoi cette façon de voir m'aide dans mon travail. Pour les besoins de l'analyse des situations je m'appuie sur des données matérielles, factuelles, objectives, raisonnées. Cela relève du registre du « quoi ». J'utilise aussi des notions plus subjectives, sensibles, émotives, symboliques… Qui relèvent du sujet l'humain, c'est-à-dire du « qui ».

Il m'arrive d'essayer de croiser ces deux champs d'analyse, mais assez vite, si cette tentative ne m'apporte pas un éclairage décisif, je m'en désintéresse et l'envie d'agir prend le dessus. Ces réflexions me paraissent retarder mon action, Je n'ai pas l'impression de mal faire. Je me dis qu'il y a un temps pour penser et un temps pour agir. Dans le premier on peut couper les choses en deux, le quoi et le qui, mais pas dans le second.

C'est banal me direz-vous, tout le monde en fait l'expérience fréquemment, quotidiennement même. Cela mérite pourtant d'être souligné : Pourquoi avons-nous l'habitude de cette découpe dans la réflexion ? Est-elle bien nécessaire (bien qu'elle aide beaucoup à la connaissance de ce qui se passe) ? Mais surtout il semble impossible de les réunir en fin de compte, car cela ressemble à deux mondes totalement disjoints, comme le sont le monde de la matière et le monde de l'esprit.

Quand je m'engage alors dans l'action, cette distinction entre l'ordre du « quoi » et l'ordre du « qui » disparaît. J'agis sans mettre en avant cette coupure entre deux champs d'analyse. Je m'engage dans l'action, dans l'épreuve, en y rencontrant des forces alliées et des forces adverses. Le découpage entre le « qui » et le « quoi » ne m'est alors de peu d'utilité, voir entrave mes élans. Je navigue dans autre chose, où je continue à penser, tout en agissant.

Comment nommer cette troisième façon de penser et d'agir ? Une façon où j'agis, sans devoir répondre et me justifier à chaque instant par des « qui » et des « quoi », des « qui » qui renvoient à l'esprit, et des « quoi », qui renvoient aux choses[8]. Une façon où

---

[8] *Cette division entre « qui » et « quoi » est bien ancienne et nous enferme régulièrement dans des paradoxes qui nous paralysent dans de véritables impasses. Exemple de questions sans réponse induites par cette coupure : « Qui es-tu pour t'autoriser à faire cela ? », « Est-ce bien raisonnable d'agir ainsi ? », « Est-ce juste ? »*

je prends tout ce qui arrive, sans rien laisser sur le bord, sans laisser de restes. Et bien sûr, comme toujours en sélectionnant les informations et en simplifiant au maximum. Comment caractériser ce monde de situations vécues quotidiennement, d'évènements, de manifestations, de façons d'agir qui tapissent notre vie ? Sans les réduire à du « quoi » et à du « qui ». Nous avons choisi de parler du comment ça se passe, comment ça se vit. Pour nommer ce régime nous avons retenu le mot « Comment », le « comment ça se passe » dans la vie en action.

Cette façon de poser les choses nous est devenue évidente à l'occasion de l'animation de nos cohortes. Pourtant elle ne convainc pas grand monde tant sont fortes les tensions autour des « qui » et autour des « quoi ». Pourtant en pensant « comment » on évite bien des querelles inhérentes aux champs du qui et du quoi et à leurs tenants. »

UNE ILLUSTRATION D'UN « COMMENT »

Philippe :

« En écoutant ces témoignages, parlant de mondes très techniques, et donc très rigoureux, d'une manière simple, pleine de vie, joyeuse presque, cela m'a rappelé une expérience que j'avais vécue plusieurs années auparavant. Je travaillais pour une chaîne de magasins de vente de surgelés qui connaissait depuis des années un succès non démenti grâce à une offre riche de produits de qualité à des prix attractifs, des magasins accueillants et un personnel souriant.

La nouvelle direction de l'exploitation avait pour mission de préparer l'accélération du développement souhaité par le fonds d'investissement, récent acquéreur de cette pépite.

Cette direction avait décrété la mise à plat de tous les process : organisation des magasins, qualité des approvisionnements, garantie de la chaîne du froid, performance de la logistique, mais aussi, gestion des ressources humaines, recrutement, intégration des collaborateurs, formation, animation et évolution des équipes, suivi de la performance des magasins.

Un malaise croissant des équipes s'était manifesté. À tous les niveaux, elles craignaient de voir leurs responsabilités et leur autonomie remises en cause.

En y regardant de plus près, l'application rigoureuse des process sur les aspects techniques n'était pas foncièrement contestée. En revanche les équipes appréhendaient de se voir enfermées dans des procédures qui, en fixant l'activité, laissent peu de place à la responsabilité, l'initiative, la créativité dont ils savaient faire preuve.

Un directeur régional en charge de la bonne marche d'une trentaine de magasins m'a dit à cette occasion : « *Ça y est, ils vont me péter mes palpeurs, ils vont foutre en l'air la dynamique de cette boîte !* » Il expliquait qu'en effet, quand il visitait un magasin, il avait l'impression de déployer ses antennes (ses palpeurs), il percevait par des signes qui apparaîtraient pour un profane insignifiants, la façon dont le magasin était tenu, dont les clients étaient accueillis, dont le personnel était impliqué et à sa place. Et pour cela il n'avait pas besoin d'un guide de visite avec des cases à remplir : un regard du responsable de magasin, un papier par terre, le sourire d'une caissière, un meuble « en glace », lui donnaient rapidement une image précise et complète du magasin ainsi que de la qualité des équipes. Il me rappelait que son patron précédent lui avait fait enlever une affiche qui rappelait les valeurs de l'enseigne en lui disant : « *les valeurs il ne suffit pas de les écrire et de les afficher, il faut les vivre, qu'elles soient là* », en disant cela, il se plaquait la main sur sa poitrine.

Nous étions face à un dilemme que rencontrent bien des entreprises qui grandissent et qui veulent préserver et faire partager au plus grand nombre leurs « bonnes pratiques ». Alors, elles mettent par écrit leurs process, leurs méthodes, et laissent souvent de côté ce qui avait fait leur succès. La transmission jusque-là se faisait par le compagnonnage, le partage de la vie qui, au-delà de la transmission de méthodes, portait des valeurs, une façon de voir le monde, d'apprécier les attentes des clients, de saisir sa place et sa responsabilité dans cet ensemble que constitue l'entreprise.

Face à ce dilemme, nous avons proposé non pas un compromis, mais une façon de regarder leur entreprise avec leurs mots. Chez eux, il y avait deux mondes : le Grand Froid et le Grand Chaud. Dans une entreprise qui maîtrise les températures extrêmes, cela marque.

Le monde du grand froid, c'est ce qui mérite l'application sans faille et sans discussion de procédures extrêmement précises : la chaîne du froid, le système de commande, le circuit de l'argent, etc.

Le monde du grand chaud, c'est la façon de faire partager l'esprit de l'entreprise au plus grand nombre, le fonctionnement de la ligne managériale, l'animation de l'équipe magasin, la visite des magasins, la formation et la progression des collaborateurs.

Ce qui devenait important dans cette réflexion, c'était que les décideurs aient conscience de l'existence de ces deux domaines et des risques qu'ils prenaient à donner la primauté à l'un par rapport à l'autre. Savoir gérer la tension entre l'un et l'autre est la garantie de la pérennité et de la croissance de l'enseigne.

L'exercice fut très intéressant, apprécié par les acteurs qui acceptaient le « froid » pour la technique et appréciaient le « chaud » pour les relations. Ils adoptèrent ce mode de management qui réunissait le « quoi » et le « comment ».

Nous avons là l'illustration de l'intégration réussie de deux mondes, celui de la technique nécessairement froide, celui du « quoi », et celui, chaud, des relations entre les personnes qui vivent ensemble. »

Dans cet exemple le quoi et le comment s'assemblent en un même mouvement, un même geste managérial. Ce geste est à la fois pensé, logiquement, rationnellement, et vécu, éprouvé, habité dans un monde, avec des autres, avec tous les autres. Ce sont deux facettes d'un unique mode d'agir : le geste.

ILS SE METTENT A PARLER DE LEUR FAÇON D'AGIR « *EN MODE GESTE* »

Bruno :

« Maintenant les réunions s'enchaînent agréablement. Après les épreuves et les interrogations des périodes préparatoires, les choses deviennent plus simples : un nouveau paysage s'ouvre devant nous, comme le découvre un randonneur après l'ascension d'un col.

Le plus frappant, bien que cela paraisse maintenant banal, est que nous nous parlons simplement, avec des mots de tous les jours. Le sérieux initial a laissé place à une ambiance plaisante, voire joyeuse. Comment cela s'est-il produit ?

Les témoignages sont devenus de plus en plus alertes, vivants, gais, voire parfois même facétieux. Notre préparation les y a fortement aidés. Nous les avons poussés à sortir de leurs statuts et de leurs rôles attendus. Nous avons mis de côté leurs grilles de lectures. Parfois nous avons détecté des griefs, voire des ressassements. Nous les avons écoutés et leur avons proposé de les mettre en attente, et d'y revenir éventuellement plus tard (ce qui n'a jamais été nécessaire).

Résultat, quand ils viennent « témoigner » ils parlent en direct du sujet qui leur a été proposé, concrètement, avec des mots de tous les jours. Comment ils ont agi, avec qui, ce qui a fonctionné, ce qui les a surpris, sans plus se référer à des généralités, à des idées communes, souvent réductrices ou à des concepts. Nous sommes sortis des doctrines, et des *storytelling*, mais aussi et surtout des justifications, des explications prescriptives et des déclarations de convictions.

Les échanges qui en découlent sont ouverts, précis, curieux de l'expérience de l'autre. Nous explorons tous ensemble les sept « gestes » du leader qui prennent de plus en plus de vie. On y voit des initiatives, des compositions, des temps morts, des accélérations, des métamorphoses.

Nous leur avions proposé une règle du jeu : celle de prendre le temps d'écouter et d'observer, d'écouter les témoignages et les échanges, et d'observer les réactions des uns et des autres, ainsi que les siennes propres. Tout cela sans esprit de jugement ni de prescription. C'était original.

Original car ce n'est pas en général ce qu'on attend d'une formation, où les résultats espérés de « *prendre le temps d'observer* » sont bien maigres en regard d'un bon apport de contenu. Pourtant tout le monde sait bien qu'« *on apprend beaucoup en observant* ». En observant le mieux possible, sans trop vite juger car « *le jugement épuise l'observation* » dit l'homme sage.

Nous avions aussi prévenu que le contenu serait le leur. Leur vécu, leur expérience, leur mouvement, leur regard, leur engagement, leurs épreuves. Et qu'il fallait bien s'écouter les uns les autres pour en tirer toute la substance.

Et pour être écouté, il leur fallait bien préparer leur propos, revenir sur ce qui s'était passé et vécu dans leurs expériences, le faire remonter à la surface. Il leur fallait donc s'observer. L'un d'entre eux nous dira que nous appliquions la méthode du cycliste qui sait l'importance de se regarder pédaler. Sans le savoir nous avions, redécouvert le mode de l'enquête par l'observation, observation tant du dehors que depuis le dedans.

Petit à petit l'écoute se fait plus attentive, plus exigeante. Nous entrons véritablement dans des moments de partage d'expérience de responsables en charge d'un collectif. Ils nous invitent sur leurs terrains. Avec eux nous parcourons leur territoire, les populations qu'ils y rencontrent, les vies, les tensions, les joies, l'envie d'agir, ce qu'il ne faut pas lâcher. Ce n'est pas une image, c'étaient des réalités auxquelles ils avaient été effectivement confrontés, qu'ils nous proposaient de réexplorer ensemble. Tous avaient des expériences territoriales. C'est passionnant, plein d'illustrations de rencontres, d'épreuves, d'engagements, de valeurs et de sens.

Ces récits et les échanges qui s'ensuivent nous ouvrent progressivement des perspectives nouvelles, et des déplacements des points de vue, des repères même. Ils s'en étonnent et se rendent encore plus disponibles. La mayonnaise prend. En conclusion de notre première cohorte un Directeur d'Administration Centrale nous dira : « *Ce que nous avons vécu est l'un des meilleurs moments que j'ai vécu ces dernières années.* »

Pour le dire autrement, nous parlions maintenant de vie, des gestes professionnels des uns et des autres dans la vraie vie. Nous partageons une même culture de responsabilité. Et nous progressons dans notre façon de faire dire les gestes. Les gestes, bien plus que les actions elles-mêmes, bien plus que l'engagement de personnes, sont des moments où cela forme un tout, où tout s'y lie : se voir en personne qui agit, qui interagit, qui vit des épreuves, compose, s'interroge, qui opère des renversements, des transformations. Et tout cela en exprimant simultanément son tempérament et ses valeurs.

Nous nous approchions de ce que le philosophe Giorgio Agamben appelle un geste. « *À tout être humain a été livré un secret et la vie de chacun est un mystère qui avec le temps prend toujours plus d'épaisseur. Jusqu'à se montrer à la fin pour ce qu'il est : un pur geste*[9] ».

Philippe :

« Cette façon de parler de geste m'a permis de concilier les notions de lignes du chaud et du froid que j'utilisai alors. La « ligne froide », très documentée, était celle de l'organisation mécanique, avec ses process, ses outillages, ses méthodes. L'autre, la « ligne chaude » concernait la vie qui se joue, les présences, les rencontres, les élans, les réticences, les résistances. Elle était moins renseignée.

---

[9] *Giorgio Agamben, Karma, p 125*

D'une certaine manière je cherchais à faire tenir l'équilibre entre ces deux lignes. Pour aider à maintenir la ligne chaude, je proposais aux managers d'initier avec leurs équipes des actes de management nouveaux ou revisités qui marquent l'importance de faire vivre la relation. Ces actes étaient aussi simples que la réunion d'équipe, l'entretien individuel, le brief du matin par exemple. Je disais que nous installions les rites et les rythmes de l'entreprise.

Mais hélas, dans la quête d'efficacité, la ligne froide finissait toujours par l'emporter, et nos actes de management se retrouvaient mis en boîte dans des processus formalisés.

Quand l'idée de geste nous est venue, cette coupure fictive entre le chaud et le froid a disparu. Elle n'était plus nécessaire. En parlant de gestes, il n'y a pas lieu d'opposer du froid et du chaud. Les formes s'y composent et de nouvelles façons de vivre s'offrent à nous, tant organisationnelles que relationnelles. Non seulement le concept est apaisant, satisfaisant intellectuellement, en ouverture, il embarque d'un seul mouvement la mécanique du mouvement bien fait et le plaisir de bien l'accomplir. Et l'adage « *quand c'est pas beau, c'est pas juste* » retrouve alors toute sa force.

Ainsi, avec l'idée de geste, mon propos s'est transformé naturellement. Le chaud et le froid se sont mêlés dans un même mouvement raisonné et chaleureux, efficace et privilégiant la relation, exigeant et vivant. »

2.5 On se risque à parler de l'autre

Le ton est donné, nous les entendons parler d'eux. Simplement, directement, sans façon. Ce ton permet des interpellations originales telles que « *c'est tout à fait bluffant ce que tu as fait ! J'aimerais travailler avec toi...* », « *Vos retours m'ont donné envie de m'y prendre autrement. J'ai osé, je l'ai fait, ça a marché.* » En clair ils se prennent à se parler de leurs compétences et mieux, de leurs talents.

C'est devenu inhabituel dans un monde durci par la brutalité des propos et crispé par le non-respect des personnes.

Philippe :

« Pour chaque témoignage, nous réservons vingt minutes, à l'orateur, puis environ trente-cinq minutes pour les échanges, en nous centrant sur l'exercice du geste. Nous sentons bien les élans, les personnalités les expériences, mais nous n'engageons pas les conversations sur ces questions. Ce serait délicat et surtout c'est tout autre chose. Pour être abordé, cela nécessite un changement de registre, qui implique une forme de rupture.

Nous avons donc réservé les cinq dernières minutes à ces choses. C'est Bruno qui s'en charge. Non pas que je m'en désintéresse, bien au contraire. Selon moi, un leader donne vie aux rôles par ses élans, par ses comportements et par ses compétences et plus cela devient naturel, plus cela devient un geste.

Alors au bout de cinquante-cinq minutes, comme un rituel je pose la question : Bruno qu'est-ce que tu as vu de la personne ? »

Bruno :

« C'est devenu un jeu entre nous. Il est vrai que quand j'écoute une personne dire des choses intéressantes, j'aime bien sentir la personne qu'il y a derrière. Ça n'enlève rien à ce qu'elle dit, au contraire ça en rajoute. C'est un vrai plus. C'est mon côté « *Qu'est-ce qu'il fait, qu'est-ce qu'il a, qui c'est celui-là ?* » de la chanson de Pierre Vassiliu[10]. Je laisse opérer tous mes sens et me laisse aller aux effets que cette personne produit sur moi au-delà de son discours.

Durant les cinq minutes qui m'étaient dévolues il ne me restait qu'à restituer mes premières impressions.

J'ai deux remarques à faire : Premièrement, dire des choses sur une personne, face à d'autres et en sa présence n'est pas évident. Pour la raison bien simple qu'on parle de son « être » et que cela peut être vécu comme un étiquetage. À moins de ne dire que des choses superficielles ou faussement flatteuses, qui n'engagent pas.

Pour bien y arriver, il faut s'entraîner a minima. Nous nous y étions entraînés avec Philippe. Se dire en deux ou trois images, en forme d'esquisse, l'impression que nous faisait une personne. Puis préciser graduellement les traits que nous avions perçus, en

---

[10] *« Qu'est-ce qu'il fait » chanson de Pierre Vassiliu d'après la chanson « Partido Alto » de Chico Buarque.*

nous fondant le plus objectivement possible sur nos observations et l'écoute de ses propos. En nous interpellant avec exigence sur ce que nous avions ressenti, lorsque nous ne partagions pas le même avis. En évitant le plus possible la tentation de l'interprétation. Enfin en faisant apparaître à partir de notre regard croisé le portrait d'un personnage en relief, en épaisseur et en mouvement.

Je dis bien que nous nous appuyions sur l'impression qu'avait fait sur nous cette personne, et qu'en aucun cas nous ne cherchions à percer ce qu'elle était. C'est essentiel. Qui peut se permettre de dire « qui » est l'autre ? C'est non seulement une assignation infondée, mais aussi une terrible maladresse. Autant il est facile et intéressant d'accepter de se faire dire « *voilà comment je te ressens* », autant jamais personne n'accepte que quelqu'un lui dise « *tu es ainsi* », sinon par soumission. Dans le premier cas la curiosité pousse à écouter, dans l'autre la prudence met de la distance.

Deuxièmement, dans ce climat d'échange et de partage que nous avions créé, ils s'étaient laissés voir comme ils étaient, ainsi que le font les enfants quand ils jouent. Nous n'avions pas observé des jeux de rôles, bien policés, bien rodés, mais des personnes sincères, qui étaient venues nous présenter des moments de vie, vécus profondément, sans blabla. Nous disposions ainsi du matériau pour parler du ressenti de la personne que nous avions entendue.

Je me lançais donc dans l'exercice auquel m'invitait Philippe en proposant une transition. « *Nous allons changer de sujet* ». Puis je leur posais une seule question : « *quelle impression vous a-t-il fait ?* » Je cherchais ainsi à les intéresser à ce qu'ils avaient ressenti de la personne qui venait de témoigner. Je leur demandais de le dire naturellement, avec quelques mots simples. Malgré mes précautions, ils restaient généralement muets, ce genre d'interrogation à voix haute n'ayant pas cours dans leurs milieux. Mais le bon climat d'échange que nous avions produit me permettait d'aborder le sujet.

Je posais alors quelques éléments d'une esquisse des talents qui s'étaient manifestement exprimés. Je disais des choses évidentes, ce que tout le monde avait vu et ne trouvait rien à en redire. Dire l'évident n'est pas habituel et parfois tellement nécessaire pour commencer à se parler. J'en profite pour préciser comment s'y prendre. J'ai lu quelque part que « l'*évident s'évide* ». Il suffit donc de retirer tout ce qui ne l'est pas !

Parfois certains rebondissaient et rajoutaient des précisions ou d'autres traits. Cet échange durait cinq à six minutes, le temps d'ouvrir les sensibilités. Puis nous leur proposions de leur faire un retour personnalisé hors réunion. Nous appelions cela les retours d'image. La plupart ont été demandeurs. »

NOUS REALISONS DES METEOS

Bruno:

Avec Philippe il nous faut maintenant préparer ces « retours d'image » auprès de chacun des témoins. Nous appliquons donc notre méthode de l'esquisse et du regard croisé qui peut se résumer ainsi : tracer tour à tour quelques lignes qui forment une esquisse, puis préciser ces traits, touche après touche jusqu'à obtenir ensemble une figure suffisamment parlante pour être présenté à son destinataire. Nous procédions comme le fait un dessinateur : il observe le modèle, repère les lignes principales de la forme, puis tente de les reporter avec sa main sur une feuille de papier. Ainsi il dessine tout d'abord une esquisse, puis affine les traits et enfin apporte les nuances. Nous faisions cela, avec des mots.

Je précise. L'exercice se réalise à deux ou trois (on peut le faire à plus). Il ne s'agit pas de faire une synthèse de nos différents points de vue, à partir de positions bien tranchées, ni non plus de se lancer dans des interprétations ou pire dans les jugements le plus souvent à l'emporte-pièce. Non, il s'agit d'observer ensemble, de se rappeler les faits, les impressions ressenties, à tort ou à raison, et de laisser apparaître progressivement, au travers de nos échanges une image de la personne que nous avions rencontrée. »

Philippe :

« Nos expériences d'*« assessment »* nous avaient amenés à utiliser des grilles de repérage qui se voulaient exhaustives. Pour chaque critère elles aidaient à classer la personne « observée » selon qu'elle possède ou non la qualité requise. Et donc sous forme de points forts ou de points faibles. Cela relevait de la radioscopie primaire. Dans une telle mise à nu, certains évaluateurs trouvaient un malin plaisir à insister sur les points faibles des personnes, points qu'il fallait corriger.

Nous avons naturellement choisi une autre voie. Voir le plein plutôt que le creux. Voir ce qui nous avait touchés en termes de forces qui se dégageaient et d'énergie, plus que les manques.

Repérer les points forts devenait pour nous une réelle discipline, nous étions en phase avec Kylian M'Bappé[11]. Elle nous distinguait d'autres façons d'évaluer. Se focaliser sur les points forts permettait de susciter l'envie de les pousser et de se dépasser. « Si vous voulez grandir, prenez appui sur vos points forts ! ». Elle était l'inverse d'une approche culpabilisatrice. Nombre de nos mentors ont été très touchés, jusqu'à regretter de n'avoir pu partager cette approche plus tôt, en s'empressant d'y souscrire.

Il est clair que la présence d'insuffisances fâcheuses n'était pas pour autant passée sous silence. Mais l'expérience nous a montré que le fait de cibler et pousser les points forts entraînait systématiquement un progrès global. Ne dit-on pas en regardant la ligne de flottaison d'un bateau : « quand la marée monte, non seulement les points hauts du bateau s'élèvent, le reste suit » ? »

À l'issue de cet exercice, nous disposions d'un portrait que l'un de nous deux devait aller restituer à l'intéressé. Ce portrait est précis, concret, réaliste, imagé et sympathique. Agréable à entendre parce qu'il met en avant ses points forts qui sont autant d'atouts qui lui sont attribués et reconnus. Mais il n'était pas question de lui dire : « *c'est ainsi que nous t'avons vu et crois-nous tu es bien ainsi !* » Surtout pas ! Une intrusion est vite mal perçue, une blessure est si vite arrivée. Il nous fallait leur dire, « *Voilà l'effet que vous avez eu sur nous* » C'est tout. Et pour donner de la vie à la chose, et les rendre curieux d'écouter la suite nous leur disions ainsi : « *Voilà, si nous devions partir en mer ensemble pour une traversée avec vous, voici la météo que nous imaginons de nos relations, de nos interactions avec vous durant l'expédition* ». C'est ainsi que nous avons nommé nos exercices de retour d'image : les « météos ».

Bruno :

« Il nous restait toutefois un point à traiter pour restituer nos météos. La réponse au « *So what ?* » qui pouvait venir après. « *Que faire de cela ?* ». Je ne m'y étais pas préparé pour ma première restitution auprès de notre donneur d'ordre lui-même qui s'était livré à cet exercice avec nous pour tester notre « méthode ». Il avait été satisfait du retour d'image, et sur-le-

---

[11] *« On m'a toujours dit qu'il fallait que je travaille mes points faibles mais que j'existerai surtout en améliorant mes points forts ». Kylian M'Bappé pour le journal du dimanche.*

champ m'avait demandé : *« Très bien, alors maintenant il va falloir me pousser ! Sur quoi dois-je pousser ?* »

Je n'avais pas vu venir le coup, d'autant plus que j'étais arc-bouté sur la restitution de ses talents. Et je ne me sentais pas à l'aise du tout, tellement l'homme à qui je venais de restituer le profil était pour moi presque parfait sous tous les angles.

Dorénavant, pour éviter ces déboires, nous finalisions notre travail de préparation de nos « météos » en nous posant une question : « *Quels talents repérés comme des points forts pourraient-ils pousser plus avant ? Sur quel talent, bien mis en évidence et validé, et donc où il en a beaucoup encore sous le pied pourrait-il s'appuyer pour aller plus loin, pour perfectionner l'un de ses gestes. Dans son contexte, dans les situations et les épreuves qu'il rencontre, et éventuellement plus avant vers d'autres possibles.* »

C'était un exercice délicat, où nous devions laisser intervenir notre imagination. Car leurs parcours étaient pour la plupart sans faute et remarquables, et il nous fallait élargir leurs horizons en suscitant leur curiosité. »

Philippe :

« Lors de nos premières restitutions de « météo », nous avancions sur des œufs. Nous les savions curieux de l'exercice que nous leur proposions, car ils avaient été mis en appétit par nos retours à chaud pour chacun, lors des réunions de groupe.

Nous commencions par leur demander leur ressenti des premières réunions, de l'intérêt qu'ils y trouvaient, puis nous passions à la météo. En introduction alors nous leur présentions notre manière de faire : comment nous avions posé ensemble une esquisse, puis comment à partir du trèfle nous avions précisé les traits. Nous insistions sur les points où nous avions dû nous mettre d'accord, lorsque nos premiers ressentis ne convergeaient pas. Et nous concluions cette introduction en redisant que cette météo était le résultat d'un geste de croisement des regards. Le portrait que nous allions leur dévoiler, n'était pas eux mais juste l'effet qu'ils avaient fait sur nous. Leur attention était alors à son apogée.

Tous sont entrés dans le jeu. Nous passions vite sur les talents qui ne nous avaient pas particulièrement marqués pour nous attarder sur ceux qui nous avaient impressionnés. Leurs points forts.

L'échange était facile alors pour nous car nous étions sincères et avions véritablement été touchés. Ça les amusait de se voir reconnus dans leurs élans et dans leurs talents. Nous leur repassions très vite la parole. « *Ça vous parle ? Est-ce bien ainsi ?*» Petit à petit ils complétaient nos propos, approuvaient certains traits plus que d'autres, les précisaient. Petit à petit ainsi, le portrait prenait vie avec leur voix.

Et notre échange devenait libre, presque joyeux, et donnait envie de se laisser aller à parler plus personnellement. L'un d'entre eux, peu habitué à ce genre d'exercice et agréablement surpris, nous dira quelques semaines plus tard « *J'ai présenté votre météo à mon épouse, en lui demandant qui était ce personnage mystère de la météo. Elle m'a répondu : c'est toi !* ». La glace était vraiment rompue, on pouvait se parler autrement, à pied d'égalité, sans asymétrie. »

PRENDRE CONSCIENCE DE SES TALENTS ENERGISE SES « GESTES »

Bruno :

« Ensemble alors, nous voyions clairement leurs talents comme autant de ressources personnelles à disposition. Faciles à utiliser et sans compter, comme autant de ressorts, autant de points forts sur lesquels ils peuvent s'appuyer pour agir amplement, en accord avec eux-mêmes. Ces talents sont mis bien au clair par des regards croisés. Nous les avons dégagés de leur « banalité ». En effet le propre d'un talent est qu'il paraît bien banal à celui qui en dispose, tellement qu'il ne lui semble pas intéressant d'en prendre conscience. Avec deux conséquences : la première est qu'il estime, sans s'en rendre vraiment compte, que tout le monde en dispose aussi, entraînant son lot de déceptions. La seconde est qu'il ne songe pas à le cultiver pour le développer et en bénéficier encore plus, en particulier pour perfectionner ses propres gestes.

Le lien entre les talents et les gestes était maintenant clairement établi : *« pour perfectionner vos gestes, prenez appui sur vos talents »*. Nous résumions notre propos en disant que prendre conscience de ses talents permet de libérer ses gestes, ils les énergisent.

Il ne nous restait plus qu'à nous poser la question *« Que peut-on faire de tout cela ? »*. L'imagination pouvait alors se libérer et ouvrir des horizons que nous leur suggérions de sonder, armés de leurs gestes et de leurs talents. Ainsi de larges perspectives se sont dégagées, joyeusement.

Les effets se sont fait sentir très vite. D'une réunion sur l'autre certains venaient nous dire qu'à la suite à nos échanges, ils avaient pris de nouvelles initiatives. Ils avaient osé de nouvelles « figures ». L'une des participantes à notre cohorte, extrêmement discrète mais dotée d'une capacité exceptionnelle de synthèse avait ainsi osé exposer son point de vue à un public de « mâles dominants », ce dont elle se méfiait auparavant. À sa grande surprise tous s'y étaient ralliés. Elle a conclu devant nous ce retour d'expérience par un « *eh bien ça a marché et je dois vous avouer que j'y ai pris plaisir.* »

En quelques rencontres nous avions ainsi réussi à tisser une relation, des questionnements et des partages d'expérience dont les effets seront profonds et durables.

Qu'est-ce qui fait que cela a fonctionné ? Difficile à dire.

Je retiens aujourd'hui quelques ingrédients qui se tiennent bien : nous avions constaté que nous vivions dans un même monde, nous avions partagé des enjeux, nous avions proposé une façon inédite de se parler et de questionner, nous étions partis du vécu et des expériences de nos interlocuteurs et nous nous étions interrogés ensemble. Dès lors nous avions pu explorer le champ de l'action. »

7. Comment les anciens chinois voyaient les talents

Cette approche sur les talents leur parle. Ils se lâchent. Parfois des propos surprenants viennent enrichir le sujet. L'un des participants, sinologue à ses heures et traducteur de textes poétiques chinois, nous a introduits dans la façon de penser et parler des talents dans la Chine ancienne. Talents, bois et richesse se disaient de la même façon en chinois. Le talent est de la nature du bois, quand il pousse il devient un arbre, épanoui, vivant. Et quand on le découpe il devient matière utile, matériau et énergie, qui aide la vie des hommes et leur procure richesse et bonheur. Le bon empereur, celui dont on a oublié le nom, est aussi celui qui favorise la poussée du bois et son utilisation.

Nous pouvons noter qu'en français nous avons une signification voisine. Ne dit-on pas parfois de quelqu'un « de quel bois il est fait ? » ou de deux personnes « ils sont du même bois ».

Travailler sur les talents nous avait ainsi permis d'enrichir le geste. Il nous était devenu alors tout à fait évident de parler simultanément des talents qui donnent vie aux gestes.

Un autre aspect nous était apparu : certains avaient parlé de « notre bienveillance », qui avait favorisé un climat propice à nos échanges. La bienveillance avait-elle suffi ? Certes nous n'étions pas « malveillants ». Mais quelque chose d'autre se passait. Nos interactions s'étaient sérieusement enrichies, et faisaient écho chez chacun des participants, tout comme elles faisaient écho en nous. Nous nous parlions à même hauteur, sans retenue, en nous challengeant mutuellement, presque « amicalement », au sens philosophique du terme.

2.6 On entre dans une forme d'interaction tout à fait originale, de l'ordre de la relation

« C'est beaucoup plus qu'un acte, c'est un échange. »

Nous nous sommes mis à converser avec eux, hors codes, hors convenances, simplement de personne à personne. Nous étions partis d'une question pédagogique clairement posée : « *comment développer le leadership dans un certain public ?* », et nous conversions, en société, très sérieusement de ces sujets. Ces conversations étaient fructueuses pour tous, pour les « enseignants » autant que pour les « enseignés ».

Philippe :

> « Nous avions progressé dans notre pédagogie. Je m'étais détaché de l'idée d'un enseignement de type transmission d'un corpus de connaissances, au profit d'une démarche pédagogique différente, qui peut s'assimiler à du partage d'expérience.
>
> Cette forme de partage d'expérience était tenue par deux exigences : D'une part l'objectif d'améliorer les façons d'agir en leader, et d'autre part le partage sur ce qui s'était passé quand nous pensions avoir agi en leader : comment nous avions vécu la chose et quels effets cela avait produit.
>
> Nous animions des questionnements rigoureux et méthodiques. Notre façon d'animer garantissait l'écoute, le respect, la prise de parole, et surtout le non-jugement et la non-interprétation. Pas de juges, pas d'interprètes. Que des participants présents. Chacun

apportait son sérieux, son exigence et sa joie de vivre. Tous étaient de la partie.

Ce choix pédagogique original en a déstabilisé plus d'un quand nous avons eu l'opportunité de proposer de tels dispositifs de formation. Nous avons été retenus par la direction de la formation continue de l'ENA pour conduire une telle expérimentation. Quelle ne fut pas leur déception quand nous leur avons apporté du partage, alors qu'ils voulaient principalement du contenu.

Pour le dire autrement, ils voulaient une pédagogie qui apporte du savoir et nous avions adopté un modèle qui proposait un « contenant ». Ce « contenant » créait les conditions de mise en relation des participants pour un apprentissage ensemble, pour un apprentissage partagé. Nous avions constaté qu'observer ensemble des gestes de leader et leurs effets, non seulement aiguisait l'attention et stimulait l'envie de s'y essayer, mais aussi densifiait les échanges et les interactions entre les participants. »

Bruno :

« Avec Philippe nous cherchions à créer un climat qui favorise au mieux les interactions entre les participants. Nous savions que ce sont-elles qui allaient donner du fond et de la vie à notre dispositif. Quand ces interactions jouent librement, l'attention portée à nos sujets s'accroît et s'élargit d'elle-même. Les repères peuvent être bougés, les pas de côté bien acceptés. Les questionnements se précisent et portent sur des points de plus en plus fins et concrets. Progressivement les participants se sont plus intéressés à « *comment faire fonctionner le leadership* » qu'à « *comment il fonctionne* ».

Pour atteindre ce bon niveau d'interaction, la première chose que nous faisions était de nous débarrasser le plus possible des conventions, des représentations, des formalismes et des codes[12], ainsi que des mots-valises, des lieux communs, des stéréotypes et autres clichés. Il nous fallait parler simplement, concrètement et efficacement de l'action menée. Nous cherchions à ce que des questions pertinentes soient posées, pour obtenir des interactions

[12] *Les codes sont des outils redoutables pour intégrer quelqu'un dans une communauté ou au contraire l'en exclure. Les entreprises les utilisent largement, la fonction publique aussi. Chaque administration a les siens. Savoir tenir à distance les codes permet d'inclure un plus grand nombre.*

les plus ouvertes possible. C'est là que nous étions rigoureux à faire appliquer l'une de nos règles : « *nous ne sommes pas ici pour juger ou imposer un point de vue* ». Nous produisions ainsi les conditions d'une conversation ouverte entre personnes raisonnables et raisonnantes, sans rôles ni attributs, déchargées de toute forme d'enjeux de groupe ou de cercles restreints.

C'est une interaction peu commune dans le monde professionnel à laquelle nous prétendions. Rare même. Quand nous y arrivions, il se passait quelque chose de tout à fait étonnant. Nous étions « *entrés en relation* ». Nous avions quitté l'interaction fonctionnelle, nous étions passés dans une « *interaction relationnelle* »[13]. Nous nous parlions comme si nous nous connaissions depuis toujours, comme si nous cheminions ensemble, depuis longtemps.

Cela avait demandé à chacun un effort particulier, émouvant, celui de venir parler de moments d'expérience, sans aucun cadre protecteur. Se mettre dans cet état de relation est inhabituel dans la vie de tous les jours, ainsi que lors des formations. Cet état a eu la particularité de perdurer longtemps après et de se rétablir instantanément lors de retrouvailles. Même après plusieurs années d'éloignement, nous retrouvons immédiatement cette qualité de conversation. »

Les effets d'une entrée en relation sont étonnants. Le plus curieux des effets est l'autorisation que chacun se donne à penser librement et à voix haute, en dehors des repères habituellement convenus. D'autres repères deviennent possibles et donnent un goût de liberté. C'est un phénomène remarquable. La parole se libère ainsi que la pensée. Les lignes bougent d'elles-mêmes.

Premier changement de repère que nous avions opéré était que nous ne nous présentions pas comme des sachants, mais comme des praticiens de l'agir en leader, tout comme eux. Nous avions quitté les attributs de l'expert. Ce simple fait a permis de libérer les échanges, sans l'intervention d'un arbitre.

L'un des participants a tout de suite compris l'intérêt de ce déplacement et nous a dit qu'il le pratiquait. Il avait constaté que

[13] *Le mode fonctionnel pense les choses et les êtres comme des moyens pour atteindre un objectif. Le mode relationnel contient en plus une fin en soi : plaisir des rencontres et effets conséquents sur la vie en partage.*

lorsqu'il se présentait à ses équipes avec ses attributs de directeur, il recueillait l'attention et les réactions que l'on porte à un directeur, alors que s'il se présentait comme un alter ego les choses en allaient tout autrement. Les gens parlaient. C'est ce qui nous arrivait. Un partage plus au fond pouvait s'engager sans crainte. De vrais questionnements à eux pouvaient émerger. Les entraves à l'action et à la parole, produites par la magie des statuts et des pouvoirs se défaisaient. Nous disions que nous retrouvions des degrés de liberté. Ils appréciaient.

Alors, alors seulement, les repères pouvaient se mettre à bouger, avec les révélations qui en résultent. Ce fut le cas pour l'un d'entre eux qui nous a déclaré avec une relative candeur « *J'ai réfléchi aux responsabilités du leader telles que vous nous les avez proposées et j'ai compris la chose suivante : avant je pensais que mon rôle consistait à penser et à installer l'organisation, les missions, les objectifs. Maintenant je sais qu'à ce moment, je n'ai encore rien fait, et que tout reste à faire. C'est là que ça commence !* ».

On pourrait en rire, mais cela avait agi comme une prise de conscience qu'il a reconnue devant tous. Il y a tellement de personnes qui n'ont pas eu cette révélation bien qu'étant en poste de responsabilité. Et avisez-vous de le leur dire simplement. Ils vous répondront que vous ne leur apprenez rien qu'ils ne savent déjà.

Un autre repère que nous avions bougé était l'idée que leurs actions étaient faites de gestes, vécus par leur entourage, et qu'il se passait beaucoup plus de choses que les simples résultats de leurs actes. Et qu'il était possible et efficace de travailler sur ces choses en plus, sur ces effets au-delà des résultats.

Enfin nous avions déplacé le repère « compétences et de qualités personnelles », « savoir-faire et de savoir être », « points faibles à renforcer et développement personnel » vers « les talents à déployer et les gestes à cultiver ». C'était nettement plus vivant, attrayant et stimulant !

Un autre effet avait lieu aussi : ils prenaient un vrai plaisir à se parler. Et à se reconnaître comme faisant partie d'un même monde, bien que venant de mondes très différents. Le monde du ministère de l'Intérieur et celui de l'Agriculture sont bien distincts n'est-ce pas ? Qui en douterait ? Et pourtant… La Culture et la Santé, la Défense et la Justice aussi. Eh bien quelques séances plus tard, ils jouaient ensemble et s'amusaient à partager des expériences de vie professionnelle, notamment avec nous qui venions du « privé ». Ils se reconnaissaient des gestes, des talents et disaient qu'ils aimeraient travailler ensemble. Ils s'inspiraient réciproquement pour leur façon d'agir et ils se le disaient.

Cette envie de partage d'expériences, que nous avions appelée, stimulée et orientée, produisait des effets qui nous dépassaient très largement. Et c'était bien ainsi.

Philippe :

> « Comment avions-nous suscité cette qualité des échanges à laquelle nous arrivions ? Nous n'avions suivi aucune méthode préétablie. Notre seul fil conducteur était que chacun vienne avec son expérience et la livre pour illustrer, interroger, imaginer, tester des pistes autour des thèmes que nous avions proposés. Bien sûr nous avions quelques tours de main issus des métiers de la formation, du conseil et de l'accompagnement. Mais nous n'étions plus dans l'application de méthodes. Nous faisions l'apprentissage d'un mode d'animation orienté « *partage d'expérience* » auprès de personnes qui avaient un carnet de vol déjà bien rempli.
>
> Cet apprentissage, nous l'avions déjà engagé avec Bruno depuis quelque temps. Nous nous étions « *mis en relation* » au démarrage de notre collaboration. Nous avions établi un contact « direct », fait de curiosité portée à l'autre, d'une pointe d'estime aussi, et surtout de ne rien avoir à prouver ni à imposer. Nous étions chacun riche de nos différences et aimions les confronter pour avancer sur les questions qui nous étaient posées. Nous nous réservions des temps de travail pour nous ajuster. Il m'interpellait sur mes fondamentaux du leadership, et je l'interpellais sur les talents. Je ne prenais pas ombrage quand il remettait en question mes convictions et mes savoir-faire. C'était toujours pour la bonne cause. Il en était de même pour lui.
>
> Nous nous confrontions, nous nous éprouvions, nous tâtonnions ensemble pour trouver le bon chemin dans notre expérimentation. Nous avions établi une relation professionnelle d'un type particulier, libre des codes qui encodent et des grilles de lecture qui enferment trop vite.
>
> Nous avons fait profiter nos premières cohortes de cet apprentissage. Et aussi les *mentoring* que nous conduisions par

ailleurs. Nous l'avons perfectionné. Nous avons repéré des gestes que nous déployions tels que : « *parler à même hauteur* », « *croiser les regards* », « *dire les choses* ». Nous les avons affinés.

Certains parlaient de « notre style », de notre méthode « à nous deux ». Nous l'avons proposée à nos mentors, qui s'y sont tout de suite retrouvés. Nous leur avons transmis ces gestes.

Je tiens à préciser que cette forme de relation est rare Ça ne marche ni toujours, ni avec tout le monde. Aucune méthode appliquée rigoureusement n'y parvient à chaque coup.

Beaucoup s'en gardent, souvent sous le prétexte que ce n'est pas leur truc et qu'ils ont autre chose à faire qui les attend. Certains l'évitent même. Pour ne pas risquer de s'embarquer ou s'engager dans une autre façon de penser les choses. Pour eux, il faut tenir la position, ne pas se laisser influencer, ne pas se laisser dévier. Il y en a même qui la déconseillent. Cette forme de relation pourrait installer des formes de proximités, engageantes et préjudiciables au bon exercice des responsabilités confiées. De nombreux exemples viennent attester ce risque. Enfin il est vrai que certains la recherchent, non pas pour s'ouvrir au monde, mais au contraire pour former des coteries, excluant les autres.

La question est qu'à s'y refuser systématiquement, on finit par ne plus y avoir accès et à ne plus pouvoir en tirer les bénéfices. »

Bruno :

« Ce type de relation est bien utile parfois. Avoir quelqu'un avec qui parler du fond des choses, en toute liberté et sans retenue. Surtout dans les moments critiques où la solitude ne suffit pas à y voir clair. Faire part à une personne « amie » d'une interrogation permet de la formuler plus précisément et d'apprendre beaucoup et beaucoup plus vite. Quel gain de temps !

Il n'est pas besoin d'être un grand spécialiste du bon contact avec l'autre, ni de l'écoute positive, ni du juste questionnement bien raisonné, ni de l'analyse des relations, ni de…

Il suffit d'avoir conscience que de telles relations sont possibles, et leur laisser leur chance d'advenir quand les conditions sont là : ne pas rater certaines occasions qui se présentent, prendre un minimum de temps pour cela, éviter les « rendez-vous manqués », ne pas rater une pépite qui ne demande qu'à être découverte sans pour autant devenir orpailleur.

Lectrice, lecteur, vous souvenez-vous avoir fait l'expérience d'une telle relation, en particulier dans vos parcours professionnels ? N'est-ce pas rare, trop rare ? »

Cette forme de relation telle que nous l'entendons est particulièrement intéressante parce qu'elle permet d'ouvrir plus largement l'échange et de partager des expériences. Cette façon de procéder surprend (voir encart ci-dessous). Sans cette qualité de la relation, le partage d'expérience reste formel, raconté dans les récits calibrés et qui se veulent exemplaires. Quel ennui !

8. Quand la relation l'emporte sur les statuts

Témoignage d'un mentor

« En 2018 j'ai eu l'opportunité de participer à une cohorte du leadership avec l'équipe de Talents & Mentoring. J'ai prolongé ensuite nos échanges en participant à une réunion de mentors.

J'ai été très impressionné. Il y avait là des personnalités qui avaient occupé des postes éminents dans de grandes entreprises publiques ou privées. Je m'interrogeais sur la façon d'être à la hauteur. Quelle ne fut pas ma surprise d'être accueilli sans retenue avec simplicité. Ce qui m'a frappé c'était la qualité et la profondeur des échanges. Le statut de ces hauts responsables n'apparaissait pas, jamais ils n'y faisaient référence. Ils partageaient simplement des moments de vie, en réalité ils parlaient de gestes professionnels qu'ils avaient eus. Ces moments de vie partagés s'imposaient simplement par leur précision et leur pertinence. Ce qui était le plus frappant c'était une proximité, une forme de relation qu'ils avaient établie entre eux. Il va sans dire que je me suis tout de suite trouvé bien dans ce groupe, avec l'envie de poursuivre l'aventure avec eux. »

Dans cette partie nous avons utilisé le mot de relation qui peut induire une certaine ambiguïté (voir encadré ci-dessous). Nous l'avons retenu malgré tout, n'en ayant pas trouvé d'autres. Parfois, pour bien en pointer l'idée, nous utiliserons parfois l'expression « interaction relationnelle » que nous avons introduite page 84.

9. Qu'entend-on par relation ?

Le mot « relation » recouvre une grande variété de significations. Elles peuvent venir flouter le sens que nous avons proposé ci-dessus. La liste ci-après n'est pas exhaustive :

- Rapports, liens entre des personnes, sans pour autant les qualifier.
- Rencontre, mise en contact qui ouvre à l'interaction, à l'échange, la transaction. Les activités de service sont tout particulièrement concernées par la qualité de relation.
- L'aisance relationnelle ou l'habileté relationnelle comme aiment à le dire nos amis canadiens.
- Ses relations, cercle de personnes que l'on connaît.
- Liens d'appartenance (familiaux, communautaires, coteries).
- Relations de cordiales, de bonne entente, amicales.
- Relations de camaraderie, qui peuvent être excluantes.
- Relations de jeu.
- Relations « gratuites »[14].
- Relations d'osmose ou de symbiose[15].

La frontière est mal tracée avec le sens très particulier que nous lui donnons : relation dense, profonde, ouverte au monde et aux autres, durable, tempérée (affective mais sans débordements), entre deux égaux, symétrique (pas à sens unique, fonctionne dans les deux sens), ni uniquement fonctionnelle ou transactionnelle. C'est la relation entre deux personnes qui cheminent de concert, en conversant sur ce qui se passe, autour d'eux et en eux. Ce sont deux personnes qui entrent en résonance, sans aucun attachement. Dans ce cas, pour qu'il y ait relation, il faut un peu « aimer les gens »

L'INTERACTION RELATIONNELLE OUVRE AU PARTAGE D'EXPERIENCE

Nous observions que lorsque nous avions établi cette forme de relation, les participants se parlaient sans réserve de leur véritable expérience. Ce furent des moments privilégiés. Ils venaient nous présenter des situations vécues et étaient curieux des retours des uns et

[14] *Les relations gratuites, ou désintéressées, sans recherche de bénéfices matériels ont une large part dans la vie en société. Elles alimentent notamment les économies du don.*

[15] *Relations où le développement d'un individu ou d'une espèce est rendu possible par le développement d'autres individus ou d'autres espèces.*

des autres. Tout le monde s'enrichissait de ces discussions, l'orateur et les interlocuteurs. Nous n'avions pas grand-chose à ajouter, la mayonnaise prenait. Sans coproduire, nous apprenions beaucoup. Et nous aussi, nous apprenions.

La notion de geste nous a bien aidés à libérer cette parole et à enrichir la présentation de ces expériences vécues. Elle aide à dire les choses, à même hauteur, sans théorie. Elle met en relief l'expérience au fond, elle la valorise et, surprise, elle autorise à ce que les uns et les autres suggèrent des perfectionnements possibles. Sans surplomb, sans morale, sans expertise, non. Simplement. Sans autre intention que d'interagir, ensemble.

Et en retour la « relation » s'en trouve renforcée. Il y a comme un effet boule de neige. À l'issue des réunions tous ont exprimé l'envie de se retrouver un peu plus tard pour poursuivre cette qualité de partage, très productive.

Bruno :

> « Nous utilisions le mot expérience dans le sens « avoir de l'expérience », « avoir des heures de vol ». Acquérir de l'expérience se fait en en se confrontant à la réalité des choses et en tirant des leçons des réussites et des échecs. Partager son expérience c'est mettre à la disposition d'autres ce qu'on a vécu et ce qu'on en a retiré.
>
> L'expérience est autre chose que des souvenirs que nous raconterions, une biographie de nos parcours, ou des « mémoires », voire des actes qui se voudraient exemplaires. Autre chose aussi que des connaissances et des savoirs, des certitudes forgées et des « je vais t'expliquer ».
>
> Qu'est-ce donc ? J'ai l'image d'un vécu condensé, inscrit dans le corps et dans la tête, affiné par le temps. Du vécu plutôt bien intégré dans sa propre vie, à ses propres yeux, simplement, modestement, non pour se faire briller ou se faire plaindre. De l'expérience vécue en toute discrétion, sinon cela devient de la pose ou de la parade, voire de l'étalage.
>
> Une dernière caractéristique de l'expérience peut être soulignée : bien vécue, elle donne l'envie de la transmettre, non pas pour se faire valoir et s'exhiber, mais pour permettre à l'autre d'aller plus vite dans l'apprentissage du monde et de la vie, d'éviter des erreurs et des détours préjudiciables.

Partager son expérience est délicat pour deux raisons : tout d'abord cela nécessite d'être profondément sincère, avec soi-même et face à l'autre. S'autoriser à être profondément sincère par rapport à ce qui a été vécu, avec ses doutes et ses interrogations, ses succès et ses échecs, ses fiertés et ses dissimulations, ses courages et ses veuleries. Il ne s'agit pas de se mettre à nu, ni de se rendre transparent, ni non plus de chercher à embellir son vécu, au point d'en perdre le fil incandescent. Parler depuis son expérience demande une grande intégrité et un grand tact. Deuxièmement il faut être au moins deux pour partager. Ce partage se fait dans les deux sens. Ce n'est pas une relation à sens unique, d'un transmetteur à un récepteur. C'est une relation à pied d'égalité et symétrique. Ainsi les deux en sortent enrichis, grandis.

C'est pour ces deux raisons qu'il est tout à fait intéressant de savoir « *ouvrir la relation* » comme nous l'indiquions ci-dessus. Sans cette ouverture, les codes et les systèmes de protections restent en place et l'envie de partager demeure superficielle. »

10. À propos du mot expérience

Expérience vient du latin Experientia : « *épreuve, essai, tentative* ».[16]. Le mot désigne aussi le fait d'éprouver la réalité et d'en enrichir ses propres connaissances.

Par le suffixe « per » qui a donné en français les mots pore, port et porte, « *le mot connote à la fois une percée et une avancée en soi et dans le monde, un gain de connaissance et l'habileté cumulée d'un acquis.* »[17]

Mots associés : empirisme, pragmatisme, pratique, expérimentation, expérimental, expert.

Faire l'expérience de quelque chose renvoie tant à l'épreuve extérieure qu'à l'expérience intérieure. Et notamment de la conscience qu'on en a.

Les sciences sont fondées sur des observations et des expérimentations.

[16] *Voir mot expérience / dictionnaire historique de langue française d'Alain Rey, Dictionnaire le Robert.*

[17] *Voir mot expérience / vocabulaire européen des philosophies, sous la direction de Barbara Cassin, Ed Le Seuil.*

Au début du vingtième siècle les modèles de l'enquête et de l'expérimentation sont préconisés par John Dewey[18], pour développer l'intelligence collective socialisée.

Pour plagier la philosophie antique nous pourrions dire : « une bonne expérience correspond à une vie réussie ».

La légitimité d'une personne se fonde beaucoup sur son expérience, telle qu'elle est perçue par les autres. Les biographies et les « mémoires » alimentent cette quête de personnages légitimes.

Convictions forgées par la vie. Pas celles des doctrines, ni celles des pouvoirs, mais celles de ceux qui ont vécu, sans s'illusionner, sans se fondre dans les opinions dominantes.

Dans un monde de plus en plus indéterminé, l'expérience des mondes passés ne fait plus l'effet d'un garde-fou. Elle ne semble plus intéresser beaucoup de gens à l'époque des vérités alternatives. Une nouvelle forme d'expérience émerge face aux dérèglements devenus sans fin. Elle mérite toute notre attention.

LE PARTAGE D'EXPERIENCE AIDE A LA TRANSMISSION

Philippe :

« Cette forme de partage d'expérience je l'avais en moi sans en avoir véritablement conscience. C'est lors de ce travail que nous avons fait avec nos cohortes et nos *mentoring*, qu'il m'est apparu clairement par le partage des gestes.

Souvent avec des collaborateurs, des collègues, j'entrais dans ces échanges d'égal à égal. J'aimais les écouter, cheminer avec eux, leur livrer quelques bribes de ma propre expérience, sans chercher à les orienter. Je ne mesurais pas à sa juste valeur l'utilité de ces moments. C'est parfois plusieurs années après, que les intéressés m'ont dit combien leur avait apporté ce bout de chemin avec eux. Sans le savoir, j'avais joué le rôle de Mentor. Si j'avais compris cela avant je l'aurais beaucoup plus déployé !

Nos amis mentors eux aussi se surprennent à constater que cette relation qui permet la mise en parallèle de nos expériences permet un réel enrichissement et une transmission sans couture. Ils regrettent de ne point en avoir usé plus tôt. Un peu comme nous

[18] *John Dewey (1859-1952), penseur du pragmatisme, de la pédagogie et de la démocratie.*

le disions plus haut, la mise en avant des points forts, des talents remarquables, nous a sortis de nos pratiques antérieures d'une analyse rationnelle qui privilégiait les plans de progrès pour résorber les insuffisances les faiblesses constatées. Y compris pour nous-même.

Nous avons changé de point de vue sur le développement des talents : penser points forts, relation de partage d'expérience, parler de gestes et de transmission. Penser de cette façon, comprendre les gestes simples qui l'accompagnent : « *Parler à même hauteur* », « *Dire les choses* », qui sont aujourd'hui reconnus comme des gestes de développeur de talents, est quelque chose que l'entreprise accueille difficilement, du moins pas prioritairement.

En son temps, mes propositions de réflexion sur une façon de faire grandir les plus jeunes, en priorité par leur manager, mais aussi en s'appuyant sur l'expérience des plus anciens, ne répondaient sans doute pas aux exigences de l'entreprise d'un rapide retour sur investissement. Quand je tentais d'utiliser nos plus anciens dans des rôles de tuteurs ou de mentors, mon président de l'époque préférait m'utiliser à concocter des contrats de mise à la retraite progressive et ce, dès 55 ans. J'avais vraiment l'impression de gâcher la richesse de l'entreprise.

Pourquoi est-ce maintenant, un peu tard dans notre parcours, que nous réussissons à développer cette façon de penser l'action d'un responsable, que nous prenons conscience dans nos cohortes, avec nos mentors de la richesse de cette entrée en relation de partage d'expérience ?

Avec une conscience plus fine et plus précise de ce mode de relation et en ayant goûté aux bénéfices de cette façon de se mouvoir, nous reviendrons en fin d'ouvrage pour essayer d'interpeller l'entreprise afin qu'elle ne se prive pas d'un tel bénéfice. »

Nous ne parlions pas de l'Expérience, avec un grand « E » mais de l'expérience de tout un chacun. Nous parlions d'assemblages d'expériences, qui s'entremêlent, se connectent, s'agencent, dont la valeur n'apparaît pas indépendamment de celle des autres. Difficile de dégager la valeur d'une expérience en soi, hors de son contexte en dehors de ses circonstances et de la reconnaître comme telle, hors du jeu des interactions dans laquelle elle se déploie. L'expérience telle que nous la pensions a quelque chose de paradoxal. Elle est à la fois individuelle et collective, sans qu'il soit possible de trier entre les deux. Pourtant, parfois l'expérience d'une personne est recherchée, tout particulièrement lors des recrutements ou des décisions de promotion. Pour certains elle vaut de l'or, pour d'autres elle ne saurait être prise en compte. Ce qui est sûr c'est qu'elle est difficile à appréhender.

Bruno :

> « J'ai un jour été appelé à participer à l'animation d'une réunion de travail sur le développement des compétences des « seniors ». Par senior il fallait entendre « à partir de 45 ans », et ce jusqu'à la veille du départ en retraite. C'était une question légitime et malgré tout peu traitée. En effet l'essentiel des efforts de développement des compétences portait sur les populations non seniors.
>
> Quels en étaient les enjeux ? Le maintien à niveau des aptitudes, l'adaptation, la mobilité vers d'autres activités et la transmission de savoir-faire. Dans l'entreprise où nous nous trouvions, l'enjeu principal se situait dans la perte de compétences due au départ des « anciens ».
>
> Pour lancer la discussion, j'ai donc proposé la formule suivante : *« L'expérience est une compétence »*. Les retours ne se sont pas fait attendre. « *Pas du tout !* » a déclaré l'un des participants, d'un ton catégorique, suivi de nombreux hochements de tête approbateurs. Ma proposition avait bien fait de l'effet, mais pas comme je m'y attendais. Quelques visages semblaient perplexes, tandis que je restais silencieux. Quelqu'un a osé dire qu'en y réfléchissant tout n'était pas faux dans cette proposition. Il s'est ensuivi un échange qui a permis de clarifier le sens que les uns et les autres mettaient derrière les mots de compétence et d'expérience. Comme quoi un peu de sémantique aide parfois à clarifier les choses, n'en déplaise à certains.
>
> Du point de vue des départements de gestion des ressources humaines, les compétences sont considérées comme des qualités « objectives » d'un individu. Elles sont mesurables via des dispositifs d'évaluation et des bilans. Elles peuvent servir à classer les collaborateurs dans des échelles de professionnalisme. Les compétences peuvent s'acquérir par des formations, par des apprentissages ou des parcours « professionnalisants ». Les

compétences sont ainsi traitées comme des ressources, nécessaires aux activités de l'organisation, disponibles ou à acquérir et sont gérées comme telles.

Pour ce qui est de l'expérience, la question est nettement plus complexe. Plus subjective, multidimensionnelle, complexe, elle s'apprécie différemment selon qui la considère. Elle ne rentre pas dans les cadres qui prévalent pour les compétences et qui en permettent la gestion comptable. C'est sans doute ce que voulait exprimer notre premier détracteur. D'autres réticences semblaient évoquées : « *que faire de ceux qui se cuirassent dans une expérience d'un temps passé qui n'a plus vraiment cours ?* » Les « *canaux historiques* » disaient-ils.

Pourtant « *l'expérience ne peut être balayée de la main et mérite qu'on s'y intéresse* », disaient les autres. Nous avons pu alors nous poser la question : « *comment faire pour repérer et prendre en compte l'expérience comme valant quelque chose ?* »

C'est là que la notion de geste a trouvé sa place. Un senior aguerri agit efficacement, pas simplement par des actes professionnels méthodiques et par application des bons protocoles, mais parce que nourri de son vécu, il fait corps avec son action. Nous pouvons dire qu'il agit par des gestes et non simplement par des actes. Il n'est plus dans l'apprentissage, ni dans le développement, Il a les gestes en lui. Les bons gestes, ceux du métier, dans sa quintessence.

Et ce sont ces gestes, qui disparaissent lorsqu'il part et que ses successeurs n'ont pas eu le temps d'intégrer en eux. Ce sont ces gestes, en partie repérables, qu'il est intéressant de transmettre et d'aider à transmettre.

Car transmettre des gestes est naturel quand on les a en soi. C'est même une joie de le faire, à deux titres : c'est une expression aboutie de ses propres talents et une joie de voir quelqu'un d'autre s'inscrire dans cette façon d'agir professionnellement.

Penser un dispositif qui permette la reconnaissance des gestes professionnels de grande portée, ceux qui comptent et qu'on veut promouvoir, et qui en aide la transmission semble être une bonne voie à emprunter. Elle est réaliste et concrète. C'est ce que nous leur avons proposé. Nous pouvions conclure notre travail par :

« l'expérience est une forme de compétence, transmissible. Les gestes en sont les composants élémentaires ».

Je voudrais préciser que la transmission opère lorsque la relation de partage d'expérience est établie, pas avant. Sans interaction relationnelle le partage est minime et relève alors d'une pédagogie de celui qui sait à celui qui ne sait pas. Pour transmettre le geste, cette forme de pédagogie ne fonctionne pas, ou alors exceptionnellement. Pour qu'elle opère il faut se parler de geste à geste. La transmission peut circuler alors dans les deux sens. »

11.
Une histoire de transmission réussie

Dans de nombreuses entreprises, l'intégration de cadres de haut niveau est souvent délicate. Les spécialistes nous ont confié qu'à plus ou moins brève échéance, ces tentatives de greffe se soldent à 40 % par des échecs. Une amie DRH nous a raconté à ce sujet une histoire de transmission réussie dans un grand groupe international.

Une dame, dans la quarantaine, avait été recrutée pour prendre la responsabilité de la direction des relations sociales. Elle devait remplacer l'actuel directeur, homme d'expérience et talentueux, qui prenait une retraite bien méritée.

Souvent les transitions se font de façon un peu rapide, mais là, l'homme en partance ne voulait abandonner les négociations en cours, en vue d'un nouvel accord d'entreprise. Il proposa de rester jusqu'à conclusion de cet accord. Il mettrait à profit ce temps pour accompagner sa remplaçante et lui permettre une prise de poste en douceur.

Cette période dura près de six mois elle fut une occasion pour la nouvelle arrivante de découvrir au travers des échanges avec son prédécesseur, la complexité de ses missions, la subtilité des relations avec l'ensemble des parties prenantes tant internes qu'externes. L'entente était parfaite entre ces deux fortes personnalités, qui se respectaient, qui s'écoutaient, qui partageaient les responsabilités, qui cheminaient de concert.

Notre amie, plutôt habituée aux transitions au pas de course, plutôt viriles du fait d'ego affirmés, suivait cette transmission avec étonnement et intérêt. Le temps était différent, le rythme était serein, bien que tout à fait articulé au tempo de l'entreprise. Elle voyait qu'au-delà de la technique requise assimilée très rapidement, l'homme d'expérience savait transmettre une culture, des gestes de la vraie vie ; c'était, disait-elle, un peu comme on apprend à faire le pain. Il transmettait en fait les connaissances « intrinsèques ».

Les équipes étaient rassurées, les liens même les plus délicats étaient établis, notre amie nous confia qu'à la prise de poste effective, cela s'était passé de façon « SEAMLESS » c'est-à-dire sans couture. Au bout de six mois d'accompagnement, cette nouvelle directrice était comme là depuis des années. Expérience réussie tellement rare dans nos entreprises où l'on confond vitesse et précipitation. De quoi s'interroger sur les conditions d'une transmission réussie.

À ce stade, nous avions bien avancé dans notre reconnaissance du leadership et des talents de nos interlocuteurs. Mais notre idée de geste restait toujours quasiment indéfinissable. Nous avions bien repéré quelques caractéristiques du geste, mais nous ne savions toujours pas le définir de façon canonique[19]. Nous ne le savons d'ailleurs toujours pas. Nous avions réussi à faire sentir que l'idée de geste ouvrait aux relations et à la vie.

Plusieurs changements de responsables vont entraîner des évolutions du dispositif de cohortes des dirigeants de l'État. Nous n'y aurons plus notre place.

Nous nous décidons alors de réaliser des cohortes par nous-mêmes, en recrutant dans tous les secteurs d'activité et non plus seulement dans l'administration. Nous n'avons plus de donneur d'ordre que nous-mêmes. C'est pour nous l'occasion de pousser plus avant la découverte de l'idée de geste et de ses effets. Nous allons le faire de deux façons : sur le fond, en approfondissant les notions que nous avions utilisées, mais aussi en en ajustant la pédagogie.

Le chapitre suivant précise ces points. On y trouvera des développements sur la progressivité qui permet de découvrir la richesse du geste, de prendre conscience de la pertinence du geste face à l'imprévisible et au désordre, et de promouvoir un monde de partage d'expérience, si nécessaire dans les temps actuels.

Il est possible de poursuivre la lecture du livre en se rendant directement au chapitre quatre, où l'on élargit notre approche aux gestes professionnels.

---

[19] *À l'image d'Augustin qui à la question « qu'est-ce que le temps ? » répondait : « Si personne ne m'interroge, je le sais ; si je veux répondre à cette demande, je l'ignore. «*

Chapitre Trois : Résonances

« Je ne puis m'associer vraiment au monde que par des gestes. »[1]

Introduction

Dorénavant nous pouvions pousser plus avant ce que nous avions découvert et expérimenté. Nous avions repéré que pour faire prendre conscience de la nature plus complète et intégrée du geste par rapport aux actes ou aux rôles, il nous fallait avancer pas à pas : rendre attentif, stimuler la curiosité, donner envie de jouer avec cette idée. Peu à peu, l'idée prend de la consistance et s'installe plus profondément, par-delà des lisières de l'esprit de géométrie. Vient alors la découverte de nouveaux paysages, de nouveaux possibles. Les pédagogues professionnels[2] savent cela, nous allions le découvrir en cheminant. Nous sommes arrivés alors devant des questions éloignées de nos sujets de départ, qui pourtant font l'actualité des publications de management : comment manager dans l'incertain, comment innover hors des sentiers battus tout en restant dans un cadre, comment motiver les générations « Y »[3] réputées peu fidèles, comment donner du sens en l'absence de futur prévisible, comment prévoir l'imprévisible, où trouver le souffle pour conduire l'action quand les repères classiques perdent leur robustesse…

Nous n'avions pas l'intention d'apporter une réponse à toutes ces questions. Néanmoins, pour avancer de façon solide, il nous a fallu les considérer et tenter d'y voir plus clair. Et toujours l'esprit libre, sans

---

[1] Henri Michaux dans « Passages ».

[2] Voir le livre « apprendre, les talents du cerveau, le défi des machines » de Stanislas Dehaene / Odile Jacob 2018.

[3] Selon un article paru dans la Harvard Business Review la génération Y regroupe l'ensemble des personnes nées entre le début des années 1980 et la fin des années 1990.

craindre d'explorer à nouveau et de penser hors des clous, pour rester fidèles à notre ligne de conduite.

3.1 La progression dans la découverte du geste

Philippe :

« Comment faire prendre conscience de l'idée de geste ? J'avais été confronté à cette question lors d'une formation de préfets. Il leur était proposé de développer leur leadership. Ils étaient déjà bien formés au commandement et attendaient un cours sur ce que devait faire un leader. Je leur avais parlé des rôles d'un leader, ils en avaient saisi les concepts. Je voulais les mettre en mouvement, au-delà de la compréhension intellectuelle et leur faire toucher du doigt l'idée de geste pour qu'ils s'y exercent, pour qu'ils se libèrent des jeux de rôles.

J'ai choisi l'exemple de la prise de décision. Je voulais leur faire sentir la différence entre une façon autoritaire de décider et une façon plus intégrée dans le milieu, plus émergente. Une telle façon de faire part de l'écoute du contexte et des personnes, de l'accueil fait aux situations, en créant un climat de confiance qui produise des décisions engageantes. Savoir inspirer et cultiver la confiance est donc de nos jours une qualité essentielle pour un préfet tout autant que celle de savoir décider seul. De cela tous en convenaient.

Au-delà d'un climat de confiance je souhaitais leur faire sentir que cette forme de décision produit une envie de s'engager dans le mouvement, et donc donne de l'élan aux parties prenantes.

Et pour qu'il y ait élan, il faut relâcher le « tout contrôle ». Voilà le point délicat et paradoxal : Je leur demandais en même temps du contrôle et une certaine forme de lâcher prise. Je leur proposais de laisser de côté leur carapace, de se jeter dans le bain, et de faire corps avec les autres. Ainsi et seulement ainsi ils pourraient déployer des gestes de leader avec succès. Autrement ils resteraient dans l'exercice de rôles,

Dans ma lancée je leur ai même suggéré que fort de leurs succès dans l'exercice de leurs gestes, ils pourraient oser beaucoup plus. Je leur donnais l'exemple d'un de leurs pairs, qui devenu directeur général d'une mutuelle, affirmait avoir « *osé le saut dans le vide pour faire le pari de la confiance* »[4].

Les participants faisaient preuve d'une attention polie, mais de là à se l'appliquer à eux-mêmes il y avait un pas qu'ils ne franchissaient pas. Bref ce fut un flop.

Quelques jours plus tard, j'étais de retour pour animer l'une de nos cohortes, Nous en étions à notre cinquième réunion et nous partagions la notion de geste avec les participants depuis cinq mois déjà. Grâce aux expériences de vie que nous livraient les uns et les autres au travers de leurs témoignages, nous échangions, nous les poussions à agir plus amplement. Nous commencions à cerner la richesse d'un geste, sa progressivité dans son déploiement, et la puissance qu'il libère. J'ai tenté de proposer la progression suivante : « *maîtriser l'acte puis libérer l'élan ce qui rend possible le saut* ». Je vais tenter de décrire cette montée en puissance (voir schéma ci-dessous).

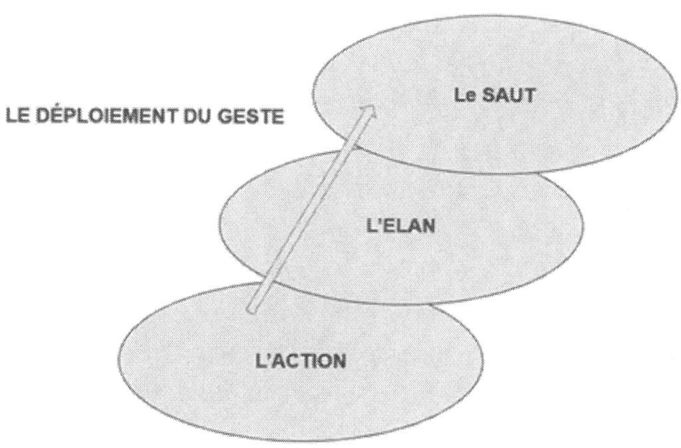

Voici ce que je leur ai dit : « *D'abord, je m'engage, un peu obnubilé par les finalités et par l'efficacité. Je cherche à réussir, à tenir le mouvement de façon disciplinée, je le contrôle, je suis dans l'ACTION. On me conforte dans cet exercice en me donnant des ordres, en m'évaluant, en me jugeant selon des critères établis.*

---

[4] *Pascal Demurger, directeur général de la MAIF.*

Le monde du geste apparaît quand je ne me sens plus limité dans cet exercice, réduit à cette efficacité maîtrisée et calculée. Peu à peu je me rends attentif à mes forces qui se déploient quand j'agis, au bonheur que cela me procure, au-delà du but à atteindre. Je deviens sensible à la touche que j'apporte, aux degrés de liberté que je m'octroie, sans en rendre compte. J'ose exprimer ma singularité, je me permets d'ouvrir le jeu, je deviens capable de dépasser les codes, je lâche un peu l'obéissance aux règles. Ce faisant, je gagne en efficacité, sans tenir la comptabilité de mes faits et gestes.

Je sors alors en partie du monde de l'ACTION. Je ressens quelque chose de l'ordre d'un mouvement beaucoup plus aisé, coordonné naturellement par mon corps, sans avoir à y penser. Comme élancé naturellement. Je pense ici à la satisfaction que ressent celui qui arrive enfin à rouler à bicyclette, après un apprentissage parfois douloureux. Quelle libération ! Nous disons que nous sommes alors dans le monde de l'ÉLAN, **,** *de l'agilité où nos élans se déploient librement, ainsi que nos talents qui s'y expriment. L'action devient mouvement « non-tenu », élancé. Le plaisir remonte, je ne crains plus la chute, ni le coup d'après. J'imagine plein de nouveaux possibles.*

Fort de cet élan délié, j'accepte de nouveaux défis, des problématiques inattendues, dégagé du trop-plein de contrôles. Les objectifs et les finalités deviennent des éléments de contexte, certes importants, mais nullement despotiques.

L'élan étant pris, les ailes me poussent alors, je me sens capable de plus encore. Accepter la perte de prises pour me déployer dans un nouveau mouvement, improviser une nouvelle figure, en l'air, avant de retrouver le sol, transformé. M'engager alors ressemble plus à un saut. Nous disons que nous sommes dans le monde du SAUT. »

C'est un mouvement différent, audacieux qui mobilise d'autres ressources que celles habituellement utilisées dans l'action contrôlée. Un mouvement qui ne dépend plus de mes ressources conscientes, calculantes, mais des réflexes comme ceux qui s'activent quand je passe de la conduite sur route sèche à la conduite sur glace. C'est toujours moi qui agis, mais c'est un moi qui m'était inconnu, et qui me surprend, voire me transporte.

Agir en « *mode geste* » permet ainsi de passer du monde étroit de l'action à celui de l'élan et parfois à celui du saut. [5]»

Bruno :

« Un jour, lors de la cinquième réunion d'une de nos cohortes, Philippe propose ce schéma en trois temps qu'il couche sur un paper board. Il le commente. Les participants, déjà bien engagés par les quatre réunions précédentes y voient bien la progression que nous avons suivie depuis plusieurs mois. Je pense que le passage d'un temps à l'autre correspond à une ouverture mentale de plus en plus grande, de plus en plus libre, de plus en plus audacieuse.

Il y a d'abord le passage du régime de l'action à celui de l'élan. Il s'agit d'élargir sa perception du champ d'action, du terrain de jeu, en en repoussant les limites, au-delà de ce que l'on s'octroie habituellement comme autorisé, voire possible. Comment ? En prenant un léger recul pour observer ce qui se passe, en l'enrichissant de sens et d'élans de vie. Ceci, tout en demeurant « réaliste », en maîtrise, en conservant la raison et les clôtures qui préservent des dérives et des délires.

Par exemple, prendre conscience de l'existence d'une troisième mi-temps d'un match de football élargit la compréhension de ce qui se joue dans les équipes de football. Savoir cela aide à mieux penser les entraînements et le management des équipes, sans rien changer aux règles du jeu. Tout entraîneur sait ça. Certains managers gagneraient à en voir l'intérêt.

Lors du passage du régime de l'élan à celui du saut, une autre forme d'élargissement apparaît. Il s'agit là de la découverte d'un ouvert encore plus large, sans continuité avec les formes précédentes, sans limite autre que celle de notre imaginaire et de notre audace. Ici commence une autre aventure : « *lâchez les amarres, partez en reconnaissance, tirez au jugé* », en toute liberté[6], sans fil conducteur, ni pour revenir en arrière (le rassurant fil d'Ariane), ni pour éclairer le chemin en avant. « *On the road again* ». Il n'y est plus question d'autorisations. La seule qui demeure est celle de s'autoriser à questionner la pertinence des

---

[5] *Brigitte Lefèvre, précédemment directrice des danseurs de l'Opéra, parlait de cette progressivité en disant : « Dans le geste, il y a le talent, il y a l'élan, et puis il y a le saut ».*

[6] *« Personne ne va si loin qui ne sait pas où il va ». Cromwell*

limites posées, des clôtures, des frontières établies par les disciplines. Elles demeurent toujours là, avec leurs cases, leur profondeur et leur nécessité. Mais quelque chose de totalement nouveau est devenu accessible, surprenant même, de l'ordre d'un savoir au-delà des disciplines, comme un savoir transdisciplinaire.

L'idée de grand ouvert nous est ainsi apparue, et avec elle l'idée de l'agir « *hors sujet* »[7], hors sujétions, sans joug, hors cadre. Était-ce réaliste de nous laisser porter dans ce champ totalement libre ? La suite nous a prouvé que oui. »

METTRE EN ŒUVRE LA PROGRESSIVITE

Bruno :

« Nous avons précisé cette progressivité dans nos cohortes. Au démarrage nous nous concentrons sur les actes attendus de la part d'un leader. Nous rendons attentif à la spécificité de chaque acte. Par exemple les actes de « donner le sens » sont distincts de ceux de « communiquer », même si parfois ils fonctionnent ensemble. Dans le premier j'indique un sens, une direction, dans l'autre par ma seule présence et ma façon d'agir je suis moi-même un message que les autres reçoivent. Prendre le temps de considérer chaque acte et ses spécificités aide à interroger globalement l'expérience des uns et des autres et à partager une première compréhension des sept gestes. Au-delà ce temps permet de convenir que ces sept gestes couvrent bien la totalité de l'exercice du rôle. C'est important de se mettre d'accord sur une carte commune pour avancer, tant sont nombreux les référentiels du leadership auxquels les participants ont été exposés[8]. À ce stade nous parlons d'action.

---

[7] *J'emprunte cette formulation à Emmanuel Levinas : « sujet, hors sujet... soi sans réflexion, comme incessant éveil. » Hors Sujet. p 213, Livre de poche, biblio essais.*

[8] *Un éminent professeur de management nous a déclaré non sans un certain sourire qu'il y avait autant de référentiels de leadership qu'il y avait de professeurs de management.*

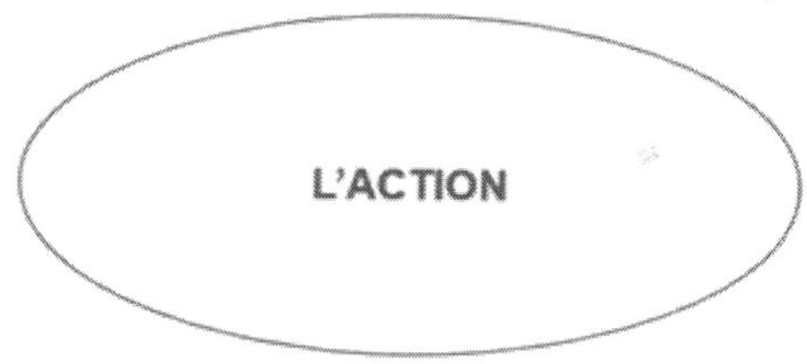

Dès la deuxième réunion, lors des premiers témoignages, nous pointons qu'au-delà des actes présentés d'autres éléments apparaissent. Des valeurs et des convictions sont mises en avant, les actes sont rendus vivants par une façon de faire propre à la personne… Cette manière singulière vient colorer l'action et lui donne une marque particulière qui parfois en augmente l'efficacité. Ainsi nous découvrons par petites touches le monde du geste.

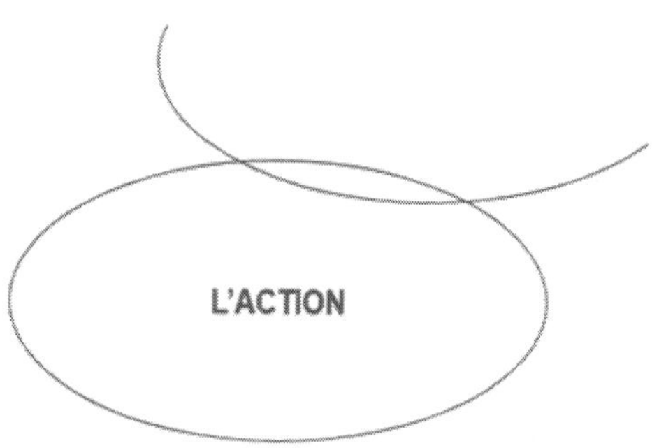

Lors des réunions suivantes nous développons l'attention aux élans qui se manifestent lors des présentations de gestes : le plaisir qui pointe quand il est bien réalisé, le dépit quand il ne l'est pas, la satisfaction quand on le perfectionne. Le fait qu'il est bien l'expression de soi-même, de ses talents, qu'on aime l'avoir en soi et qu'il fait partie de sa façon d'être au monde. Nous parcourons alors la sphère de l'élan et découvrons qu'il produit beaucoup plus d'effet que la simple application de bonnes méthodes. Qu'il donne beaucoup plus de vie aux relations.

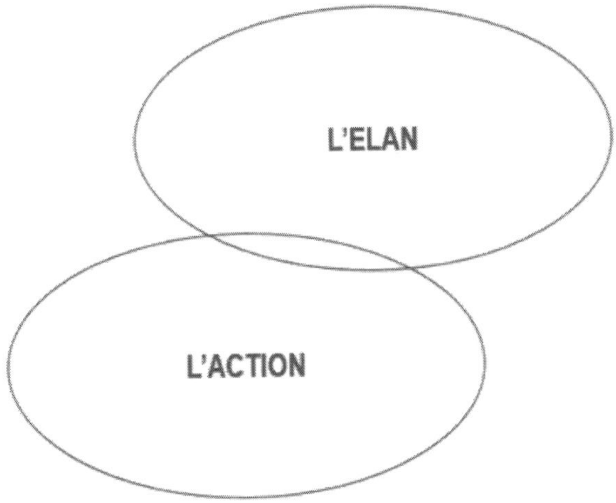

Poursuivant notre chemin il apparaît que cet élan « donne des ailes » comme aime à le dire Philippe. Il élargit les possibles, accroît la confiance pour agir, donne envie de pousser les cloisons et de prendre des initiatives nouvelles. De nouveaux degrés de liberté apparaissent.

Le monde nouveau apparaît, un monde où les clôtures s'estompent, où l'élan peut se transformer en saut.

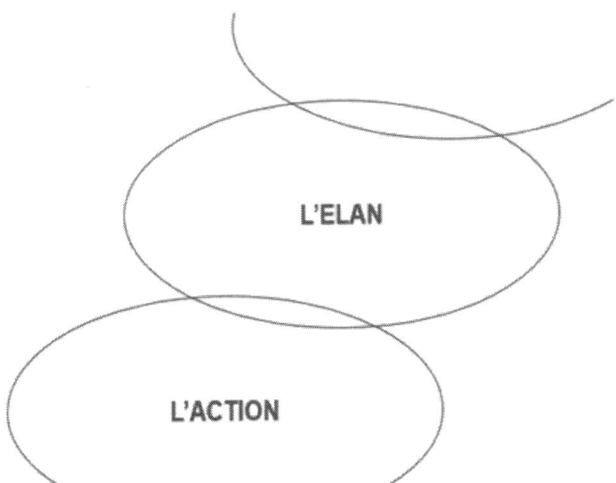

À ce stade, lors des deux dernières réunions, nous entrons dans un moment joyeux. Bien ensemble, nous découvrons la possibilité du saut. Bien échauffés par les étapes précédentes, bien en appui sur les talents, nous pouvons penser oser[9] le saut. Et tous aspirent alors à le faire.

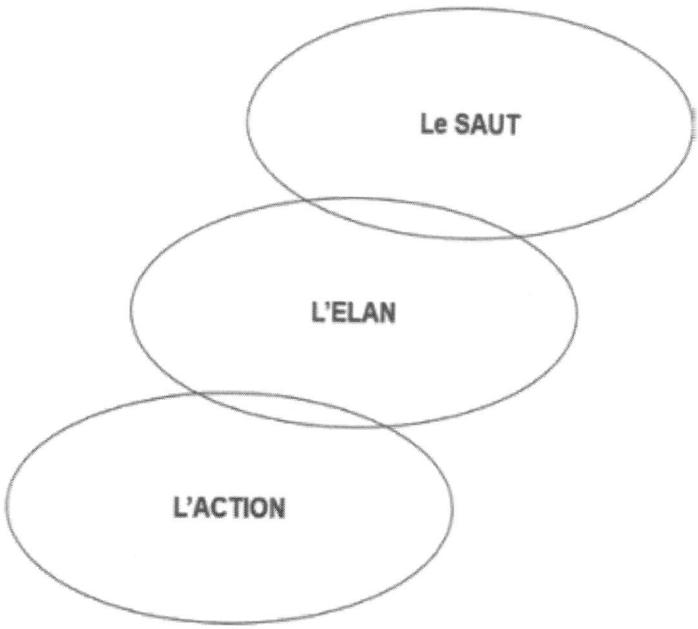

Je tiens à préciser que cette même progressivité est à l'œuvre dans nos accompagnements individuels de *mentoring.* »

---

[9] *Oser le saut, agir aisément avec audace, n'est possible que si au préalable nous nous sommes bien échauffés. Sans échauffement, gare au saut périlleux qui généralement se finit mal. Il arrive en entreprise de demander de l'audace, sans avoir au préalable autorisé l'élan, par un management bridé et surcontrôlé. C'est souvent le cas de plans de transformation ambitieux. À froid, exiger le saut est alors irresponsable. Dit autrement on ne passe pas directement de l'action au saut. L'élan est nécessaire*

Il y a autre chose que les competences

Philippe :

« *Au-delà de l'élan il y a le saut* ». Cette phrase venue de la danse me plaît beaucoup ! Bien entraîné, en pleine forme, bien échauffé, libéré des contraintes, je vais pouvoir aller plus loin. Je vais vraiment passer à autre chose. J'ai en moi un plein d'énergie, je ne crains plus l'incertitude, je peux y aller. Je peux faire irruption dans un autre monde, plein d'autres possibles, sans me sentir les pieds dans la glaise. Je peux défier les lois de la gravitation. Cet autre monde reste un monde réel, mais sa physique est différente de celle du monde habituel. Les réflexes usuels y sont inopérants. Rappelez-vous le pas dans le vide d'Indiana Jones[10] ! Tout en présence, tout en attention, et pourtant complètement différent. Nous ne sommes plus dans la continuité. C'est un moment de saut.

Je saute avec ce que je suis, je déborde ce que je sais. C'est un élan d'envie, plus que de besoin, un mouvement dynamique plus que de recherche d'assurance. Il n'est plus question de confiance, si je continue à me poser la question d'accroître ma confiance, je n'en aurais jamais assez, et je continuerai à retarder le moment du saut. « *Même pas peur !* ». C'est une question d'énergie plus que de méthode, de transport plus que d'intérêt, d'élans plus que de compétences.

À l'aise dans mes élans et sereinement auteur de mon geste, responsable, j'accède à une agilité sans conditions, sans effort, sans réflexion. C'est un peu comme se laisser à devenir artiste. « *L'art commence là où cessent les mécanismes de la technique.*[11] » disait René Huyghe.

Sorti de mes carcans, de mes façons de faire courantes, je suis encore plus moi, avec les autres, encore plus responsable des vies dont j'ai la charge. Et, dans cette dynamique rare, il y a rencontre, détente, lien, contact, de plus en plus d'énergie, un effet d'entraînement, un ressenti particulier de résonance et de vibration, jusqu'à danser ensemble. On se sent vivant, on

---

[10] *Voir film « Indiana Jones et la dernière croisade ».*

[11] *René Huyghe, Dialogue avec le visible*

communique avec la vie, on communique la vie. Et ainsi on transmet !

Dans le saut, le geste trouve son vrai ressort, se nourrit d'un souffle profond en soi. Il devient communicatif et rencontrant l'autre libère les jeux des énergies.

Jeux des énergies qui ne sont pas sans tensions, bien au contraire. Tensions qu'il ne s'agit pas de résoudre, mais plutôt de composer habilement, pour tisser de nouveaux agencements, de nouvelles formes de vie.

« *Celui qui communique la vie augmente la mienne* » disons-nous, en nous inspirant de Paul Valéry[12]. Les sauts sont des moments rares. Ils valent la peine d'être vécus quand on peut les saisir. »

3.2 Les gestes embarquent dans un monde plus vaste

Notre champ de travail s'élargit peu à peu grâce à l'observation des gestes. Nous y voyons toute une dimension de vie reparaître et des espaces nouveaux délaissés par une pensée managériale trop tenue pas ses logiques et ses instruments de mesure. Nous allons explorer ces nouveaux paysages avec nos mots de tous les jours, nos façons de vivre et de nous élancer dans l'inconnu. Une première question se pose : puisqu'il y plus de souffle jusqu'où se laisser porter par le vent ?

METTRE DU VENT DANS LES VOILES : PETIT OU GRAND OUVERT ?

Bruno :

« Nous avons déjà évoqué l'idée de petit et de grand ouvert[13]. J'ai expérimenté ces notions lors de nos *mentoring*. Une fois avoir établi une relation confiante et après avoir découvert le contexte dans lequel évoluait la personne, je ne cherchais pas à approfondir les problématiques qui apparaissaient. Le premier mouvement qui me venait en tête était d'ouvrir les fenêtres qui me semblaient fermées dans la façon de voir la situation. Je disais : « *que se passe-t-il de ce côté-ci, derrière cette porte ?* » Je proposais d'ouvrir les fenêtres, de laisser entrer le soleil et de regarder au-

---

[12] *Voir Paul Valéry, Cahiers, Tome 2, La Pléiade 1980, Ed. Gallimard.*

[13] *Voir page 106.*

dehors. Souvent apparaissait un jardin dégagé, attirant, inspirant. Nous tentions de le décrire, comme nous décririons l'agencement d'un paysage. Tout le monde aime découvrir des paysages… Enfin presque tout le monde.

Pour certains l'exercice paraissait insolite, voire inquiétant. Je ne voyais pas en quoi, mais je me pressais de rassurer la personne en lui disant : « *Quel beau jardin, mais pas d'inquiétude, il est clos.* » C'est un ordre élargi, mais toujours bien réglé. Il n'est qu'une extension de l'ordre de la maison. C'est un ouvert domestique, domestiqué. Je l'appelais le petit ouvert.

Parfois, des perspectives apparaissaient plus lointaines, hors du jardin, dans le grand monde. Je sentais que mon interlocuteur pouvait y être sensible, bien qu'un peu hors sujet pour un proche immédiat. Alors je savais que je pouvais laisser parler mon imagination et les évoquer… Le vent du grand large invitait à de plus grands voyages, et ouvrait à des mondes nouveaux et plus larges. Une grande respiration devenait possible. Voilà ce que j'appelais le grand ouvert. Certains seulement s'y laissaient aller. Les autres ne s'y risquaient pas. Il aurait été maladroit et déstabilisant de les y confronter. Et c'est bien ainsi.

Cette distinction ne m'était pas inconnue. Je l'avais rencontrée dans un livre de Jean François Billeter, une livre sur Tchouang Tseu, philosophe Taoïste du V° siècle avant notre ère. Il y parle des humains et du ciel[14]. Les humains pour leur part agissent intentionnellement, en apprenant, en comprenant, en se sentant peu à peu à l'aise dans un monde ordonné. C'est un monde domestique, un « petit ouvert ». Le ciel quant à lui agit sans savoir pourquoi il agit ainsi, sans règles, sans méthodes, en accord complet avec les éléments et les situations qui surviennent, et de façon complètement spontanée et naturelle. Agissant en mode « agir humain » nous sommes en quelque sorte dans le petit ouvert, agissant en mode « ciel », nous agissons alors en mode grand ouvert.

William Finnegan dans son livre sur son expérience du surf[15] parle très finement du grand ouvert : « *Presque tout ce qui se*

[14] *Jean François Billeter, Leçons sur Tchouang Tseu, p 31.*
[15] *William Finnegan / Jours Barbares / éditions du sous-sol p 93.*

passe dans l'eau est indicible, tout langage est inadapté. Jauger les vagues reste fondamental... La manière dont l'eau semble bouger sur le fond, la couleur de l'eau et la texture de sa surface... Et il faut prendre la décision d'un éclair, en suivant son intuition. »

Ce grand ouvert auquel j'aime accéder est profondément humain et ancré dans notre réalité d'ici-bas. Il ne s'agit pas d'un grand ouvert hors sol, le regard tourné vers les confins de l'univers, lequel n'est accessible que par les équations, les instruments d'observations célestes et les expériences de pensée. Notre grand ouvert est de ce monde. »

Proposer à quelqu'un d'explorer le grand ouvert ne peut se faire qu'à deux conditions pour avoir quelque chance de réussir. Premièrement, en avoir soi-même fait à minimum l'expérience, et s'en souvenir comme d'une révélation, car c'est un véritable changement de repères. Deuxièmement, avoir une bonne qualité de relation et de préparation pour que cette proposition soit audible par son interlocuteur. Pourquoi ?

Parce que les ressorts pour s'y engager ou imaginer s'y engager ne sont pas d'ordre rationnel, explicatif ou méthodique. C'est une expérience intime et osée qui est proposée. Les bénéfices ne s'accordent pas à l'atteinte d'objectifs, de perfectionnement, d'innovation ou de recherche de solution. Il s'agit de se laisser aller à penser d'autres histoires, de retrouver sa capacité à faire des histoires à soi, autres que celles habituellement prescrites. Imaginer des histoires à soi qui s'imbriquent dans des histoires d'autres. C'est à cette condition que ce grand ouvert apparaît, avec sa fécondité. Il est clair qu'il ne peut y avoir d'injonction à s'y lancer. Tout au plus une suggestion, et sans gage de succès. Cette forme d'inventivité de solutions véritablement innovantes est très différente des méthodes d'innovation protocolées et encadrées proposées par les experts de l'innovation. Ces dernières correspondent au « petit ouvert ».

Les barrières dressées pour ne pas permettre l'accès au grand ouvert sont nombreuses. Les plus habituelles sont la morale (« *ça ne se fait pas !* »), les idéologies « réalistes » « *Tu n'y songes pas ! On ne peut pas faire autrement* », les mots d'ordre « *time is money...* », le mépris pour le local « *C'est une vision trop française !* ». Il est des cercles où il est vraiment difficile d'y accéder tant sont rabâchées ces règles d'efficacité de l'action et du « *il faut être pragmatique* ».

La grande crainte des empêcheurs de penser « grand ouvert » est de perdre leur cadrage du monde qui leur assure à eux, à eux seulement, l'assurance de stabilité.

L'IMPREVISIBLE

Bruno :

« L'imprévisible, voilà un véritable casse-tête pour la plupart des dirigeants. Enfin pas pour tous, pas pour ceux qui jouent justement sur cet imprévisible pour gagner le gros lot. Nicolas Nessim Taleb a bien décrit ce phénomène[16].

Je vais tenter de résumer sa pensée. L'imprévisible, comme l'indique la composition du mot ne peut ni se prévoir, ni se prédire. Sinon ce n'est pas de l'imprévisible mais du prévisible qu'on ne prévoit pas bien.

Tout entrepreneur ou dirigeant cherche à réduire le plus possible l'imprévisible. Par des raisonnements, des calculs, des statistiques, des prévisions, des prospectives. L'ennui est que tout le monde utilise à peu près les mêmes méthodes pour prévoir ce qui serait prédictible dans l'imprévisible. Ainsi ces façons de prévoir et d'anticiper sont partagées et produisent des moyennes autour desquelles se regroupent les stratégies des uns et des autres, comme le font les moutons de Panurge. Cela a deux conséquences : ces comportements produisent en effet une réalité (la moyenne), mais pas toute la réalité (la part qui elle est totalement imprévisible). Et c'est dans ces zones « hors moyenne » que résident des opportunités tout à fait intéressantes, ou au contraire dramatiques. C'est là que prennent naissance ce que NN Taleb appelle les cygnes noirs.

Pour penser et agir sur cette part de totalement imprévisible NN Taleb recommande de se défaire des modes de raisonnements et d'action « *à la moyenne* ». Et il indique dans ses livres de nombreuses façons de le faire. Nous ne les évoquerons pas ici. À l'exception d'une : se maintenir en éveil, attentif à ce qui se passe, en dehors de ce qui en est dit par les experts, les chroniqueurs, les dirigeants. Observer, par soi-même en dehors de grilles de lectures fournies pour penser les moyennes, locales ou globales,

---

[16] *Nicolas Nessim Taleb : « Le cygne noir » et « Antifragile », édition Les belles lettres.*

déambuler pour sentir l'air de ce qui se passe, se laisser toucher par un « signal faible », laisser venir une idée sans qu'elle procède d'un raisonnement (intuitive pourrait-on dire, mais ce serait déjà la mettre dans la case de la catégorie « Intuition »).

Vous l'aurez reconnu, nous sommes ici plus dans le monde du geste que dans celui l'action. Le geste ouvert, qui n'est pas tenu dans des cadres d'efficacité de l'action. Le geste prend tout en compte, reste attentif le plus possible à tout ce qui se passe et aux opportunités qui apparaissent.

Pour le dire autrement il convient de bien distinguer la part de prévisible de la part de totalement non prévisible. Tout le monde sait naturellement le faire : demain il fera jour, je devrais faire « ce que j'ai à faire », je retrouverai les personnes que je côtoie chaque jour. Voilà pour le prévisible. Demain je ne sais pas dire si... La liste est longue, infinie même : une rencontre qui transformera ma vie, une tuile qui tombera d'un toit... Voilà pour l'imprévisible. Toute vie en société vise à réduire cet imprévisible, plus souvent source de « *non-sens* » que de divine surprise[17]. Et le traduire en prévisible. Mais il reste toujours une part de totalement imprévisible, irréductible à du prévisible.

Pour la part de prévisible, il s'agit d'organiser, d'agencer, de « hiérarchiser », pour la part d'imprévisible les choses sont différentes : il est bon d'y être attentif, de s'y préparer, de s'y entraîner, de s'interroger, de se relier. De mettre dans une disposition physique d'accueillir de ce qui va advenir, en faisant appel à tous ses sens. Le leadership dans le prévisible est bien distinct du leadership dans l'imprévisible, dans l'incertain. »

[17] *Pensons à « Alice au pays des merveilles », en plongée dans le pays du nonsense, où tout est devenu précaire.*

12. Le 80 / 20

Nous agissons différemment selon que le contexte de l'activité est soit stable et prévisible, soit instable et imprévisible. La différence, comme nous l'avons dit précédemment, est la même que lorsque nous conduisons sur route sèche ou sur la glace.

L'activité en contexte prévisible, continu, « stable », est celle où les structures et les organisations jouent bien leur rôle. Les clés de l'efficacité y sont principalement la maîtrise et la robustesse des décisions, des méthodes de travail où l'on progresse par formation et réglages, par un ensemble de modèles d'action efficaces, éprouvés, dans un univers principalement prévisible par des lois qui le règlent. … L'impératif dans ces contextes est d'être robuste, de s'appuyer sur ses ressources bien maîtrisées. Les gestes aident à y être encore plus efficace.

L'activité dans un contexte de grande variabilité, de volatilité, de désordre, d'incertitude est caractérisée par l'incapacité des acteurs à prévoir les évènements à venir. Et pourtant ils agissent ! Par exemple, fort du principe de sérendipité, on avancera et on trouvera quelque chose. Pour y arriver nous devons solliciter nos ressources adaptatives, celles qui nous aident à cheminer dans du totalement nouveau. Nous aimons bien dire qu'un leader aime l'incertitude.

Nous proposons **la règle de conduite du 80 / 20**. Elle s'énonce ainsi : 80 % de vos activités correspondent généralement à des contextes prévisibles et 20 % à des contextes non prévisibles. Agissez donc en mode « robuste » pour 80 % et pour 20 % en mode « *déployez vos ailes dans l'incertitude* ». Éviter de coller à la paroi à 100 % en mode robuste. Vous avez les ressources pour agir efficacement dans les 20 % d'imprévisible.

L'imprévisible a une histoire. Il était le lot commun de tous jusqu'à quelques siècles en arrière. Les Grecs essayaient d'appréhender l'imprévisibilité des dieux en cherchant les harmonies cosmiques. Les Latins, plus pragmatiques, savaient la part de destin (fatum) dans les évènements de la vie. L'homme moderne a cru pouvoir domestiquer toutes les forces de la nature. L'homme est devenu prométhéen, « plein de lui-même ». Avec les forces de progrès il a façonné un monde fonctionnel et utilitaire. Lequel devient bien fragile, imprévisible et inquiétant, d'autant plus quand l'autre partie du monde, le reste délaissé, tout aussi vivant et terrestre, se rebiffe.

Les sages chinois ne voyaient pas la chose ainsi. Selon eux, les mouvements de la nature et de la vie se composent et se recomposent en permanence. Des consistances apparaissent puis se défont. Le plein y a sa place ainsi que le vide. Le plein de la réalité actuelle, stable tout en se transformant et le vide. Le vide qui n'est pas rien mais quelque chose dont émergent des possibles. Sans loi, sans prévisibilité, mais germes de futurs possibles.

Cette idée est reprise à notre époque par la physique de la matière. « *De quoi le vide est-il le plein ?* » s'interroge Étienne Klein avant de conclure que « *l'idée de vide a finalement un tempérament accueillant* »[18]. Dans notre approche de l'imprévisible, nous utilisions beaucoup cette idée du vide fécond pour ouvrir à l'agir.

LE PLEIN ET LE VIDE : UNE AUTRE FAÇON DE VOIR LA CHOSE

Philippe :

> « Il est temps d'évoquer ma relation avec l'idée de vide. J'ai le sentiment que cette idée a habité nos travaux pendant ces dix ans.
>
> D'abord, nous partageons une première pratique du vide : comme une gymnastique à laquelle nous aimons nous livrer pour progresser dans nos tâtonnements. Elle consiste à travailler sur un terrain nettoyé de toutes les scories que seraient des croyances, des idées préconçues, des savoirs affirmés qui fermeraient trop rapidement l'échange. Chercher à cheminer comme sur un terrain toujours nouveau, en évitant de nous fixer trop vite dans nos cadres connus, qui nous empêcheraient de progresser dans nos tentatives de construction inventive.
>
> Une autre pratique du vide est devenue presque un outil pour nous dans nos travaux de découverte de l'autre. Exercice de vide, issu de notre expérience pour percevoir l'autre et favoriser son expression libre. Ce travail d'écoute nécessite de se dégager de ses propres stéréotypes, de ses certitudes, de ses risques d'interprétation, voire de ses intentions à son égard. L'autre peut ainsi apparaître le plus complètement possible, sans déformation. Nous pouvons alors jouer un rôle de miroir vivant.

---

[18] *Etienne Klein, Matière à contredire » p 95. Ed. de l'Observatoire, 2018.*

Le troisième sens du mot vide est celui auquel nous faisons référence dans la progression de l'exercice du geste, lors du passage de l'Élan au Saut. C'est ce vide que l'on affronte alors inconsciemment ou avec envie, par goût de l'épreuve ou du dépassement. L'enfant qui se lance pour marcher sur ses deux jambes s'y risque « naturellement », sous le regard émerveillé des adultes présents. Un « leader » fait aussi de même qui, face à l'incertitude, ose agir, sans assurance, mais avec détermination, parce qu'il sent que c'est le moment, que cela lui semble nécessaire. C'est ce moment où, fort de ce que l'on est, en oubliant tout calcul, et toute préparation on se lance, sans plus réfléchir.

À ce moment, au-delà des résultats obtenus, quelque chose se produit, non seulement au-dedans de soi, mais aussi auprès des autres. Un saut a eu lieu, on l'a senti, bien au-delà de l'avoir raisonné, il impressionne comme le triple salto réussi d'un patineur sur glace, on l'admire, on partage la réussite aussi. On se sent plus adroit, plus droit, plus fort. Une forme de relation, autre, s'est établie avec le « performateur ». Le geste exalté dans un saut procure une sensation, de l'ordre du plaisir, qui touche parce qu'il est réussi, beau, porté par un élan qui touche, par une envolée qui embarque. Cet élan se communique, fait dresser, fait grandir. Le vide dans lequel se produit cet effet ouvre la porte à une forme de dépassement qui ressemble à un sentiment de transcendance. Une transcendance profane, bien sûr, ouvert sur du vide fécond. »

Bruno :

« Philippe parle d'un saut dans le vide, dans un espace non encombré où il va se passer des choses inattendues et formidables. J'aime bien l'idée de vide, tout en ayant une aversion pour l'expérience du vide en montagne. J'ai le vertige. Cela ne se maîtrise pas. C'est terrifiant.

Il y a un autre vide qui me plaît beaucoup plus, c'est le vide qu'il m'arrive de percevoir au-dedans de moi. Beaucoup moins dangereux, pour moi du moins.

Quand je fais le vide, quand je suis attentif à ce qui se passe en moi, je tombe très vite sur… Pas grand-chose. Une fois mis de côté les questionnements qui occupent habituellement mon temps de pensée, une fois rangées les émotions, si elles ne me submergent pas, une fois le silence installé, il ne reste en effet plus grand-chose. Rien qu'un état détendu, pouvant être bien agréable, sans inquiétude. Une sorte de « fare niente », mais pas en mode sieste endormie. Si je m'y installe sans précipitation, alors je perçois qu'il ne se passe pas rien. Je ressens une perception accrue de ce qui m'environne, et des sensations plus complètes. De nombreuses personnes connaissent ces états, je ne m'étendrai donc pas.

Il arrive qu'une idée apparaisse, sans raison, intéressante, et souvent bien pertinente[19].

Je voudrais simplement signaler que ces états me sont très utiles en travaillant, surtout quand je suis confronté à des situations ou à des questions qui dépassent de loin mes capacités de réflexion. À ce moment je me mets en régime, « l*aisse venir du dedans les réponses que ta raison ne t'apporte pas à cet instant* ». Et si je fais ce vide en moi, des réponses surviennent quelques minutes plus tard, percutantes et judicieuses. Certains me disent que je laisse parler mon intuition. Certes, mais c'est une intuition travaillée.

Le mot « vide » me renvoie aussi à plein d'autres significations et expériences. L'idée même de vide était inconcevable au Moyen Âge, et pour cause : Dieu était partout, donc pas de vide possible. La nature avait alors « horreur du vide ». En 1640, inspiré par les fontainiers de Florence, Galilée réalise son expérience pour mesurer jusqu'où la nature a donc horreur du vide. Environ 10 mètres, la hauteur au-delà de laquelle les pompes à eau n'arrivent plus à faire monter l'eau. Blaise Pascal approfondira ces travaux en précisant les lois de la pression atmosphérique. En physique quantique, non seulement le vide n'est pas rien, mais il est le lieu d'où naissent tous les possibles. [20] Voilà une belle métaphore qui illustre bien l'idée de vide énoncée par Philippe.

Il reste que dans le management l'idée de vide provoque des sueurs froides et des refus qu'il est utile de savoir éventuellement déjouer. Voir encart ci-dessous. »

---

[19] *Jean François Billeter philosophe sinologue a très bien décrit ce phénomène dans son livre Paradigme.*

[20] *Etienne Klein en parle de façon lumineuse dans son livre « Ce qui est sans être tout à fait, essai sur le vide. Actes Sud, sept 2019.*

13. Comment soulager l'appréhension du vide

L'idée de vide est associée à la crainte de la chute dans le vide. Quand dans ce livre nous parlons de vide, il ne s'agit pas de ce vide qui s'ouvre devant soi en haut d'une falaise. Il s'agit d'un autre vide, qui évoque pour certains le néant. Cela reste donc inquiétant.

Pourtant en physique le vide n'est pas le néant. C'est un état particulier de la matière.

Plus communément chacun fait parfois l'expérience de vides, qui ne sont pas du néant. Différents éclairages, anecdotes, ou références peuvent aider à soulager les appréhensions négatives du vide, et permettre d'y accéder.

L'intellectuel : « *Le vide est un lieu intangible et vacant. Sans lui les choses ne pourraient se mouvoir* » Lucrèce – de rerum natura, Livre I 334-334.

Le scientifique : Le vide n'est pas rien : Faire le vide, c'est vider de quelque chose, l'inverse de remplir avec quelque chose (faire le plein). Ce n'est pas ajouter quelque chose qui serait du rien, c'est retirer du trop-plein.

L'ingénieur : Sauter dans du vide est du ressort de la balistique.

L'humoriste : Pour ceux qui craignent de n'être rien, « *rien ce n'est pas rien* » nous dit Raymond Devos. « *Rien moins rien cela fait moins que rien, et si l'on peut trouver moins que rien, c'est que rien vaut encore quelque chose ! On peut acheter quelque chose avec rien. En le multipliant : Une fois rien c'est rien, deux fois rien c'est pas beaucoup, mais pour trois fois rien on peut acheter quelque chose, et pour pas cher.* ». [21]

L'enseignant : Il y a des mondes où il est mal vu de parler de vide : exemple de l'enseignement où l'on remplit les têtes de savoirs, et où l'enseignement par le vide est une antivaleur (sauf dans de rares cas). Une expérience a été menée dans une université américaine où le professeur enseignait une notion indéfinie, en laissant les élèves la découvrir en l'absence de définition, mais aussi en l'absence de notes, d'évaluations, de référentiels, de sanctions, de félicitations. La plupart des élèves ont été contre la méthode, le collège des professeurs aussi. Le professeur a été remercié. Pour autant, combien de notions utilisons-nous quotidiennement qui n'ont pas été clairement et précisément définies ?

Le consultant : Meubler le vide avec des perspectives et des méthodes.

Le démocrate : Le plein est le matériau des despotes. Les masses sont une matière pleine qu'ils modèlent selon leur bon vouloir et leur autorité créatrice.

---

[21] *Raymond Devos / Sens dessus dessous*

Le vide est le matériau des démocraties dans lequel les citoyens exercent leur liberté, vide dans lequel les futurs sont en gestation. Les institutions servent à donner forme et orientation pour se mouvoir dans du vide.

Le poète : Dans l'Odyssée, lors de son voyage de retour à Ithaque Ulysse est « *vide de références pour analyser ce qu'il découvre. Tout est neuf* (à ses yeux). »[22]

Le pragmatique : On ne saute pas dans du plein.

Philippe :

« Nous nous sommes habitués à « faire le vide » dans nos échanges et étrangement nos propos s'en sont trouvés enrichis. Le vide n'est pas silencieux, bien au contraire. Il libère les sens, il élargit l'écoute, permet des connexions, produit des rebondissements. Nous tentions de faire partager cette idée à nos interlocuteurs. Certains s'y retrouvaient très vite, d'autres moins. Je me souviens d'une fois, attablés autour d'un café, nous échangions sur nos pratiques avec un de nos amis, passionné de leadership, un véritable spécialiste. Il nous parlait de son modèle de leadership et de sa façon d'aligner énergies et missions. De notre côté, nous parlions de notre façon de faire et je décrivais combien nous faisions l'effort dans notre rencontre avec l'autre de prendre du recul par rapport à nos interprétations rapides et nos croyances. Je lui citais la phrase prêtée à Saint Exupéry « *Si tu diffères de moi mon frère, loin de me léser, tu m'enrichis* ». C'était devenu pour nous une marque de fabrique dans nos *mentoring* et dans nos cohortes. J'ai osé dire que Bruno jouait avec le vide, et qu'il le trouvait fécond. Me retournant vers notre ami je lui fis comprendre que son approche bien construite ne laissait pas assez de vide, et qu'il fallait adhérer à son schéma de pensée pour pouvoir progresser. Je lui disais, peut-être un peu maladroitement, qu'il privilégiait une forme de plein au vide que nous proposions. Quelque chose semblait le retenir de se laisser aller aux richesses du vide. Est-ce l'absence de garde-fous, l'absence d'un minimum de prises auxquelles se raccrocher en cas de dérapage ? Ou, l'incrédulité en l'existence d'un véritable vide ? Ces points étaient délicats à évoquer tant un malaise

[22] *In / Un été avec Homère de Sylvain Tesson, Edition des équateurs. P 36.*

apparaissait. Nous sommes restés amis, mais sans pousser beaucoup plus avant nos échanges sur le leadership. Dommage. »

En résumé le vide et l'imprévisible ont ceci en commun qu'ils nécessitent de changer de repères et de façon de faire quand on les aborde. Les modes qui étaient efficaces dans les mondes du plein et du prévisible sont devenus inopérants. Il est important d'en prendre conscience au plus vite au risque de foncer dans le mur. Un leader se doit d'être parmi les premiers à en prendre conscience.

Comment opérer dans le vide ?

D'abord s'y rendre attentif. La parabole du chien et du dauphin peut aider à saisir le moment où l'on passe d'un monde à l'autre. (Voir encadré ci-dessous).

Ensuite observer, observer, observer ! Des motifs, des présences, des histoires discrètes qui se jouent, des traces d'autres logiques à l'œuvre, en se défaisant des référentiels habituels pour tout classer comme dans le monde stable. Retirer le trop-plein de sens des experts, des opinions, des faux savoirs.

Enfin interagir hors des codes habituels, retirer les promesses qu'on pouvait tenir, s'interroger ensemble, rechercher des croisements de points de vue pour repérer d'autres schémas à l'œuvre.

Tout ceci le plus « sereinement » possible. Ce qui n'a évidemment rien d'évident. Certains y arrivent mieux que d'autres, voire parfois de façon joyeuse, tout en demeurant très sérieux et responsables.

14.
Le Chien et le Dauphin

Une expérience sur les aptitudes adaptatives, d'après Gregory Bateson[23]

L'expérience consiste à présenter à un chien une forme ovale, soit verticale, soit horizontale. Dans le premier cas s'il appuie sur la manette de droite il reçoit une récompense. S'il appuie sur la manette de gauche, il reçoit une légère décharge électrique. Et inversement dans le second cas. Très vite le chien apprend et ne se trompe pas. L'expérimentateur rend alors l'exercice plus compliqué, en arrondissant progressivement les formes. Le chien devient de plus en plus attentif, et par ses efforts réussit à chaque fois à discerner si l'ovale est à l'horizontale ou à la verticale. Il y prend même du plaisir. La

[23] *In / La nature et la pensée de Gregory Bateson Seuil, p 126 à 128*

chose se complique radicalement lorsque l'opérateur montre un cercle parfait. L'expérience prend alors un tout autre cours. Le chien devient comme fou, mord ou se contorsionne.

L'expérience est réalisée par ailleurs selon le même protocole avec un dauphin. Arrivé au cercle le dauphin ne saute plus vers l'une ou l'autre des deux manettes qui lui sont proposées, mais se met à nager de façon un peu désordonnée en apparence, en regardant l'expérimentateur, tentant des figures originales pour voir comment ce dernier réagit.

L'interprétation qu'en fait Bateson est la suivante : le chien et le dauphin ont été entraînés au jeu de « discerner » (entre verticalité et horizontalité). Le jeu avançant pour le chien c'est cette règle qui se doit donc d'être appliquée, à lui de bien l'appliquer. Lorsque la règle ne peut plus être appliquée (il n'y a rien à discerner de vertical ou d'horizontal dans un cercle), rien ne va plus dans le jeu. Il se bat intérieurement pour continuer à discerner… L'indiscernable. Il vit alors un véritable drame, Bateson parle de névrose.

Que se passe-t-il pour le dauphin ? Voyant qu'il n'y a plus rien à discerner, il ne cherche pas à donner une réponse selon la règle précédente. Il s'interroge sur le jeu lui-même. S'il y a encore jeu, ce qui semble le cas, l'expérimentateur est toujours là, la règle aurait-elle changé ? Y a-t-il une nouvelle règle à découvrir ? Voire pas de règle du tout[24]…

Cette capacité adaptative à « prendre du recul » quand les règles changent prend naissance dans la partie frontale de nos cerveaux, partie dont le dauphin est mieux pourvu que le chien. C'est ainsi. Certains appellent cette zone le cerveau adaptatif.

[24] *Dans le premier cas nous sommes dans le petit ouvert (chercher de nouvelles règles qui seraient à l'œuvre), dans le second nous sommes dans le grand ouvert (aucune règle réductrice ne saurait s'appliquer).*

3.3 Un effet que nous n'avions pas prévu : le geste donne du souffle

Fort de nos propres gestes, bien en place, en appui sur nos agilités, sur nos talents, on se sent bien ! Il ne s'agit pas d'euphorie, de jubilation ou de relâchement. C'est un état discret, épanoui, serein. On y respire à pleins poumons. Ça roule alors, sans effort. Le geste donne du souffle. « *Le corps a pris le relais* » dit Jean François Billeter[25], « *tout cela se fait avec un parfait ensemble, depuis le bas* ».

Philippe :

> « Quand j'arrive au stade du geste, la première chose que je ressens est une impression joyeuse. J'ai le geste en moi, et sans me poser de question il s'exécute, sans crainte, sans calcul, sans intention. L'intention je l'avais sans doute précédemment, lorsque je me suis mis en route, mais maintenant elle ne dirige plus mes actes. Je ne suis plus ni dans l'effort, ni dans l'adversité, je n'ai plus à déployer une énergie extraordinaire. J'accomplis mon geste avec la juste dose, en interaction avec toutes les autres forces en présence, à l'unisson.
>
> Mon geste s'exécute depuis mon corps, spontanément. Il agit à ma place. J'ai la tête libre pour sentir et observer ce qui se passe, tout en agissant. Je respire un air plus grand, tout en restant les pieds bien sur terre. Un souffle de vie me traverse j'accède à une présence plus grande au monde, un temps présent, qui vient de loin. C'est émouvant et inspirant.
>
> Ce sont de tels moments que je ressens quand je prends certaines photos. Elles me dépassent, je me sens exprimer mes goûts artistiques, le beau y a sa pleine place, je parviens à faire corps avec plus grand que moi. Je suis très sensible à la poésie de François Cheng. Surtout quand il parle du beau qui donne accès à l'âme… Mais l'objet de ce livre n'est pas d'explorer les confins du geste où de telles liaisons existent.
>
> Il n'en reste pas moins vrai qu'exécuter un geste supérieurement intégré est un moment rare. »

---

[25] *Livre « un paradigme » p 17.*

Bruno :

« Il arrive à Philippe de se lâcher vraiment lors de la dernière réunion des cohortes. Tout le monde apprécie cette apothéose à l'issue de nos cinq réunions précédentes. Il exprime ses convictions profondes, en y mettant du rythme et des bonds, au sens propre et au sens figuré. Il agit en artiste. Pas l'artiste de spectacle où, au-delà d'amuser son public, il chercherait à se faire applaudir. Non. Il agit alors en membre du groupe que nous avons constitué et progressivement vivifié dans l'esprit du geste. Il le vit, il fait corps avec cette histoire que nous vivons, rien ne le distingue de ce que nous vivons. Nous nous y retrouvons totalement, chacun avec son regard et son expérience. Toutes ces dynamiques se connectent en un moment commun, où s'expriment les virtuosités des uns et des autres, les fiertés et les idéaux partagés. Étrange moment qui surprend et qui embarque.

Certains y voient un effet d'exemplarité. Philippe est exemplaire de l'exigence qui s'impose quand on a la charge de gens dans une aventure professionnelle. Il y donne vie et intelligence. Et ils apprécient cette démonstration vivante et exceptionnelle. Il y a certainement un peu de ça, mais il ne s'agit pas de l'exemplarité d'un modèle à suivre, ou d'un « *ce qui doit être fait* ». Il s'agit plutôt d'un effet d'entraînement par l'énergie dégagée, par la dynamique du mouvement et des rythmes.

Et plus encore, cette liberté de mouvement et de parole qu'il dégage, ouvre à de nouvelles possibilités, où l'initiative, la possibilité d'innover, de se mettre à agir ensemble, autrement, apparaissent et se mettent à fonctionner.

Moment un peu magique, exceptionnel, rare. Je comprends alors pourquoi il parle de souffle ! »

Pour conclure ce chapitre, il nous reste à parler d'une chose que le geste incorpore naturellement dans l'action, qui fait que chacun s'y retrouve, sans se sentir ni exclu, ni découpé en tranches de saucisson. Il s'agit du « reste », le non pris en compte dans l'action conduite rationnellement, les effets collatéraux, le négligeable.

Le geste embarque le reste

Nous n'y sommes plus attentifs tellement nous y sommes accoutumés. Dès qu'il s'agit de penser sérieusement les choses, nous nous calons sur des concepts, réputés utiles, ordonnés selon des raisonnements bien bordés. Nous ne prenons en compte que ce qui compte. Le reste, ce qui ne compte pas, peut être alors écarté.

C'est particulièrement vrai pour l'homme d'action qui se doit de décider vite et pour lequel le temps est compté. C'est aussi vrai pour toutes les professions qui s'appuient sur des savoirs techniques. Basés sur des concepts bien définis, ils mettent ce qui se passe en données. Puis ils les classent, les mesurent, les analysent, les tracent. Ils en déduisent des règles, des lois, qui leur permettent de penser des modèles, des performances de modèles. Ces modèles aident à la conduite rationnelle de l'action.

Bref, nous avons l'habitude de mettre la vie en boîte. Dans le monde professionnel et ailleurs. Ces boîtes sont alimentées continûment de nouvelles informations, de nouvelles idées, de nouveaux concepts proposés par des experts. Elles sont bien pensées et bien utiles.

Elles ont néanmoins des limites. Premièrement elles « réduisent » ce qui se passe, les histoires qui se passent, la vie qui se passe. Elles ne retiennent que ce qui peut être mis dans les boîtes. Et ce qui ne peut y rentrer reste en dehors de « *ce qui compte* ». C'est un peu comme dans la légende du lit de Procuste. Ce qui dépasse peut être coupé[26].

Deuxièmement quand quelque chose ne rentre pas dans les boites, l'habitude est de réserver une autre petite boite pour y mettre ce « reste », un appendice, lequel doit obligatoirement s'intégrer dans les logiques de la boite plus grande[27]… Cette obligation de mettre en boîte contraint clairement la compréhension.

---

[26] *Le lit de Procuste : « Procuste avait un sens très particulier de l'hospitalité. (Aux voyageurs de passage chez lui), il offrait un dîner copieux, et les invitait à passer la nuit dans un lit peu ordinaire. Procuste, perfectionniste, le voulait parfaitement adapté à son voyageur quitte à couper les jambes de ceux qui étaient grands et écarteler ceux qui étaient trop petits. » D'après Le Lit de Procuste de NN Taleb.*

[27] *C'est le cas en économie quand il s'agit d'intégrer des notions difficilement classables comme la justice sociale, ou l'idée de bonheur.*

Qui n'a pas un jour assisté à un évènement, qui relaté plus tard dans un journal a été amputé de tout son sel, sa vie, la multitude des choses qui s'y sont passées ? Et s'en est trouvé bien déconfit !

Voilà l'idée de reste. L'évènement a été mis en boîte, en équation, en rapport, en fraction, en division et à la fin il reste un « reste », mis de côté. L'opération a été rondement menée, le reste, qui ne compte pas, a été gommé, oublié.

Dans la vraie vie c'est embêtant de laisser des restes de tous côtés. D'abord parce qu'ils ne disparaissent pas, et bien au contraire ils servent de terreau où pousse la vraie vie, avec en particulier les rancœurs d'avoir été délaissées par les « actifs ». Les soubresauts de la politique de ce début du XXI siècle sont riches de telles rancœurs. Bref le « reste » non pris en compte se rebiffe.

Bruno :

> *« Quand l'art d'observer s'aligne sur une méthode, on n'observe plus ».*

« Nous pensons que le « reste » est trop important pour qu'on l'abandonne. C'est ce « reste » qui donne de la chaleur aux relations, dit Philippe. Mais qu'il est difficile à capter ce reste ! Tant il paraît anecdotique et bien peu digne d'intérêt.

« *Ce ne sont que des histoires avec lesquelles vous vous amusez. Ce n'est pas sérieux* », disent ceux qui réfléchissent au leadership et tentent de le modéliser. D'autres prennent plaisir à ces anecdotes. Ils les accueillent car elles détendent l'atmosphère et offrent de bons moments de convivialité. Rien de plus toutefois le moment passé.

Pour éviter d'avoir des « restes » nous avons mis de côté les mises en boîte. Nous nous sommes intéressés aux histoires, parce que « le reste » est là où poussent les histoires. Les siennes en propre, celle des siens, celles de ses collaborateurs. Intéressez-vous à l'histoire d'une personne et elle s'ouvrira. Vous en apprendrez beaucoup. Des histoires de réussites et de défaites, de rencontres et de prise de risque, de mobilisation et de résistances[28]…

---

[28] *Voir l'excellent livre de Philippe Soille : « Esprit et suite de résistance » / L'Harmattan 2020.*

Il nous a fallu faire raconter ces histoires dans nos cohortes, anecdotiques semblait-il aux participants, aller les chercher pour qu'ils nous les disent, avec leurs évidences et leur naïveté. Pour chaque témoignage présenté lors de nos réunions de cohorte nous les avons préparés à dire quelques histoires, illustratives de ce qu'ils avaient véritablement vécu lorsqu'ils avaient agi en leader. Ils s'y sont bien prêtés.

Et de notre côté, nous nous sommes entraînés à observer de façon nouvelle. Il ne suffisait pas de les écouter, il fallait capter ce qui faisait le sel de ces récits, le mettre en évidence, en montrer toute la saveur, tout le vécu, le plein d'élans, d'agilité et d'intelligence. Il nous fallait les aider à trouver une façon de raconter ces vraies histoires pour leur donner une place dans l'espace de la réflexion sur le leadership. Pas par une mise en boîte, ni par du « *storytelling* », mais par quelque chose qui interpelle les participants, sans que nous sachions trop de quoi il s'agissait. Nous cherchions donc « autre chose » qui devait faire effet. Quelque chose que chacun entendrait au fond, depuis son monde.

C'est là que l'idée de geste nous a beaucoup apporté. Nous les avons aidés à présenter leurs histoires « anecdotiques » comme l'expression et l'agencement de gestes bien à eux. Nous les interpellions en tant qu'acteurs, acteurs qui agissent par des gestes, et non simplement par des actes. Nous leur demandions aussi de préciser comment ils voyaient les effets et les résultats de leurs gestes.

Et là l'histoire prenait un sens tout à fait nouveau. Nous n'étions pas dans une démonstration, ni dans un modèle d'action exemplaire, à reproduire, ni dans une méthode à suivre pour résoudre des problèmes. Nous étions dans la vraie vie, immédiate, imprévisible, étonnante, joyeuse la plupart du temps. À ce moment il n'y avait pas de reste, puisque nous partions des histoires. Des histoires vues au travers de leurs gestes qui collaient à la vie et la communiquaient.

Nous n'avions plus de résidus, bien au contraire, nous avions gagné du « plus », du beaucoup plus[29]. »

---

[29] *Voir fiche « le plus » en annexe.*

Philippe :

« Plus qu'embarquer le reste, la notion de Geste m'aide à parler de la vraie vie, à aller découvrir, saisir, à sentir, à faire exprimer la vie, le comment cela vit. Et c'est une découverte pour moi.

Quand je suis avec quelqu'un, je me mets complètement dans la rencontre, je fais corps avec, avec ma tête, mes tripes, mon cœur. Et lorsque dans mes expériences passées je devais traduire cela par une synthèse, un diagnostic, tout cela tournait court. Vite pour avancer, on transformait les histoires en principe, on les traduisait en méthodes et en plan d'actions au lieu de garder vivant le sens des histoires que nous avions entendues.

Avec la notion de geste à ma disposition j'ai retiré les filtres qui facilitent l'explication rationnelle, et en permettent la mise en boîte. Le geste mobilise mon attention différemment. Il nécessite que je m'intéresse aux gens, avec une attention permanente, tous mes sens en éveil.

Je peux alors repartir des anecdotes et des histoires qui m'ont été dites et que j'ai vécues. Je peux y déceler des gestes qui se déploient et s'entrelacent, j'entends les talents à l'œuvre, et surtout, je peux traduire ces histoires dans une composition de gestes vivants, sans trop trahir ceux qui me l'ont laissée voir.

Je ne décris plus la vie, je la raconte. J'embarque le souffle de vie qui s'y exprime. « *Ce n'est pas un acte de raisonnement qui les a poussés à agir, c'est la force de l'âme,* » a dit François Cheng à propos des actes de vie. Et nous partageons cela avec Bruno et nos mentors, grâce à l'idée de geste qui embarque le reste, tout le reste, dont l'âme qui anime tout un chacun. »

15. Témoignage du geste « libérer les énergies »

« J'ai dû procéder à la fermeture de plusieurs restaurants d'une chaîne de premier plan. Sept cents emplois étaient concernés. La perspective d'une disparition de l'activité tétanisait la plupart des collaborateurs et bloquait les initiatives. Il fallait que je propose une autre façon de voir. Ce moment devait être pensé non comme une fin de partie ou un abandon, mais comme un mouvement qui serait suivi par un autre dont les contours n'étaient pas encore clairs, mais qui adviendrait certainement. Je savais que ce rebond se ferait avec les collaborateurs actuels et avec leur énergie.

Comment le leur dire pour qu'ils s'y retrouvent et se remobilisent ? J'ai eu l'idée de présenter la fermeture d'un restaurant comme une « ouverture à l'envers », qui pourrait ultérieurement se refaire « à l'endroit ». Tous avaient été associés à des ouvertures de restaurants et avaient l'expérience des actions à mener. Il ne suffisait que de les réaliser « à l'envers », tout aussi professionnellement, et de se tenir prêts pour les mouvements suivants.

L'idée bien au clair, il s'agissait maintenant d'aller au contact des gens pour la leur proposer. Je dois dire que j'aime ce métier parce qu'il est très physique et tout en contact. La vie en cuisine et en salle ressemble à un ballet. Il faut de l'observation, des décisions rapides, et les élans des gestes. J'aime me rendre sur les lieux de travail et me mettre directement en contact.

Nous sommes allés les rencontrer à trois, mes deux collègues et moi-même. Nous leur avons dit notre situation et notre projet d'ouvertures à l'envers. Ils sont rentrés dans le jeu. Aucune question individuelle ou collective ne fut éludée, cela nous a fait voir d'autres points de vue avec lesquels nous avons composé. Nous nous en sommes ainsi fait des alliés pour aller de l'avant.

Les résultats furent là. « Jamais on avait eu le courage de nous parler comme cela » ont dit certains. Les énergies ont été libérées. Les fermetures ont été une réussite, ainsi que le redémarrage de l'activité par la suite. Je ne sais pas dire ce qui a emporté l'adhésion et poussé aux initiatives, ce qui a libéré les énergies : est-ce ma clairvoyance, mes savoir-faire de pilotage, ma détermination à réussir avec eux ou tout simplement mon geste ? » Philippe Soille[30]

Nous avons poussé plus avant l'idée de geste. Elle déborde clairement l'idée d'action, n'en déplaise à certains de nos amis qui n'y voient qu'une ficelle sémantique. Plus que l'acte, le geste stimule et

[30] *Philippe Soille, Dirigeant d'une entreprise dans les métiers de la gastronomie et du patrimoine vivant.*

embarque beaucoup plus. Plus de résidu, plus de reste. Un geste respire la liberté, il se dégage de la surveillance et des contrôles, des mises en boîte, il se réinvente dans les situations d'imprévisibilité. Un geste est viable, il porte la vie et produit des compositions fécondes. Il se perfectionne dans ses interactions avec tous les protagonistes, alliés ou non.

Nous avons appris à entendre des gestes, à les faire dire. Nous expérimentons une pédagogie pour les faire découvrir et nous commençons à en voir tous les bénéfices.

Nous nous étions cantonnés aux gestes du leader. Les développements que nous avions opérés nous ouvraient de nouveaux horizons. Certains nous disaient que les gestes concernaient aussi les métiers et les façons d'agir dans certaines problématiques, comme le développement de talents, ou la mise en œuvre d'une politique de sécurité. Ils nous ont sollicités pour sonder avec eux ces nouveaux horizons. Ces voyages font l'objet du chapitre suivant.

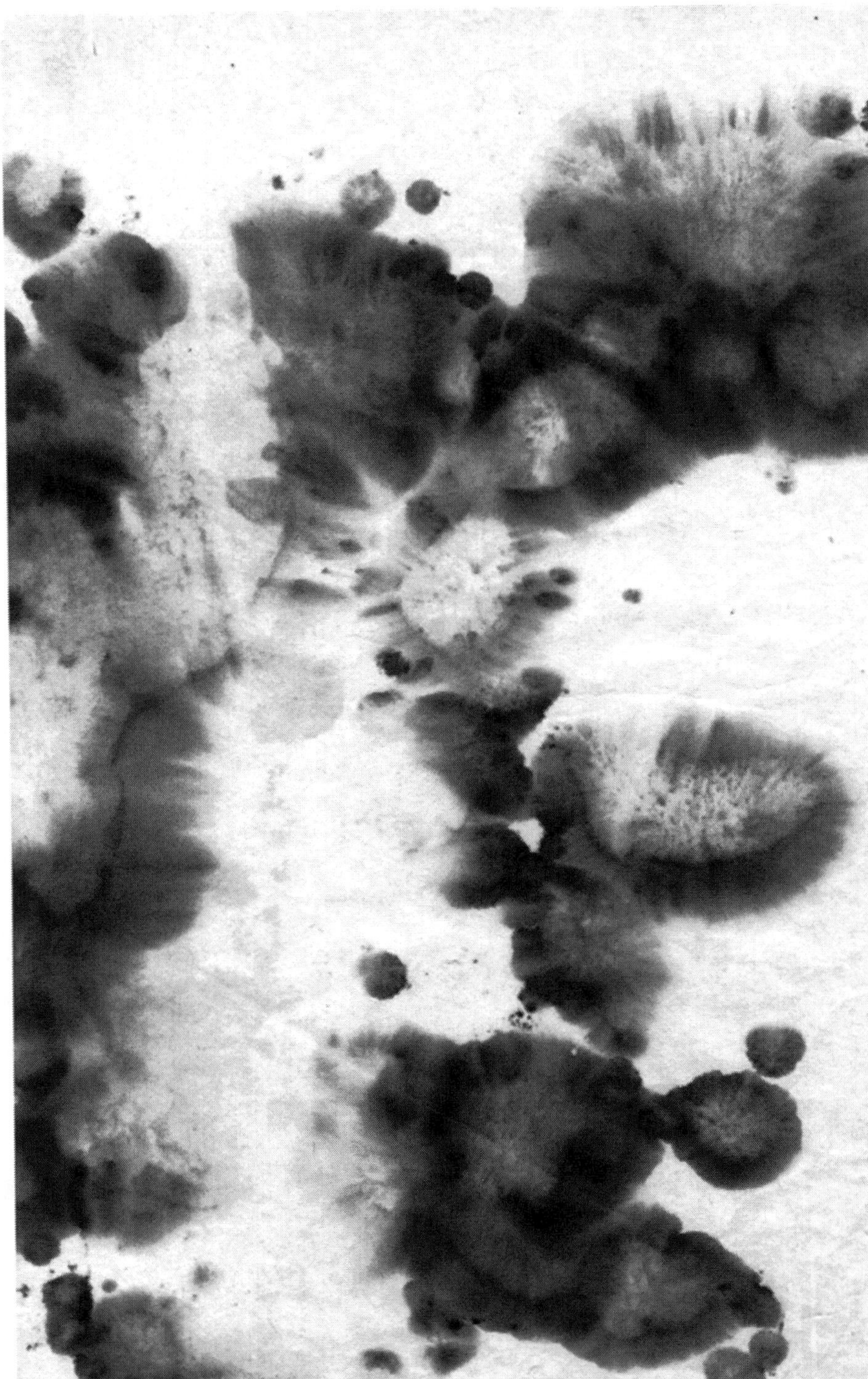

Chapitre Quatre : Des mondes faits de gestes

> *« Quand je vais chez les artisans ou dans une usine, je cherche à établir un dialogue avec le fabricant. Pour cela je dois connaître les gestes. ».* [1]

Introduction

Nous avons donc découvert avec nos interlocuteurs que parler de ses propres gestes managériaux[2] est une façon de parler de son expérience et de la rendre plus clairement visible, vivante et porteuse de sens, pour les autres et pour soi-même. Elle élargit la communication managériale au-delà des messages fonctionnels et informationnels. Elle œuvre la relation, le ressenti de valeurs et d'engagements responsables. Elle est source d'inspiration.

L'alignement sur des process, sur des actes prescrits ou sur des dispositifs, tend à prendre le pas sur les gestes à l'œuvre dans l'exercice de la responsabilité managériale. L'image d'un aide-soignant prodiguant des actes médicaux, tout en poursuivant des échanges de SMS avec une relation sur son smart phone est éloquente d'une coupure entre acte et geste. L'acte est bien là, et sera « rémunéré ». Le geste lui est abîmé.

Une façon de reprendre la main est de retrouver la conscience de l'importance des gestes, d'en parler, de les reconnaître chez soi et chez les autres, de les valoriser (en reconnaître leur valeur). Même s'ils ne comptent pas dans l'économie de l'activité, ils comptent dans le vécu des gens, qui aspirent à faire société.

---

[1] *Victoria Wilmotte, designer. Le Monde du 9 janvier 2021.*

[2] *Au-delà de l'action qu'il réalise, un geste est porteur de sens, de valeurs, d'élan et de talents.*

4.1 Penser gestes dans nos mondes professionnels

Bruno

« Dans la deuxième partie des années quatre-vingt-dix, face à l'arrivée de concurrents, les dirigeants de France Télécom poussaient l'entreprise à développer une culture de marketing de services. Cela concernait non seulement les équipes de marketing mais aussi toutes les activités en prise directe avec les clients. Des programmes de sensibilisation, de formation, des plans d'action ad hoc étaient lancés tous azimuts. Un jour le responsable en chef de ces programmes m'a passé un texte sur le groom de Kafka[3] en me disant « *lis-ça, tu verras que tout y est* ».

Le texte tenait en une page. Il décrit la façon de faire d'un groom, et comment « son ascenseur » devient l'ascenseur préféré de la clientèle de tout l'Hôtel. Dans cette description très peu de technique, pas de doctrine, pas de plan d'action ni de compétences. Rien de tout ça. Pas d'experts, pas de contrôle, pas de gestionnaires. Juste quelques gestes judicieux, bien joués, en attention et en présence, qui produisent une réalité agréablement vécue pour les passagers, et une joie dans l'exécution. La description est légère, précise, sérieuse, et toute en vie. Les résultats sont là, mais sans avoir eu à parler d'efficacité, la précision est là, mais sans avoir eu à parler d'exactitude, le professionnalisme est là mais sans avoir à parler d'expertise, la prise de risque est là, mais sans avoir à parler de risk management.

Ce texte m'a paru lumineux, non seulement du fait que Kafka soit un grand écrivain qui écrit bien, mais parce qu'il met en scène un geste qui embarque toute la performance d'un métier, celui de liftier. Ce texte m'a toujours inspiré lorsque je me rendais sur le terrain pour voir la progression de « la culture managériale ». J'observais les gestes des personnels en boutiques, en intervention, en réception d'appel, en cherchant à y voir ce que Kafka avait vu dans les gestes du groom. Je voyais comment ils s'appropriaient dans leur façon d'agir l'attention à porter à la qualité de la relation, aux solutions et initiatives à prendre. Je voyais les progrès dans leurs gestes.

---

[3] *America de Franz Kafka, Chapitre « Hôtel Occidental ».*

Je rapportais ces progrès auprès des responsables aux différents niveaux, et essayais de traduire leurs façons d'agir en gestes. J'étais devenu un traducteur plutôt bien apprécié.

J'ai essayé de sensibiliser certains partenaires et les nombreux experts qui accompagnaient le groupe France Télécom. Ceux qui lisaient ce texte, pour la plupart le trouvaient intéressant, mais n'y voyaient rien qu'ils ne savaient déjà. Il était loin de leur préoccupation de « conduite du changement ».

16. Les gestes d'un groom

Arrivé à New York, Karl se fait embaucher comme groom du Grand Hôtel. Il découvre que son activité se réduit à ouvrir et fermer les portes et à presser un bouton. Le service était monotone et pénible. Il va inventer une façon de faire, sa façon de faire qui va faire toute la différence.

« *Déjà à la fin de la première semaine, Karl s'était rendu compte qu'il maîtrisait parfaitement ce qu'il avait à faire. Les cuivres de son ascenseur étaient les plus beaux.*

En peu de temps Karl avait aussi appris à saluer par de profondes courbettes à la façon des garçons d'ascenseur ainsi qu'à attraper les pourboires au vol. Aux dames, toutes à leurs toilettes, leurs coiffures et leurs atours, et plus hésitantes que les hommes à entrer dans son ascenseur, il ouvrait la porte avec une galanterie particulière avant de se glisser à l'intérieur après elles.

Pendant le trajet, il se tenait tout près de la porte pour ne pas se faire remarquer, le dos tourné à ses hôtes, la main sur la poignée, prêt à faire prestement coulisser la porte de côté - sans pour autant effrayer ses passagers - à l'instant même où l'ascenseur arriverait à destination.

Il arrivait parfois qu'on lui tape sur l'épaule pendant le trajet pour obtenir quelque renseignement, alors il se retournait vivement, comme s'il s'y était attendu, et répondait d'une voix retentissante.

Certains résidents de longue date de l'hôtel montraient de-ci de-là à Karl par un sourire qu'ils le considéraient comme leur garçon d'ascenseur ; Karl recevait ces manifestations d'amabilité sans sourire mais avec plaisir. Parfois, lorsque l'affluence était moindre, il pouvait rendre quelques menus services particuliers à certains clients de l'hôtel, comme d'aller chercher à leur place, une petite chose oubliée dans la chambre. »

Franz Kafka – L'Amérique - Chapitre « Hôtel occidental ». Traduction Anne Augier Pommey.

« Cette façon d'aller chercher le geste d'une personne m'est revenue lorsque nous avons travaillé sur les gestes du leader. Une autre image m'est aussi revenue, celle de la réplique de Michel-Ange au pape Jules II. À la question « *comment faites-vous pour dégager votre David d'un bloc de marbre, avec autant de perfection ?* », il aurait répondu : « *Votre Sainteté, je n'ai fait que retirer tout ce qui n'était pas David.* » Quel geste ! »

Philippe :

« Depuis longtemps déjà nous avions cela, en nous, sans mettre de mot dessus. Nous pratiquions simplement la chose. Nous avons cheminé pour découvrir la prose du « geste » et ses richesses. Aujourd'hui nous sommes sûrs de l'intérêt de cette idée. Nous l'avons partagé avec de nombreux responsables et dirigeants qui s'y sont retrouvés. Certains ont eu du mal à saisir toute la portée qui n'est restée pour eux qu'une question de sémantique et de vocabulaire. Il est vrai que le mot geste n'est pas facilement traduisible en langue managériale.

Ce travail nous a conduits à aller chercher plus avant, partout où se nichent les gestes, et pas seulement ceux du leader. J'avais déjà utilisé sans le savoir cette idée de geste dans des milieux professionnels où j'exerçais, mais sans en tirer tous ses bénéfices.

Deux situations me reviennent :

La première : J'ai travaillé dans plusieurs enseignes de la grande distribution. Je n'avais de cesse que de montrer tous les bénéfices d'un bon accueil, d'une écoute, d'une juste réponse aux attentes du client. Cela me semblait devoir être une évidence partagée. Il était tout à fait inutile de la décréter, d'en faire une injonction et une procédure à appliquer. En forcer l'application produisait un effet inverse car le client le ressentait.

Pour autant, pour bien traiter le client, toutes les fonctions de l'organisation devaient être mobilisées pour que ceux en contact direct avec le client aient, en plus des moyens, les bons réflexes et l'envie de le satisfaire.

Dans ce cas, les clients repèrent que ce magasin, cette enseigne, a un style particulier, un style relationnel auquel ils s'attachent.

Comment composer, « esprit de service » et organisation pour y parvenir, en respectant le subtil dosage « stimuler l'envie » vs.

« Se soumettre à des procédures » ? J'ai alors proposé un travail sur ce que nous appelions notre « signature relationnelle », une « signature » qui nous signalerait tous auprès de nos clients. C'était autre chose que des engagements et des promesses. C'était quelque chose de l'ordre de « c'est bien nous ». Je n'avais pas encore l'idée de geste, mais cela correspondait bien à une déclaration équivalente à « chez nous, nous agissons ainsi, voici nos gestes ». Si j'avais eu cette idée de geste, j'aurais pu aller beaucoup plus loin dans ce travail !

La deuxième : J'avais observé que mes formateurs aux gestes des métiers en entrepôt, en magasin, les transmettaient plus par leur exemplarité et par la façon dont ils en parlaient qu'en faisant appliquer les procédures que nous avions écrites. J'étais aussi très impressionné par certains responsables opérationnels en charge de la bonne marche de magasins, d'entrepôts, et même d'unités de production. Quand ils arrivaient dans une de leurs unités, ils saisissaient immédiatement la situation : l'implication du personnel, la qualité du management, la qualité de la production. Quelques signes leur suffisaient : un papier par terre, un emballage traînant dans l'allée, un personnel souriant, la façon dont chacun parlait de son métier. Pas besoin de batteries d'indicateurs, ni de rapports d'experts, non. Ils ne faisaient que déployer leurs « palpeurs » disaient-ils. N'était-ce pas un geste ? Apprécier le comment vit un lieu, et ses habitants.

Les gestes sont partout : le groom de Kafka prend plaisir dans son ascenseur, L'hôtesse d'accueil, le vendeur se réjouissent de faire vivre une expérience mémorable à leurs clients. Le dirigeant qui insuffle un style de management dans son entreprise par ses gestes et son exemplarité.

Chercher à pister les gestes est devenu un de nos passe-temps favoris : écouter, observer des personnes normales (donc uniques et « extraordinaires »), débanaliser ce qui leur paraît banal en faisant préciser, sentir le plaisir de voir s'ouvrir quelqu'un sur ses façons d'agir, de vivre dans l'action, d'en parler avec ses mots, de nous dire tout, sans retenue, sans crainte, de se sentir entendu au fond, avec justesse, précision et sans atteinte à sa liberté. »

NOUS APPLIQUONS L'IDEE DE GESTE A UN PROBLEME DE TRANSFORMATION.

Bruno :

« Olivier est directeur des sinistres chez un grand assureur. Il nous demande d'intervenir pour accompagner un programme de transformation du management des dix-sept unités régionales de gestion des sinistres. Les enjeux sont énormes : l'activité a décuplé depuis dix ans, la concurrence est de plus en plus forte, de nouveaux acteurs peuvent s'introduire sur le marché, les contraintes réglementaires sont de plus en plus exigeantes, et les technologies offrent de plus en plus de possibilités et d'opportunité pour faire évoluer le business model.

La demande d'Olivier est simple dans son énoncé : « Comment améliorer notre modèle managérial tout en lui restant fidèle ».

« Lui rester fidèle » signifie pour Olivier de conserver la priorité donnée à la relation directe avec le client. *« Dès que j'entends que la technologie peut dégrader la qualité de la relation humaine, j'interviens. »* affirme-t-il. C'est la marque historique de cet assureur, la primauté donnée à la relation humaine, tout particulièrement dans ces moments difficiles que sont les sinistres. Ce parti pris, original pour la profession, a fait l'objet d'un livre que l'entreprise réédite régulièrement pour le transmettre aux nouveaux venus[4]. C'est un modèle managérial, pensé sérieusement et clairement posé à la fondation de l'entreprise. C'est assez rare pour être souligné. Ce modèle est original. Il se distingue de ceux des concurrents et leur assure depuis de nombreuses années la place de leader sur le marché. Olivier, campé sur de solides appuis d'homme de la terre[5], souhaitait que ces principes, ces valeurs, non seulement se perpétuent, mais aussi permettent une évolution du modèle de l'entreprise. Et ce, pas seulement dans les écrits d'un beau plan de communication, mais dans les attitudes quotidiennes de ses équipes réparties sur un siège et dix-sept entités régionales.

---

[4] *Titre du livre : « L'Ouvrage » auteur Pierre Larnicole*

5 Olivier a transcrit ses principes et valeurs de management dans un livre remarquable : « petites leçons de management reçues des gens simples », Olivier Rattez, éditions Baudelaire.

Mon premier réflexe est d'enfoncer mon chapeau d'ancien consultant. Je lui propose l'esquisse d'un plan d'action « classique » qui passe par le repérage des enjeux, le partage d'un « diagnostic » avec ses équipes et la co-construction d'un plan d'action. Les ingrédients sont a priori bons : écoute des intéressés, synthèse et diagnostic, principes d'action, séminaire de réflexion construction...

Avec Philippe nous venons lui présenter la chose. Il nous accueille en présence de son adjoint.

Olivier nous arrête net. *« Non, ce n'est pas de ça dont j'ai besoin »* dit-il. *« J'ai besoin de vous, de votre capacité à vous appuyer sur qui nous sommes, pour repartir de nous-mêmes, nous mettre bien ensemble pour oser ce défi que nous nous sommes donné. L'ingénierie, la tringlerie de la mise en œuvre, nous le ferons nous-mêmes, si de besoin avec l'appui d'un consultant équipé pour.* »

Et là le déclic opère. Avec Philippe nous nous débarrassons de notre prêt-à-penser issu du conseil et nous laissons aller à penser en mode « geste » : sentir l'élan, oser le saut, s'appuyer sur les talents... Nous lui demandons à brûle-pourpoint « *pouvez-vous nous indiquer quelques-uns de vos gestes de managers de la direction des sinistres ?* ». Avec joie, ils se mettent alors à nous raconter des anecdotes de gestes qui les caractérisent bien, le style de la direction, son histoire, des moments mémorables, des fiertés. Nous les écoutons avec gourmandise nous dire la vraie vie de leur activité. L'un des gestes emblématiques était « *Le manager intègre et décline les orientations dans son unité* ». Ce qui se traduisait en creux par la formule « *chez nous, il n'y a pas de passe-plats* ». Nous allions vite découvrir que toute la direction des sinistres la connaît, en rit et l'applique de multiples façons. »

Philippe :

« Nous devons maintenant repérer quelques gestes, ceux qui sont porteurs de ce qu'ils sont, avec leur originalité, leur histoire, leur fierté, et qui, maintenus lors des transformations à venir, seront garants de la réussite future. Nous sommes relativement confiants, nous avons pris l'habitude d'observer les gestes lors des témoignages de nos cohortes et dans nos *mentoring*. Nous sommes devenus de véritables pisteurs de gestes : observer, ressentir, suivre les lignes où s'expriment des élans et des talents. Puis tenter de les mettre en mots, simples, vivants, sans chercher aucunement à généraliser. Pour ce faire il nous faut aller sur le terrain, puis rassembler nos observations et avoir une véritable conversation avec Olivier et Laurent, son adjoint. Cette conversation a été rendue possible car tous les deux avaient participé à nos cohortes du leadership. Ils avaient tous deux été intéressés aux gestes à l'œuvre dans l'action, les leurs et ceux des autres. Ils avaient appris à s'écouter mutuellement pour voir apparaître des gestes.

Nous sommes donc allés à la recherche des gestes managériaux de l'entreprise en commençant par rendre visite à certaines unités de gestion régionales, Bruno à Aix en Provence, moi à Orléans.

J'ai été accueilli de façon chaleureuse, ambiance qui contrastait avec la froideur de la zone industrielle dans laquelle était implantée l'unité de gestion. J'ai tout de suite eu l'impression d'entrer « chez des humains ». Le sourire, la mise à l'aise immédiate, une ambiance dynamique régnait dans cet endroit. Le lien s'est vite établi. Je venais pour les regarder faire, les écouter, et sans attendre ils se sont prêtés au jeu, sans retenue. J'ai été impressionné par le sérieux du traitement de la relation avec l'assuré, le client. Tout en s'appuyant sur des dispositifs techniques de pointe pour connaître l'historique de l'assuré, son contrat, la description du sinistre, ils savaient créer et entretenir un échange et une grande qualité dans la relation (y compris avec l'observateur que j'étais). J'étais content de partager ces moments avec les conseillères. À cette occasion j'ai pensé à Michel Bon, un de mes anciens patrons qui savait avec classe et habileté se mettre à hauteur de chacun. Je n'avais pas besoin de me forcer : je me laissais captiver par leurs gestes, je rentrais dans la danse. Et là, je comprenais la pertinence de ce qu'Olivier cherchait à défendre : « ne pas ~~de~~ rejeter les avancées techniques, technologiques, mais associer à toute nouvelle avancée technique, un plus dans la qualité de la relation ». C'est bien là l'originalité et le nerf de la performance de leur modèle. Nous n'étions pas dans l'exécution d'une suite d'actes insérés dans un process, nous étions dans l'agrégation des activités de tous. Une véritable chorégraphie. Car si la qualité de la relation se réalisait dans l'échange verbal entre le « sinistré » et le « conseiller », elle résultait de toute une organisation tendue par la ligne managériale. Je voyais aussi que les managers étaient attentifs non seulement au bon déroulement de l'activité mais aussi au grandissement et à l'épanouissement professionnel de chacun.

Une chose m'a surpris : ils étaient tous différents, et loin d'être alignés comme un seul homme, ils avaient néanmoins tous le même état d'esprit, celui d'établir la relation entre l'entreprise technocratique et la réalité foisonnante des clients sinistrés.

Je voyais se dessiner progressivement un autre motif partagé que je peux résumer par : « quand c'est bien fait, ça marche ! » : en se mobilisant sur la bonne façon de faire plus que sur le résultat, immanquablement le résultat vient. N'était-ce pas là un geste tout simplement ? Bien réaliser son geste et le résultat sera là.

De retour de nos visites, avec Bruno nous avons croisé nos observations, nos impressions, nos sensibilités. Nous avions chacun tant d'anecdotes vues ou entendues, qui se recoupaient bien. Elles formaient progressivement un véritable paysage cohérent avec des lignes de force, des lignes de vie qui apparaissaient avec régularité. Nous avions repéré des gestes communs.

Nous étions impatients de partager ces paysages que nous avions vu se dessiner sous nos yeux, avec lesquels nous étions en résonance. Les premiers gestes se dessinaient, mais ce n'étaient que des premières pistes que nous devions mettre en commun avec Olivier et son adjoint Laurent.

Ils se sont tout de suite retrouvés dans les évocations de nos observations. Ils les ont complétées, par touches successives. Pas à pas nous avons sélectionné quatre à cinq gestes propres à leur métier.

Il ne nous restait plus qu'à mettre cela en mots, sans que ces mots n'enferment ni ne catégorisent. Il nous fallait évoquer la chose, pour que chacun ait envie de jouer avec, envie de circuler dans ce paysage que nous avions « découvert » comme étant le leur. Ce que nous avons fait.

Nous avons eu le feu vert d'Olivier pour aller partager ces gestes avec les responsables régionaux dans deux groupes de partage d'expérience. Nous leur avons proposé de venir témoigner autour des quatre gestes suivants : Un directeur d'unité de gestion :

- Anime la Performance, *(que chacun sente, comprenne et participe à ce qui concoure à la performance)*.
- Intègre et porte les orientations de l'entreprise, *« chez nous on n'est pas des passe-plats »*.
- Motive pour permettre à chacun d'exercer à plein ses talents (*l'élan, pas le divan*).
- Évalue et reconnaît, *(le contentement d'être juste, une évaluation qui aide à grandir)*.

Nous avions maintenant des esquisses de gestes et avions vécu des moments où nous les avions vus à l'œuvre chez eux. Nous étions donc prêts à les faire vivre par leurs témoignages. »

Bruno :

« Nous accueillons les participants en leur déclarant : « *La meilleure façon de rester fidèle à notre modèle en le faisant évoluer est de s'appuyer sur nos gestes, de les partager, de les communiquer, de les fêter.* »

Malgré nos explications, ils restent un peu dubitatifs. Nous leur proposons d'essayer pour voir.

La « magie » opère dès la deuxième réunion : amusement lors de la préparation individuelle de chaque témoignage, surprise de se voir demander de témoigner sur des gestes si quotidiens, si banals, que l'on décortique pour en tirer tout le sel. Trac de devoir en parler aux autres, de s'exposer devant les autres. Puis l'amusement de raconter simplement l'un de ces gestes, avec les mots de tous les jours à ses collègues, qui en rient en disant, « tiens, moi aussi je le fais, mais un peu différemment ». Se déploie alors joyeusement le sentiment de faire partie d'un même collectif, voire la fierté pour les nouveaux qui se rendent compte de la richesse de ce collectif. Nous assistons à de véritables « retrouvailles » avec de la joie, des anecdotes et des histoires, leurs histoires d'épreuves et de réussites, des solidarités, des valeurs. Un vrai monde commun que le fourmillement de la vie quotidienne a tendance à estomper.

Au bout de six séances, tout le monde a témoigné, la parole s'est encore plus déliée, un monde commun est fortement revivifié. Très vivant, il redonne des ailes. Tous en ont conscience. Quelque temps plus tard, nous demandons à Olivier : « *Au fond en quoi cette démarche vous a aidés pour vos chantiers de transformation ?* » Sa réponse est immédiate : « *Elle nous a donné le ciment pour conduire cette transformation. Sans ce ciment nous ne serions pas parvenus aux résultats qui ont dépassé nos meilleures attentes* ».

Avec le recul nous pouvons dire que nous avons agi sur ce que certains nomment style, culture, ADN, valeurs de l'entreprise. Nous l'avons fait de façon originale. Nous n'avons pas cherché à établir une grille de lecture de valeurs, ou de repères culturels, que nous aurions ensuite « communiqués ». Nous avons cherché à donner au plus vite la parole aux intéressés pour que chacun, avec ses mots, parle de ses histoires, pour qu'ils parlent ensemble de leurs histoires et qu'elles s'enchevêtrent et se composent. Chacun y trouve ainsi sa place, avec sa singularité, et voit comment il participe à l'agencement et à la vie de l'ensemble. La façon d'aborder ces histoires comme le produit de « leurs gestes » a permis d'aller beaucoup plus loin que ne l'aurait fait un travail plus formel sur les valeurs et les bonnes pratiques, et encore plus que sur les processus. »

La réunion de conclusion de nos cohortes fut l'occasion pour le directeur de résumer sa façon d'avoir vu fonctionner ce dispositif.

17. Conclusion des réunions de cohorte

« J'ai découvert au fil de vos réunions, le principe qui consiste à valoriser ce qui est bien fait chez les autres. Cela ne correspond à aucune méthodologie. Une fois que vous avez découvert un beau geste, personne n'est là pour vous vendre le processus d'appropriation de ce geste. Vous n'êtes pas venus vous nourrir d'une connaissance nouvelle, vous êtes venus partager des pratiques fondamentales, des valeurs.

Mon professeur de mathématiques me disait toujours : « Si c'est pas beau, c'est pas juste ». L'inverse est vrai aussi. Si vous n'êtes pas sincères dans votre geste, ce n'est pas vrai. On n'est pas dans une méthode, on est sur quelque chose de sincère et véritable : un geste traduit profondément ce que l'on est.

Nos valeurs sont des valeurs humanistes, qui intègrent la nécessité de performance. Ceux qui y croient arriveront toujours à faire de beaux gestes, ceux qui n'y croient pas, n'arriveront jamais à faire quelque chose qui ressemble à un geste.

Dans son livre « l'étoile de Compostelle » Henri Vincenot parle de la façon traditionnelle dont le maître transmet les gestes du métier à l'apprenti. La transmission, c'est bien de cela qu'il s'agit à travers le geste. Vous êtes des maîtres les uns pour les autres, c'est une très grande richesse entre nous. Vous avez une éminente responsabilité à transmettre le geste. Le geste doit rester vivant.

Nous sommes confrontés à beaucoup de vents contraires, à de nombreuses contraintes et à des risques. Il faut beaucoup de force pour ne pas rentrer dans la pensée commune : faire comme tout le monde au moment où tout le monde le fait. Soyons très vigilants, avec le meilleur garde-fou : là où l'on parle

Nous disons : « manager, c'est avoir de beaux gestes. » Soyons fiers de nos gestes, et faisons-les vivre. Le jour où on nous parlera de valeurs comme une vieille tradition désincarnée, ce jour-là tout sera mort, et on laissera la place aux process. »

Olivier Rattez, Directeur des sinistres chez Pacifica.

L'IDEE DE GESTE PROFESSIONNEL S'ETABLIT PROGRESSIVEMENT

Philippe :

« Très tôt j'ai été sensible aux gestes de l'artisan. Aux conditions d'exécution et de transmission de ses gestes parfaitement maîtrisés, aux conditions d'un apprentissage où l'on apprend à mobiliser tous les sens. Autrefois un métier se caractérisait par un ensemble de gestes, que les apprentis apprenaient auprès de « maîtres ». À leur contact.

Le progrès a poussé ces façons de faire aux oubliettes. Trop consommatrices en temps, pas assez démultipliables dans des process et des enseignements de masse, pas assez scientifiques, difficilement évaluables autrement que par les pairs. Beaucoup d'inconvénients pour des métiers soumis aux rudes concurrences des marchés. Il n'en reste plus que quelques traces dans les traditions et dans certains métiers.

Par ce travail de dix ans, j'ai découvert que les gestes ne sont pas seulement les tours de main des artisans et des artistes, des virtuoses des fabrications de luxe, du bois, des étoffes, du cuir. Plus généralement, nous voyons maintenant que dans toute entreprise, au-delà des techniques et des organisations, il y a une façon de qualifier les métiers par des gestes. Cela, nous l'avons pratiqué, dans des organisations de taille et de spécialité très diverses.

Aborder les métiers par les gestes c'est regarder comment l'entreprise vit, pas simplement comment elle fonctionne. Comment elle vit dedans, comment elle vit avec ses partenaires.

Les gestes s'appliquent au domaine des métiers avec leur originalité et leur singularité.

En appréhendant l'entreprise par l'analyse de son organisation, de son fonctionnement et de ses process, on quitte le monde des chambres des métiers pour rejoindre le monde des organisations professionnelles. Le déplacement n'est pas que sémantique, l'état d'esprit se déporte, le sens de la vie y perd en force.

Creuser la compréhension de la dynamique portée par les gestes du leader nous a amenés à découvrir la richesse du regard par les gestes non seulement pour les leaders et les managers, mais pour tous les métiers de l'entreprise où se jouent des notions de sens du travail, d'apprentissage et de professionnalisme.

Le geste devient ici un véhicule privilégié pour aller stimuler l'expression des talents humains dans des organisations humaines. Cela a été d'une actualité brûlante dans les périodes de crise que nous avons connues. Dans ces moments, les ensembles vivants de professionnels des métiers trouvent, inventent des solutions originales pour répondre à des situations inédites et interagissent mieux avec la société.

Comment ces forces professionnelles, portées par « l'amour » d'un métier, se mettent ensemble et se composent ? Le propos n'est pas de mobiliser ces professionnels dans le sens d'un renouveau des corporatismes, mais de mettre en avant la vie, les relations, la puissance des interactions, plus que les organisations, les process.

Cette richesse des talents déployés dans les organisations humaines, c'est tout simplement l'idée de mettre en avant la mise en mouvement des forces de vie. »

Bruno :

« Penser gestes, faire parler des gestes, percevoir leur force de vie et comment ils composent des présences au monde C'est maintenant devenu évident pour nous.

Cela surprend encore nombre de nos interlocuteurs pour qui il y a plus urgent que de s'intéresser aux gestes. Penser l'action avec des concepts et des modèles quantifiables est autrement plus sérieux. Quand nous parvenons à capter une part de leur attention, elle limite rapidement la portée des gestes. Cette limitation peut se résumer en trois points : d'abord cantonner l'intérêt du geste à celui d'une gestuelle, ensuite ne considérer le geste que comme un signal parmi d'autres, enfin ne voir dans les gestes que des gesticulations.

La gestuelle est bien sûr nécessaire pour tenir un rôle. Elle les habille, elle les accompagne, tout comme les postures, les symboles et les attributs des fonctions. Elle doit se travailler en tant que telle, comme on apprête un costume. Mais chacun sait que l'habit ne fait pas le moine.

Il est intéressant de voir les gestes comme des signes corporels qui expriment un message, une émotion, un rituel, un tic... Mais c'est tellement mieux de s'exprimer par des mots ! « *Ce que l'on conçoit bien s'énonce clairement, et les mots pour le dire arrivent aisément* » disait Boileau. Le geste ne serait qu'un langage du « *pauvre en mots* ». Intéressons-nous aux langues bien pensées.

Enfin la gesticulation qui traduit des modes d'action ou de réaction qui s'emballent sans prise de recul et sans véritable prise sur le monde, un peu comme la danse de saint Guy est certes intéressante... Pour des spécialistes de ces choses.

Ces façons de penser les gestes nous gênent pour faire passer notre idée. Elles mettent au second plan la dimension d'« élan gestuel » celle d'un geste singulier, à soi, qui interagit, rayonne, se perfectionne et où s'épanouissent des talents. Nous avons tous l'expérience de ce vécu du geste, de nos propres gestes et de ceux des autres qui nous interpellent. Pensons aux gestes d'un enfant qui s'intègre ainsi dans le monde des autres. Ils forment la trame de notre vie, de nos affects, de nos valeurs, de nos idéaux.

La littérature foisonne de gestes qui donnent corps à la vie réelle, telle qu'elle est vécue, beaucoup plus que l'exposé des actes. L'un des actes de Marcel Proust était de se coucher tôt. Par la magie de la littérature, cet acte prend la dimension d'un geste, d'une « geste ». « *Longtemps, je me suis couché de bonne heure.*

Parfois, à peine ma bougie éteinte, mes yeux se fermaient si vite que je n'avais pas le temps de me dire : « je m'endors » ». Ainsi commence la Recherche du temps perdu. Suivent trois mille pages de vie.

J'avais essayé de faire toucher du doigt cette idée lors d'une intervention dans un centre de lutte contre le cancer. J'avais été invité par une aimable collègue à un séminaire sur l'implication des managers dans la transmission intergénérationnelle des savoir-faire. J'avais proposé de parler des « gestes » qui se transmettent. Après une tentative de description de ce que pouvaient être ces gestes qu'il serait intéressant de transmettre, le scepticisme demeurait.

Alors je leur ai dit qu'un de leurs gestes m'avait bouleversé en arrivant dans le centre : leur accueil. Croiser des enfants atteints de cancer, voir les regards souriants de tous qui vous accueillent chez eux, les enfants et le personnel, et font tout pour que vous vous sentiez le mieux possible, comme chez vous. Ça rayonnait de partout. Tous les participants en convenaient, et tous y œuvraient par leurs gestes et par leur état d'esprit. Leur accueil était exceptionnel. Je leur ai dit que cela m'avait touché, très fortement, et que je leur souhaitais que ce geste d'accueil perdure, notamment par la transmission.

L'idée de geste est alors devenue plus claire. À ce moment-là j'ai demandé au DRH s'il avait un geste bien à lui. Il m'a répondu spontanément que son geste à lui était de mettre ensemble les gens, les projets et les dispositifs qui tiennent son organisation. Il l'a dit avec évidence et bonheur. Tous les participants l'ont ressenti. L'idée de geste et de son intérêt faisait son chemin. »

APPLICATION AU MONDE DE LA RESTAURATION ET DES METIERS DE BOUCHE

Qui n'a jamais assisté au ballet dans les salles et dans les cuisines !

Philippe :

« J'aime me poser dans les grandes brasseries entrées dans l'histoire. J'aime y observer la ronde des serveurs qui, parfois depuis plus d'un siècle, arborent avec prestance la même tenue en noir et blanc, le plateau au bout des doigts. Chacun joue sa partition avec une belle coordination et ils la jouent ensemble. C'est magique. Ils mènent leur ballet, tout en sachant s'intéresser à vous, ou vous ignorer, sans que cela ne vous blesse aucunement.

Rien que pour servir un café, c'est toute une cérémonie. Le geste est précis pour disposer la tasse dans la soucoupe, le petit pot de lait, le petit pot de beurre, le petit pot de sucre et la tartine sur la serviette en papier dans la petite assiette assortie. Du grand art, auquel ils semblent prendre plaisir autant que vous.

Que le moindre grain de sable apparaisse dans la relation entre les serveurs, ou bien que le maître de salle intervienne de façon intempestive, et tout se dérègle. La magie s'effondre, le spectacle aussi. Cela devient même insupportable, cette forme de vie n'est plus intéressante.

Bruno :

« Philippe Soille nous a mis l'eau à la bouche quand il nous a parlé de l'agitation en cuisine. Il s'y joue un véritable ballet de gestes qui se subliment dans nos assiettes ! Qui ne l'a pas senti soit au cinéma, soit parce que dans certains restaurants les cuisines sont visibles depuis la salle à manger. Cela fait partie du métier nous a dit Philippe, qui nous a évoqué le triptyque « Main - Geste - Métier » des métiers de bouche. Le tour de main qu'il faut acquérir et qu'il faudra refaire et refaire. Cela ne sera pas une répétition, mais un apprentissage persévérant et un perfectionnement permanent. La gestuelle qui assemble ces tours de main, qui intègre les mouvements du corps, le regard, l'odorat, toutes les sensations physiques. La sensibilité aux gestes de celui ou celle qui est « à côté » de soi, pour former un tout de gestes dont l'aboutissement est le plat et plus largement la gastronomie.

Gestes de cuisiniers, de serveurs en salle et des métiers qu'ils sollicitent. « Qu'est-ce qui manquerait si notre entreprise n'existait pas ? Les gestes de la gastronomie », aime à dire Philippe Soille.

18. La carpe rouge

Anna Tsing évoque très clairement la dimension corporelle du savoir dans les gestes des cuisiniers : « *Le riz était accompagné de petits nuggets bruns composés de morceaux de carpe rouges et verts. Je la questionnais sur la manière dont c'était préparé. Fam Tsoi m'expliqua : « Tu prends un poisson. Tu ajoutes du sel. » Elle réfléchit un instant : « oui, c'est bien ça ». Je m'imaginais moi-même dans la cuisine avec un poisson cru salé entre les mains... Les trucs dont on use en cuisine sont des gestes qui appartiennent à l'intelligence du corps, ce qui n'est jamais aisé à mettre en mots.* »[6].

4.2 Où nous voyons que cela s'applique aussi à de nombreuses autres formes d'activité

LES GESTES DES METIERS DE LA SECURITE

Bruno :

« De nombreuses activités semblent ne pas correspondre à un métier, tant elles sont transverses à de nombreuses professions. C'est le cas des activités de la sécurité. La sécurité est l'affaire de tous et tout le monde y contribue. Dans nos organisations la fonction de sécurité pense l'affaire le plus globalement possible, propose des dispositifs, rend compte de leur efficacité, et tente d'améliorer continûment les choses. C'est une activité bien équipée en réglementations, en collectes et enregistrements, conservations et traitements de données, traçages et analyses d'activités. Autrement dit c'est l'une des activités les mieux processées et documentées. Alors que vient faire le geste là-dedans ? Tout y est décrit, cadré, reporté, contrôlé, il n'y a qu'à appliquer ! Même le facteur humain est pris en compte et intégré par les concepteurs, qui savent que la sécurité passe par

[6] *Anna Tsing, « Le champignon de la fin du monde », Lé découverte, 2017.*

l'application des règles par les opérateurs humains, potentiellement faillibles. Pour pallier les lacunes potentielles, des process et des niveaux de contrôle complémentaire sont établis. Avec l'irruption de l'intelligence artificielle cela ne devrait pas s'arranger, l'homme va être « augmenté » pour assurer encore mieux la sécurité.

C'est justement là que le bât blesse. Les opérateurs appliquent ce qui est prescrit et contrôlé, voire ce que l'intelligence artificielle les sommera de faire. Si cela ne va pas, ce ne sera pas eux qui seront en question mais les dispositifs et les erreurs de codes. Rien ne les pousse à s'impliquer au-delà de l'application des règles, voire cela leur est déconseillé. Que survienne une situation « imprévue » et ils n'auront plus l'attention nécessaire pour prendre une initiative hors cadre.

C'est là que les gestes de la sécurité deviennent « intéressants et utiles ». Réflexe d'avertir même si les indicateurs sont au vert, de « dire les choses » alors que tout est sous contrôle, oser penser que l'impensable puisse arriver, sentir que quelque chose cloche malgré toutes les précautions qui ont été prises, avoir le réflexe de « débrancher » tous les systèmes un instant pour reprendre en main la situation en manuel et en local… Tous ces gestes peuvent être cultivés et prônés en complément des dispositifs existants.

L'un de nos mentors, concernés par ces questions de sécurité, nous a dit que le geste n'est pas de l'humain augmenté, mais le « plus » qui restera quand l'humain aura été augmenté. »

- **LES GESTES DES DEVELOPPEURS DE TALENTS**

> *« Elle m'a permis de viser plus haut, de m'autoriser à ne pas rester à ma place »*[7].

Philippe :

« Un des métiers apparus au début des années 2000 est celui de développeur de Talents. De quoi s'agit-il ? Les entreprises ont toujours cherché à recruter des professionnels, les meilleurs possible. Pour ce faire, elles ont développé des services de

---

[7] *Jonathan, article « ces enseignants qui bouleversent l'orientation des élèves », Le Monde du 11-1-21.*

recrutement, appelés dorénavant « services de talent acquisition ». Ils se font aider par des « chasseurs de tête » extérieurs. La concurrence avançant, la quête des « talents » se faisant de plus en plus âpre, la « fidélité » à un employeur devenant moins évidente, l'un des enjeux est devenu de « conserver » les talents dont on dispose en interne. Et pour les conserver le meilleur moyen est de les aider à se « développer » dans l'entreprise. Les activités de développeurs de talents se sont ainsi étoffées. Leur rôle est double : proposer aux intéressés des postes correspondants à leurs aspirations et aux besoins de l'entreprise, ainsi que les accompagner dans des dispositifs de formation, d'intégration et de reconnaissance. En général chaque « développeur de talents » est en charge d'un portefeuille d'individus.

Ce métier est complexe, relationnel et stratégique pour l'entreprise. Complexe car il doit tenir compte des multiples formes de « besoins et d'attentes », à de multiples niveaux : dirigeants, responsables d'activités, marchés, et individus eux-mêmes. Relationnel et non simplement fonctionnel, car chaque « talent » est sensible au fait d'être pris en considération par des êtres humains, et non uniquement par des process et des évaluations mécanisées. Stratégique, car les « talents » deviennent de plus en plus des ressources « rares ». Ils sont des actifs de premier ordre face aux concurrents.

L'une des caractéristiques de ce métier est qu'il est exercé par des professionnels issus de filières très diverses. Métiers de DRH, d'opérationnels, de fonctionnels, de secrétariat, de santé, et ce de façon parfois très temporaire. Qu'est-ce qui réunit donc ces personnes dans leur activité professionnelle, au-delà des nombreux process et dispositifs ? Nous avons pensé que ce pouvait être « des gestes partagés ». Une expérience nous a convaincus que c'était juste.

Nous avons constitué des cohortes de « développeurs de talents », sur le même modèle que nos cohortes du leadership. Nous avons esquissé sept gestes[8] susceptibles de couvrir l'ensemble de l'activité et les avons proposés aux participants pour qu'ils

[8] *Les sept gestes des développeurs de talents sont : écouter, parler à même hauteur, croiser les regards, dire les choses, stimuler l'élan, accompagner, et transmettre.*

viennent donner vie à ces gestes. Tous s'y sont retrouvés, parlant d'anecdotes qui avaient marqué leurs vies professionnelles. À propos du geste « *stimuler l'élan* », l'un d'entre eux nous a parlé d'une rencontre décisive qu'il avait eue. S'interrogeant sur son évolution professionnelle, il en parle à un aîné en lui expliquant comment il se voit lui-même évoluer, dans des échéances lointaines... Son aîné lui aurait répondu : « *Mais pas du tout, mon jeune ami, il y a des choses en vous, vous irez beaucoup plus vite* ». Par petites touches il lui parle alors de son propre parcours, comment il avait fait, comment il avait géré les situations. Il lui fait prendre conscience de ressorts qu'il possède. Petit à petit l'élan apparaissait. Plus que de motivation qui était déjà bien établie, c'était d'élan physique dont il s'agissait maintenant. « *Cette rencontre a changé ma vie* » a conclu notre témoin. »

DES GESTES POUR DONNER VIE AUX « RAISONS D'ETRE »

Bruno :

« Nous avons proposé d'appliquer cette approche de gestes à d'autres problématiques telle la mise en œuvre de la « raison d'être » et des « entreprises à mission ». Préconisée par la Loi Pact la raison d'être est le plus souvent rédigée par un groupe d'experts, bien au courant des métiers de l'entreprise. Une fois validée par la gouvernance de l'entreprise il reste à en diffuser l'esprit. Comment s'y prendre ? Les méthodes classiques à base de communication, d'animations bien outillées ont souvent un effet momentané, qui s'estompe rapidement dans le quotidien des pratiques. Repérer et cultiver les gestes qui portent cette raison d'être, est une façon de l'inscrire facilement dans les actes managériaux quotidiens et dans la durée. »

Les gestes ont toute leur place dans de multiples domaines d'activité. Ceux des sports sont tout particulièrement parlants. Les sportifs sont souvent caractérisés par leurs gestes sur le terrain. Les images de sportifs sont beaucoup utilisées dans la littérature managériale. À y regarder de près, ce sont leurs gestes qui retiennent notre attention et nous inspirent[9].

---

[9] *Exemples de gestes de sportifs exemplaires : réussir une passe, remonter le terrain, anticiper un mouvement d'un partenaire, s'entrainer.*

Ceci nous amène à la question : « *existe-t-il un métier qui ne soit pas le lieu de déploiement de gestes ?* », et à la question subsidiaire : « *s'il existe un tel métier, en quoi serait-il humain ?* »

4.3 Le composant élémentaire de toute gestuelle demeure le geste personnel

Quand on observe les gestes professionnels d'un métier on découvre une multitude de gestes personnels qui s'agencent avec ceux des autres, parfois au point de former des chorégraphies.

19.
L'intérêt de parler gestes avec ses collaborateurs

« La cohorte à laquelle j'ai participé m'a fait m'intéresser plus attentivement aux gestes de mes collaborateurs. J'ai trouvé là un moyen de rompre la distance qui nous séparait.

Quand je leur parle de leurs gestes cela donne une force incroyable à l'échange. Il se passe des choses différentes entre nous et nous nous parlons vraiment autrement. En faisant ainsi je peux aussi parler de mes propres gestes, ceux d'un dirigeant. On entre alors de plain-pied sur un mode d'échange.

Je m'explique cela de la façon suivante : Au préalable je me suis intéressé à leurs gestes et je le leur ai montré. Ils voient que ma façon de traduire leurs actions en gestes leur convient. Ce n'est pas une mise en boîte, mais une tentative de traduction qui ne les réduit pas. C'est une perche tendue pour se parler autrement, pour partager un moment et un terrain commun, pour trouver d'autres pistes pour agir ensemble.

Ça a produit des résultats formidables auprès de tous : pour le chef pâtissier, pour le délégué syndical... ; dire leurs gestes et les miens, c'est un terrain de clarification, de compréhension et de ralliement. Sans langue de bois, sans incompréhensions ni méfiance d'être manipulé. Ce sont eux qui me sollicitent alors. » Philippe Soille

Bruno :

« Si nous partons du principe qu'une relation de *mentoring*[10] est une relation symétrique fondée sur le partage d'expérience entre deux personnes, et rien d'autre, alors l'idée de geste y prend toute sa place. Philippe Soille donne ici une illustration de l'intérêt de parler « gestes » dans une relation de partage d'expérience : les repérer, les observer, voir qu'ils donnent de la force, en parler pour se mettre en mode partage. C'est ainsi que nous faisons dans nos cohortes, véritables ateliers de découverte et de peaufinage de gestes. Il en est de même dans nos *mentoring*. Nous y aidons les personnes à découvrir leurs gestes, à en voir la richesse, tout en parlant des nôtres. Ceci les amène, « naturellement », à les perfectionner. Nous le faisons en dialoguant à partir de nos expériences professionnelles réciproques, sans asymétrie. »

Philippe :

« À ce stade nous aimerions que le lecteur devienne familier avec la notion de geste. Faire comprendre cette notion a souvent été laborieux et source pour nous de nombreuses déceptions. Le meilleur moyen est de tenter de faire sentir des gestes à soi.

J'ai une façon de faire sentir le geste personnel. Je parle d'un terrassier. Son rôle consiste à transporter du sable d'un lieu à un autre pour préparer du mortier : un tas de sable, une pelle, une brouette, un bac à mortier et une consigne de travail. Puis je leur lis le court texte de Georges Navelle[11] sur ce rôle de terrassier :

« Il n'est pas de terrassier qui ne se réjouisse de son lancer de pelle. De la répétition du même effort naît un rythme, une cadence où le corps trouve une plénitude. Avant la fatigue, si la terre est bonne, glisse bien, chante sur la pelle, il y a au moins une heure dans la journée où le corps est heureux. »

---

[10] Le mentoring et le coaching sont deux formes d'accompagnement distinctes. Le coaching est une prestation de service pour aider la personne. Elle s'engage sur des objectifs. Le mentoring propose un partage d'expérience. Il ne vise rien si ce n'est développer une rencontre et une relation de partage fructueux. L'idée de manager coach est pour le moins ambiguë, celle de manager mentor se pratique parfois.

[11] Georges Navelle, Travaux, Stock, 1945, Paris

Beaucoup accrochent à cette image et ressentent ce que le terrassier vit. Toutefois certains restent encore en spectateurs et n'ont pas encore fait le détour par ce qui les concerne : leur propre geste. Nous avons compris que cette notion n'est intégrée en soi que lorsqu'elle est devenue présente, qu'on l'a senti pour soi, avec des gestes à soi. C'est toujours un bonheur quand cela arrive. C'est le cas dans nos cohortes où nous disposons de plusieurs réunions pour le découvrir.

Je me souviens d'un cas où j'ai réussi à le faire sentir en une rencontre. Nous étions en conversation avec le vice-président d'une université parisienne pour préparer une intervention sur le management. Nous évoquions les gestes du leader et il ne voyait pas vraiment ce que le mot geste pouvait signifier au-delà d'un rôle, d'une responsabilité. Alors je suis sorti du terrain du leadership en lui citant, en lui décrivant le geste d'un orateur, d'un sportif, d'un artisan.

Il a joué le jeu et cherché ce que cela pouvait lui inspirer, se posant la question si lui-même pouvait avoir un geste et le sentir comme tel. Et tout d'un coup j'ai eu la joie d'entendre : « *Ah, mais moi aussi j'ai mon geste !* » Il nous a décrit qu'il adorait accompagner et donner le goût de l'écriture à ses étudiants chercheurs qui avaient à rédiger leur thèse. Il m'en parlait avec gourmandise. « *Oui c'est vraiment mon truc j'y prends plaisir et ça marche* ». Il avait saisi, il avait senti qu'il avait un geste à lui.

Lors de nos présentations, en conclusion, nous avons pris l'habitude d'interpeller les participants en leur demandant « et vous, avez-vous un geste ? ». L'une de nos meilleures surprises fut lorsqu'une dame dans l'assistance nous a tout de suite répondu : *« oui, moi je souris ! »*. Avait-elle saisi la portée de ce qu'elle venait de nous livrer ? Le sourire de l'accueil de l'autre, si essentiel ! Qui n'a pas été touché par le premier sourire d'un bébé. Son premier geste de sujet humain où percent une conscience et un plaisir d'être en relation !

Nous connaissons un autre geste personnel extraordinaire : celui de Jacob, représenté par Delacroix dans son tableau de la lutte de

Jacob contre l'Ange[12]. Geste de volonté d'exister même face à l'envoyé de Dieu.

Et vous lectrice et lecteur, avez-vous un geste bien à vous ? Souvenez-vous de moments où vous êtes sentis agir par vous-même, du plaisir ressenti, du succès obtenu, de l'impact sur les autres, de quelque chose qui s'est passé parce que c'était vous. »

[12] *Tableau à l'angle Sud-Ouest de l'Eglise Saint Sulpice à Paris*

DANS TOUTES LES ORGANISATIONS VIVANTES, LE GESTE FAIT CORPS AVEC L'ACTIVITE

> *« Construire une forme c'est inventer les conditions de son essor. »*[13]

Bruno :

« Et si nous changions de pied ? Si, au lieu de regarder la vie depuis Sirius, équipés de concepts et de classifications, nous regardions ce qui se passe et ce qui se joue ? Dans le vécu des gens et des autres vies terrestres ? Nous verrions et nous comprendrions autre chose que ce à quoi nous sommes habitués. Non pour retirer et s'opposer à tout ce que les analyses « objectives » apportent, mais pour regarder aussi les choses en face, entre humains, qui se parlent et interagissent. Plutôt que les mécaniques des actes, considérons la chorégraphie des gestes.

L'exercice d'un métier est ainsi intéressant à observer. Non seulement cet examen au moyen des gestes permet de découvrir toute une palette d'actes, d'outils et de techniques, mais on y voit aussi des professionnels y vivre, des apprentissages, des rencontres, des épreuves, des fiertés, des grandissements. Et pour peu qu'on cherche à comprendre les gestes, les mieux placés pour y aider sont les professionnels de ces métiers eux-mêmes. Pour les penser et en parler, avec leurs mots, leurs repères d'organisation et leur intelligence collective. Cette façon de voir vient bien compléter celle des experts, des gestionnaires et des décideurs.

Parler de gestes professionnels, manager par des gestes professionnels est d'une grande aide pour les encadrants. Il devient possible de sortir des cadres habituels assignés à leurs fonctions (piloter, gérer, contrôler, organiser) pour retrouver ce qui fait la valeur intrinsèque de leur métier (produire, créer, servir, aider, chercher). Certains verront dans cette valeur l'évocation de la « raison d'être » telle que nous venons de le mentionner. Pourquoi pas. Mais ici nous avons affaire à des raisons d'être bien simples, non juridiques, comme de bien faire un métier dont l'utilité n'est pas à démontrer à longueur de temps.

---

[13] *Pascal Dusapin, « Une musique en train de se faire ».*

Aborder l'activité professionnelle en mode « geste » permet aussi d'embarquer la valeur intrinsèque du métier, sans chercher à se limiter à de la valeur marchande ou actionnariale. C'est la valeur telle que la vit la personne, telle qu'elle la sent, la partage avec ses collègues, ses partenaires, ses proches et ses destinataires.

C'est une expérience mentale et physique de chaque instant, qui trouve plus de sens dans quelques gestes que dans des référentiels d'actes à réaliser, innombrables et contrôlés. C'est un sens motivant et engageant. Sens par rapport aux résultats obtenus, produit par un geste qui fait corps avec ses conséquences, qui est intrinsèquement responsable. Sens par rapport aux efforts de perfectionnement qui sont inhérents à l'apprentissage et à l'exercice des gestes. Sens par rapport à la reconnaissance de ses pairs et de ses responsables. C'est par ce sens vivant, actualisé continûment, que le geste délivre sa force dans les organisations humaines.

Ce qui fait la force des métiers ce sont les élans gestuels des personnes en action. Un métier est un tissage de gestes, portés par des réseaux de professionnels engagés. Ces réseaux sont efficaces et vivent au travers de leurs gestes. Ils y trouvent autant d'intérêt et de joie que dans la simple affirmation de leurs technicités et de leurs pouvoirs de normalisation. »

Philippe :

« Une dernière question me vient : après avoir repéré un geste qu'on aimerait bien « posséder », comment s'y prendre ? Suffit-il d'en avoir conscience et d'y être attentif quand on s'y essaie ? Ou faut-il s'y entraîner énergiquement, comme le recommande Kylian M'Bappé : *« Un jour ou l'autre, tu auras besoin de faire le bon geste dans la bonne situation et tu devras être prêt à ce moment-là. Alors tu répètes, tu répètes à l'infini »*. Certes s'entraîner à un geste y prépare, mais cela reste fait en milieux « dédiés », tels les entraînements en salle de gym. Les gymnastiques préparatoires peuvent être pensées comme des gestes, mais des gestes en préparation. Ils prendront toute leur force en situation réelle, dans les épreuves de la vie, en interactions avec les autres.

Nous convenons avec Bruno que l'acquisition d'un geste se fait en combinant différentes approches distinctes : effectuer l'acte physiquement, s'y essayer, en détaillant les mouvements successifs, tel « le nu descendant l'escalier » de Marcel Duchamp. Puis penser ces micro-mouvements et s'observer les faire. Prendre conscience des émotions qui surviennent, dialoguer avec elles. Tout un ensemble de courtes expériences qui contribuent par touches successives à l'intégration d'un geste en soi. »

À ce stade, nous avions éclairci l'idée de geste, l'expérience qui peut en être fait et saisi sa portée. Son principal intérêt est qu'elle permet de redonner du sens à l'action. Nous l'avions découverte à l'occasion de formations au leadership et en avions vu de nombreuses extensions. Nous avions agi avant de penser la chose, nous avons observé les effets que produisaient nos cohortes ou nos échanges lors des *mentoring*. Notre façon de pister les gestes et les talents s'est améliorée, presque professionnalisée. Dans les paragraphes suivants, nous allons préciser cette façon d'agir qui nous a permis ces cheminements.

4.4 Dire des gestes, un geste que nous partageons

> *« Un travail sur le geste est nécessaire pour qu'il soit perçu, explicité, reconnu.*
>
> *Ce travail implique une attention aux singularités, au sens et aux valeurs qu'il porte. »*[14]

Nous allons tenter de résumer notre façon de repérer des gestes et des talents dans un monde foisonnant, bruyant, confus, plein d'actions quotidiennes et de formes de vies devenues invisibles.

Bruno :

> « Quand je cherche à établir une relation, je tente d'écouter la façon dont mon interlocuteur parle de son sujet, sans chercher à réduire son propos dans mes grilles de lecture. Jusque-là c'est banal me direz-vous. Là où la donne change, c'est lorsque je cherche à amplifier le propos de mon interlocuteur, à le déplier pour y voir plus clair. Il est alors souvent surpris, tellement nous sommes habitués à voir notre parole contenue dans des rails : se limiter aux informations pertinentes, cohérentes, guider notre propos vers un objectif, une décision, rester économe du temps de notre interlocuteur…
>
> Le propos devient alors le plus souvent foisonnant, buissonnant, tellement que je me laisse aller à ne plus chercher à comprendre, mais à me laisser porter par ses mots, en laissant venir les idées, les images. Puis, pour ne pas en rester là, perdu au milieu des fourrés, je demande à mon cerveau de me proposer une piste pour

[14] *Marielle Macé, « Styles », Gallimard Nrf / Essais 2016*

en sortir, comme pour sortir d'une forêt. Sans réfléchir, sans avoir de méthode, mais simplement par envie de respirer, d'y voir un peu plus clair. Pas en mode investigation, ni en mode recherche de solution (comment sortir du labyrinthe ?), ni non plus en mode reformulation (il n'y a pas grand-chose à reformuler, je suis noyé), ou en mode tentative d'explication « *mettons de l'ordre dans tout cela* », ni en mode « *et tu en penses quoi ?* » des thérapeutes. Non en mode « *tiens je vois une clairière de ce côté-ci, un rai de lumière par-là, pourquoi ne pas nous y aventurer ?* ».

Souvent à ce moment-là mon interlocuteur semble surpris. Il sent que je l'ai écouté (c'est bien le cas), que j'ai accueilli tout ce qu'il m'a dit (c'est vrai, d'autant plus que je prends beaucoup de notes, par crainte que ma mémoire ne suive pas tous les replis du propos), que je ne cherche pas à mettre de l'ordre dans ses paroles mais que je souhaite juste remettre du mouvement, des perspectives pour agir, des degrés de liberté. Et là, la relation s'ouvre, et tout ce qui va avec[15].

Nous pouvons alors travailler le sujet, décortiquer les anecdotes, les déplier jusque dans leurs moindres recoins, pour en dégager les incandescences, les lignes de force, de vie, les ressorts profonds. C'est parfois éprouvant, mais l'intention est toujours bien accueillie : débroussailler, retirer tout ce qui est rajouté, se concentrer sur la pointe vive de la question. Et là, à mon grand étonnement, ça les aide à comprendre, disent-ils !

Voilà comment j'opère avec Philippe, qui me le rend bien et qui est devenu un mode d'interaction entre nous deux.

Cette façon de se parler entre nous est comme un geste. Nous l'avons nommé « *croiser les regards* ». C'est ce mode relationnel que nous utilisons dans nos missions de *mentoring*. C'est un geste de mentor. »

---

[15] *voir page 91.*

Philippe :

« N'écoute pas avec ton esprit, mais avec ton énergie. »[16]

« Comment avons-nous fait pour acquérir ce geste d'observateur de gestes et de talents ? En tâtonnant. Évidemment nous avons commencé par écouter et observer nos interlocuteurs. Mais pas n'importe comment. Nous ne les avons pas soumis à la question pour les mettre à nu, soit psychologiquement soit face à leurs actes et leurs volontés. Nous nous sommes simplement montrés curieux de leurs façons d'agir et de comment ils vivaient cela. Nous devions aussi avoir une deuxième précaution : « *Observer les choses depuis le dedans* ». Qu'est-ce à dire ? Quand nous observons, la tentation est forte de se référer à des choses que l'on connaît pour comprendre ce que l'on voit. Ou de chercher à mesurer ce qu'on observe. « *Sans instrument nous ne voyons rien* » écrit Bruno Latour[17], en étudiant les méthodes des scientifiques. C'est ce que nous appelons observer depuis le dehors. Quand il s'agit de comprendre depuis le dedans, de sentir le geste en le vivant, il est gênant de venir avec des a priori, des raisonnements ou des instruments. Il faut entrer dans le monde de la rencontre, tous les sens en alerte, à la fois tranquille et impatient, comme le fait un trappeur à l'affût de traces. De traces de vie. Ce n'est pas un mode d'observation et d'écoute de tous les jours. Il n'aide pas à obtenir des informations, ni à avoir raison, ni à décider vite. Nous nous sommes donc imposés d'observer depuis le dedans. Nous nous y sommes essayés et y avons pris goût.

Nos tentatives successives pour percevoir les gestes et les talents in vivo se sont affinées progressivement. Notamment grâce à l'idée de geste que nous approfondissions par ailleurs. Nous aimons revenir sur les propos de Jean François Billeter qui nous dit énormément de belles choses sur le geste, la prise de conscience, les étapes.

« Nous savons d'expérience comment, de la coordination des mouvements, à un certain moment naît un geste. Nous savons que

---

[16] *Jean François Billeter / « Un Paradigme », éditions Allia. p 15*

[17] *Bruno Latour, « Petite leçons de sociologie des sciences » éditions La Découverte*

cette naissance est un évènement, un commencement. Elle est une source de plaisir et confère un pouvoir. J'ai désormais ce geste en moi et je le produirai à point nommé. »[18]

C'était extrêmement éclairant pour nous.

Le faire à deux, puis avec nos mentors a aussi été déterminant. C'est un apprentissage et un art collectif. En particulier découvrir qu'on ne discerne pas de la même façon selon son tempérament et son vécu[19] fait partie de cet apprentissage. Accueillir la perception de l'autre, prendre du recul ensemble sur nos propres perceptions, se questionner librement. Et aussi savoir qu'on avance dans un terrain inconnu, accepter les erreurs, en prendre note sans crispation, dialoguer sans chercher à avoir raison. Autant d'exercices auxquels nous nous sommes attelés, avec envie et exigence.

Tout cela peut s'acquérir « méthodiquement », ce que nous faisions en partie, et cela nous aidait à progresser. Mais surtout nous le vivions, sans nous enfermer dans un cadre, sans chercher à tenir une ligne, sans viser un résultat concret et immédiat. Je dirais même que nous nous méfiions quand une confirmation venait fixer ce que nous découvrions. Nous voulions maintenir cette forme d'ouverture. Nous laissions venir les rencontres, les exercices d'observation, et nous nous surprenions à voir plus subtilement, avec plus d'imagination à l'œuvre et plus de joie.

Ainsi nous avons proposé à nos interlocuteurs d'autres regards, d'autres sensations, en résonance avec eux. Sans penser au qui, et sans expliquer le quoi, nous pouvions nous maintenir ainsi avec aisance sur cette instable ligne de crête au-dessus des versants du quoi et du qui. »

---

[18] *Jean François Billeter, « Esquisses », éditions Allia 2016, p 31-32.*

[19] *La méthode des couleurs, ou méthode DISC, permet de faire prendre conscience de façon imagée de ce phénomène*

Bruno :

« Je devinais une trame derrière l'ensemble,
une esquisse des choses,
ni vues, ni dites qui remontait lentement à la surface.[20] »

« Avec le recul voici quelques suggestions que je propose pour se laisser aller à découvrir des gestes ou des talents. D'abord, se présenter à pied d'égalité, d'égal à égal, en évitant tout risque d'être perçu en surplomb par son interlocuteur. Nous appelons cette façon de se parler « *parler à même hauteur* ». C'est un véritable geste, qui s'acquiert et que certains exercent à la perfection. C'est très important car la tentation de se laisser subjuguer par quelqu'un disposant d'une aura prend vite le dessus si on n'y prend garde. Les sentiments d'infériorité / supériorité s'invitent alors dans l'échange et nuisent à la relation. À ce propos je ne puis m'empêcher de citer ici Lino Ventura : *« On passe sa vie à se sous-estimer, et un jour on s'aperçoit qu'on a surtout surestimé les autres* ».

Une fois ce risque déminé, proposer à son interlocuteur de parler de ses façons d'agir. La question semble simple, mais paraît souvent déroutante à prime abord. Il faut y mettre les formes et surtout rassurer qu'il n'y a pas d'intention de manipulation.

Vient ensuite l'écoute. Écouter attentivement le premier jet de ce que nous dit la personne sur sa façon d'agir. En accepter le désordre. Puis retirer doucement tout ce qui est méthode, explication, justification, tous les « *c'est ainsi qu'on doit faire* » ou les « *bien sûr* » pour ne retenir que les élans à l'œuvre dans ses modes d'action. S'intéresser au contexte certes, mais uniquement pour mieux saisir comment elle interagit avec et vit cette interaction. Ensuite décortiquer ce qui se niche derrière les mots qu'utilise la personne, s'intéresser aux détails, les déplier, faire émerger le souvenir de la vie avec ses étonnements, ses émotions, ses interrogations. Petit à petit apparaissent des éléments remarquables qui lui semblaient banals à prime abord. Comme dans une enquête[21] finement menée, tout en tact, sans que

---

[20] *Gunnar Staalesen / L'enfant qui criait au loup. P 232*

[21] *Non pas « enquête » à charge visant à clore une affaire, mais « en quête » d'une découverte de la réalité des choses, à la façons de John Dewey.*

l'interlocuteur ait l'impression d'être traduit faussement, voire jugé.

Enfin laisser venir des histoires, des images, laisser intervenir l'imagination, se laisser aller vers des sentiers buissonniers, laisser le sens s'engouffrer ! Et surtout quitter la fonctionnalité, les objectifs, les rôles attendus, les codes, les missions, les vocations, les raisons d'être. Faire le vide, retirer ce qui n'est pas David[22], pour le voir émerger dans toute sa plénitude et sa simplicité. À ce moment le contact est établi et le geste peut apparaître dans sa quintessence.

Nicolas De Berre, un ami, m'a dit que cette façon de faire lui faisait penser à la rencontre de Sir Harold Nicolson avec Marcel Proust lors de la conférence de paix qui suivit la Grande Guerre. » (Voir encart ci-dessous).

20. Rencontre de Harold Nicolson avec Marcel Proust[23]

« Un « sacré bonhomme ». Proust a le visage en lame de couteau, pâle et mal rasé. Sa mise est négligée. Il me questionne. Aurais-je la bonté de lui expliquer comment travaille le comité. Je réponds : « eh bien, nous nous réunissons en général à 10 heures, les secrétaires derrière nous. »

« Mais non, mais non, vous allez trop vite. Recommencez. Vous prenez la voiture de la Délégation, Vous descendez au quai d'Orsay, vous montez l'escalier. Vous entrez dans la salle. Et alors ? Précisez mon cher, précisez »

Alors je lui dis tout. La feinte cordialité, les poignées de main, les cartes géographiques, les papiers remués, le thé qu'on prend dans la pièce voisine, les macarons. Il écoute captivé et m'interrompt de temps en temps.

« Mais précisez mon cher monsieur, n'allez pas trop vite ».

Philippe :

« Bien engagée, cette étape d'observation de l'autre commence à faire écho en soi. Elle ouvre progressivement à une relation beaucoup plus fluide, aimable, sans appréhension avec notre interlocuteur. Il se passe une mise en résonance de part et d'autre.

---

[22] *Voir anecdote p 136.*

[23] *Cité in « Coaching / 12 conversations ré-fléchies » / Nicolas De Berre, Isabelle Laplante, Presse des Mines.*

On peut alors commencer à dialoguer ensemble de façon enjouée, sans que ni l'un ni l'autre n'ait à prendre le dessus. C'est un moment exceptionnel et éphémère. Un moment de « *vitalisation* » ! Plus qu'un partage d'expérience, chacun y va de ses élans, et les articule à ceux de l'autre, comme dans les pas de danse où chacun se définit par rapport à l'autre. Nous sommes alors dans un monde de gestes. Et les effets y sont nombreux. Images plus claires des gestes de l'autre, de ses lignes de vie, suggestion de perfectionnement voire d'invention de nouveaux gestes, dynamisation des talents. Ce moment de grâce est fragile. Le moindre glissement vers un jugement, vers un « doit être » et la magie s'arrête. Et ses effets avec.

Atteindre ce niveau de résonance lors d'un dialogue nécessite le plus souvent un travail préparatoire spécifique. Le plus vivifiant est de le faire à plusieurs, plusieurs « observateurs », chacun venant avec ses ressentis. Nous croisons alors nos observations, nos sensations, les lignes de force que nous avons repérées. Au fur et à mesure de cet échange, une image apparaît, un personnage émerge, un paysage se précise. C'est ce travail de « météo » dont nous avons parlé pages 35 et 36. Dans cet exercice, nous déployons le geste « *croiser les regards* ».

Une fois au clair sur un geste que nous avions perçu, il nous restait à le faire percevoir à l'intéressé. En pratique ce n'est pas facile, tant la personne ne semble rien apprendre de nouveau. Je me souviens d'une dame qui avait clairement en elle le geste « d'écouter ». Je tentais de lui en faire prendre conscience. J'essayais de le lui dire, je lui donnais des illustrations de sa façon d'écouter, bien à elle, mais je tournais autour du pot sans réussir à l'intéresser vraiment. Elle devait me trouver insistant. Un peu lasse, elle finit par me dire. « Eh bien oui j'écoute, voilà tout. ». J'ai dû déployer des trésors d'arguments pour qu'enfin elle ressente ce geste, comme un geste à elle. »

FAIRE DIRE UN GESTE

Bruno :

« Nous venons de décrire notre façon de repérer les gestes. Faire « *dire un geste* » par une personne suit le même déroulé. Se regarder « depuis le dedans », retirer les explications, les justifications, les « *il faut que* » et les doctrines. Nous allons juste aider nos interlocuteurs à le faire

Je voudrais préciser un point. Nous leur demandons de raconter des histoires à eux. Retracer des moments de vie, non pas sous forme de storytelling, mais au travers de courtes histoires, révélatrices de temps forts, faits d'épreuves, de joies, de réussites, de frustrations. Quelques anecdotes de leur vie quotidienne, qui incluent des petits faits qui ne leur semblent pas mériter qu'on les mentionne. Ne cherchez pas à « faire l'histoire » leur disons-nous, mais rappelez-vous que vous avez « fait des histoires » dans tous les sens du terme. Prenez le contre-pied de l'impératif auquel nous avons été habitués : « ne faites pas d'histoires ! ». Parlez-nous d'histoires qui sont les vôtres, qui vous ont façonné, et qui se sont articulées à d'autres histoires, celles d'autres, avec lesquels vous avez interagi. Là nous sommes dans un domaine tout à fait différent de celui des données, des concepts, des classifications, des discours et des expertises.

Nous leur disons de les raconter avec leurs mots, des mots concrets, ceux de leur terroir. Nous retirons les mots jargonneux, les novlangues et la verbomanie des réseaux sociaux. En quelque sorte nous leur disons d'avoir leur parole à eux, et de raconter leurs histoires. C'est une parole bien libre et bien formée qui alors s'exprime. Une parole qui laisse percer les élans profonds et les gestes qui les traduisent. C'est terriblement vivant. Et là aussi une magie opère.

Ils prennent conscience qu'ils ont un geste à eux, avec tout le plaisir qui va avec : « *c'est bien moi, c'est bien le résultat de mes forces et je le pratique avec aisance* ». Au-delà du plaisir, cette conscience joyeuse d'avoir découvert qu'on a un geste à soi, en soi, ouvre à son épanouissement et à son perfectionnement. Faire « *dire un geste* » stimule cette prise de conscience. L'une des participantes de notre première cohorte des développeurs de Talents m'a dit lors de notre dernière réunion « *Tu m'as fait dire le geste de « dire les choses ». Depuis j'y suis beaucoup plus attentive, et je le fais bien différemment, en mieux. Si j'avais su cela plus tôt, j'aurais fait les choses différemment. Merci !* »

Nous ne savons pas dire le pourquoi de cet effet, ni ne prévoir quelle forme il prendra, mais nous constatons que ces effets se produisent. Nous parlons de déclics, apparus à l'occasion de nos échanges. Nous avons cœur à les voir se réaliser, mais ils nous échappent totalement. Nous savons simplement que nous y avons contribué quelque part. Nous appelons ce geste rare, mais extrêmement efficace « *stimuler l'élan* ». C'est le geste qu'ont certains professeurs. « *Si ce prof ne m'avait pas dit ça à ce moment précis, je n'aurais pas obtenu le master ni le niveau de vie que j'ai aujourd'hui. C'est le battement d'ailes du papillon, ça dure deux secondes mais l'impact est immense.* » [24]. Nombreux sont ces témoignages. »

21. Les gestes comme boussole pour évoluer dans un monde imprévisible

La directrice d'une cellule de « développeurs de Talents » dans un grand groupe nous avait demandé d'organiser une cohorte interne pour son équipe autour de leurs gestes professionnels. Quatre gestes avaient fait l'objet de témoignages. Tous les participants avaient été enthousiasmés par cette expérience où tous s'étaient retrouvés, découverts, reconnus, stimulés. Leur sentiment d'appartenance à leur équipe et à leur métier s'était renforcé. Cela avait été « une belle cohorte ».

Quelque temps plus tard, cette directrice s'est vue proposer un poste dans une autre société du groupe, dont elle ne connaissait quasiment rien : ni les personnes, ni les activités, ni les enjeux. Elle nous a dit alors : « *Les gestes que vous nous avez fait découvrir sont vraiment les miens et je n'imagine pas ne pas pouvoir les exercer dans mon nouveau poste. Alors, comme tout y est nouveau, que tout y est totalement imprévisible pour moi, le seul repère que j'ai à ma disposition pour avancer est de me dire : « en fonction de ce que je vois et j'entends, pourrais-je y déployer ces gestes bien à moi ? » Cela m'aide à questionner, à négocier et à apprécier si je peux accepter telle ou telle proposition. Ces gestes sont une vraie boussole que j'ai à ma disposition pour évoluer dans ce monde incertain* ». Voilà que la prise de conscience de ses propres gestes l'avait doté d'un référentiel, bien vivant celui-là.

[24] *Cité dans l'article « Cette prof a changé ma vie », Le Monde du 11-1-21*

L'idée nous est alors venue que les notions de gestes et de talents pouvaient utilement devenir des instruments de navigation pour notre époque.

Philippe :

« Les cohortes, ainsi que nos *mentoring* constituent un creuset idéal pour faire prendre conscience des gestes, ses propres gestes et ceux des autres. Nous avons créé un lieu d'écoute et de dialogue autour des gestes, des élans gestuels et des talents. Nos participants apprennent à dire leurs gestes et les partagent ainsi avec leurs pairs. Il s'y passe un étrange phénomène. À chaque fin de cohorte tous veulent se retrouver rapidement et poursuivre ces échanges, dans ce lieu où l'on s'écoute et où l'on découvre ensemble. Un sentiment de partager un bien commun s'est développé et demande à être cultivé. Voilà bien un signe que quelque chose s'est passé. Et appelle à être poursuivi.

Hélas, nous n'avons pas encore trouvé la façon d'entretenir cet élan, autrement que par des rencontres épisodiques.

Dans les cohortes nous apprenons aussi autre chose, un autre geste. Celui de « *dire les choses* ». Banal n'est-ce pas ! C'est le b.a.ba d'un leader. Oui, mais en laissant venir des souvenirs, qui ne se souvient pas d'un moment où les choses n'ont pas été dites, ou bien mal dites, ou bien noyées dans un propos bavard « *Dire les choses* » est différent de « dire des choses » dans un dialogue ou une conversation. « *Dire une chose* », c'est pointer quelque chose d'important, qui va ou ne va pas, dont on doit tenir compte. Une chose qui est déterminante pour l'action, pour la relation, pour la compréhension. Une chose qui peut être éclairante et plaisante ou bien désagréable et difficile à entendre. Elle se dit telle qu'elle est, en face-à-face, à bon escient, au bon moment, en y mettant les formes et les nuances, en tempérant ses émotions. Parfois cela est fait de façon un peu bâclée, ou brutale pour ne pas perdre son temps. Jean François Billeter pointe l'importance de ce geste de façon lumineuse : « *Rien ne sert de parler, il faut dire.* »[25].

Dans les cohortes nous apprenons à moins « parler » et à plus « dire ». Nous avons introduit deux ingrédients essentiels pour

---

[25] *JF Billeter, « Esquisses », éditions Allia 2016.*

une véritable conversation : « s'écouter mutuellement » et « savoir se dire des choses ». C'est aussi sans doute cette découverte discrète qui donne envie de poursuivre ensemble cette forme d'échanges. »

Bruno :

« Certains nous remercient de les avoir aidés à trouver un geste à eux. Ils nous disent que cela leur donne envie de le faire encore mieux. Paraphrasant René Char, Philippe aime dire : « *A te regarder faire, tu vas t'améliorer en prenant appui sur tes ressorts* profonds ». Il poursuit « *les autres apprécieront tes gestes et certains auront goût à les reproduire. C'est ainsi que tu les leur transmettras.* » La chose est dite : quand on « possède » un geste et qu'on en a pris conscience, l'envie de le transmettre s'accroît. Transmettre une conscience des choses, transmettre un geste est stimulant, voire excitant. C'est beaucoup plus amusant et vivifiant que transmettre des méthodes, des instruments ou des biens.

Pour ce qui nous concerne, nous aimerions transmettre cette découverte de l'intérêt des gestes dans la conduite des activités humaines. Là aussi Philippe a sa façon de voir la chose : « *Il faut que nous réussissions à transmettre une façon d'observer et de penser qui conduit à prendre conscience des gestes et à les pratiquer.* »

Philippe :

« Nous avons aidé de nombreuses personnes à découvrir leurs gestes. Nous avons vu la joie et la force de vie qui en découlent, autant chez eux et que chez nous. Cela me donne l'envie de partager et de transmettre la façon dont nous avons procédé. C'est physique !

Comment nous y sommes-nous pris ? J'avais l'expérience de la transmission de bonnes pratiques, de valeurs, de techniques, de politiques, dans un grand groupe de distribution. Nous pratiquions des démarches calquées sur les modes d'enseignement les plus modernes : apports de contenus, d'explications, de méthodes, le tout agrémenté d'analyses de cas, de jeux d'entreprise et de mises en scène. Nous restions malgré tout trop loin de la vie réelle. Les résultats étaient souvent décevants.

Transmettre notre façon de faire a nécessité de penser autrement cette transmission. Apporter autre chose que des techniques, des règles, des mises en concepts. Apporter autre chose que ce que nous appelions le « quoi ». Nous tâtonnions pour aider à trouver les voies du « comment », de la prise de conscience du « comment » se passent les choses, de leur consistance vivante. C'est quelque chose de nouveau pour nous, peu balisé, « au cœur de la vie ».

Nous aimions nous inspirer des enseignements artistiques car ils débordent l'unique enseignement de techniques. Les gestes aussi se situent au-delà de la simple application de techniques. L'enseignement de l'art devait donc avoir quelque chose à nous apporter. La danse que nous évoquions plus haut nécessite la perfection technique du mouvement. Mais cela n'est pas suffisant. Le geste apporte ce plus et trouve toute sa place. Le geste incorpore l'énergie de l'artiste. Il fait surgir et ressentir avec force des émotions[26]. Ces enseignements privilégient le contact et la pratique. Nous avons fait comme des répétiteurs qui exécutent les gestes à apprendre pour les faire sentir à leurs élèves.

Il nous semble aussi que nous avons reproduit, en partie et en les raccourcissant, les pratiques anciennes de l'apprentissage. Au-delà des tours de main qu'il apprenait, l'apprenti restait pendant des années au contact de son maître qui lui transmettait par sa fréquentation les techniques, les principes et les valeurs. Cela formait un tout.

Toutes ces expérimentations pour transmettre notre façon de faire nous ont fait prendre conscience d'une chose : les ingrédients d'une bonne transmission sont inclus dans ce que véhicule un geste : valeurs embarquées, plaisir de le faire, efficacité accrue par rapport à l'application de simples méthodes, sentiment de se perfectionner, sentiment de reconnaissance et d'appartenance, et de présence vivante. Ainsi il est devenu clair que transmettre est aussi un geste. »

---

[26] *Voir note page 116 Brigitte Lefevre, Directrice du ballet de l'Opéra de Paris.*

22. Transmettre est aussi un geste. L'exemple de l'apprentissage

« Mon grand-père, paysan, bûcheron, moissonneur, avait appris la débrouille pour survivre pendant ses quatre ans d'incarcération en tant que prisonnier de guerre.

Il savait tout faire. Il m'a transmis le goût du travail du bois, et surtout le celui du jardin.

Dans son atelier, je devais nettoyer les outils, apprendre à racler la bêche avant de la ranger, aiguiser la lame du rabot, apprendre à regarder où tombait la graine… Un jour, ce fut à moi de raboter la planche : « Tu as touché le fil de la lame, et jusqu'où tu l'as calée ? Tu t'es redressé, campé sur tes deux pieds pour attaquer la planche ? Tu as entendu comment tu entrais dans la planche ? Tu as senti l'essence du bois quand le copeau s'est enroulé ? Là, maintenant, caresse la planche, c'est doux hein ? Eh bien, tu as réussi. »

Il y avait ces mêmes étapes pour réaliser une greffe : suprême récompense de l'apprenti jardinier que j'étais. J'avais acquis les codes, j'avais le geste en moi. Et pour cela, il avait fait appel à tous mes sens. Vous lui auriez demandé comment il faisait ? Il vous aurait répondu de son ton bourru : « Ben j'lui montre ! ». Il m'avait fait vivre avec. » Philippe

Bruno :

« Un homme ça s'empêche, un talent ça oblige »
(inspirée par Albert Camus).

« Il y a une chose que j'aimerais que nous réussissions à transmettre : l'art d'être sensible aux talents des autres. Ce qui me paraît être intimement imbriqué à l'attention portée à leurs gestes.

La notion de geste nous a permis d'observer les talents d'une façon différente et plus prosaïque que ce que les méthodes habituelles proposent. Nous étions d'abord gênés par le découpage entre « compétences » et «savoir être ». Les compétences sont faciles à repérer, quoique… Il suffirait de mettre les personnes dans une situation où ils doivent les utiliser et voir ce qui se passe. Les choses ne sont pas si simples. Certains apprennent vite, d'autres se bloquent, bien qu'en étant tout à fait capables.

Quant aux « savoir être », les « *soft skills* » dit-on de nos jours, ils sont clairement plus délicats à apprécier. De nombreuses méthodes[27] proposent des classements parfois sophistiqués qui requièrent de longs apprentissages et une pratique soutenue. Ils nécessitent souvent de faire appel à des experts, qui parfois n'ont d'expert que le nom.

Or tout un chacun possède des antennes qui lui permettent d'apprécier l'étoffe d'une personne lorsqu'il se met en relation avec elle. Nous en avons parlé à l'occasion de notre description de notre instrument léger pour apprécier l'étoffe d'une personne : Le trèfle[28].

Cette autre façon de parler des talents nous la pratiquons lors de nos mentoring. Elle peut se résumer en trois points :

Premièrement nous parlons de talents et non de compétences. Nous préférons parler de « talents » non parce que cela donne plus de classe au sujet mais parce que l'idée est plus généreuse, et porteuse. Nous ne pensons pas en termes de « ressources » potentiellement disponibles et mobilisables chez l'individu (ou définitivement indisponible). Nous parlons en termes d'énergies et d'élans pressentis chez la personne. Nous les appelons ses points forts.

Deuxièmement nous appliquons la technique de la météo[29] que nous avons présentée précédemment. S'exercer à restituer un profil de talents sous forme d'une météo aide à voir apparaître une personne vivante, pleine de vie et de ressorts, une, singulière et située. La palette des talents aide à ouvrir sur d'infinies combinaisons et de gestes qui les réalisent.

Troisièmement, lorsque nous parlons des gestes d'une personne nous ne mettons pas à l'écart les talents à l'œuvre. Bien au contraire ils en font intrinsèquement partie. Si lorsque nous décrivons un geste nous ne faisons pas référence aux talents, nous en limitons la portée. Il manque alors quelque chose de subjectif à notre échange et nos interlocuteurs glissent alors comme naturellement vers des demandes d'explications théoriques. Ils ne s'intéressent plus à eux, mais à des modèles.

---

[27] Parmi celles-ci nous pouvons citer les méthodes SOSIE, MBTI, Ennéagramme, DISC. Cette dernière est pour nous la plus simple d'utilisation.

[28] Voir « Le trèfle » p ~~14~~ et en annexe.

[29] Voir Notre pratique de la météo p 36 et notre instrument en annexe.

Jacques Perrin résume de façon lumineuse l'importance que nous trouvons à nous intéresser aux talents des autres : *« L'important n'est pas ce que nous sommes ou ce que nous nous évertuons à être, mais notre capacité à découvrir le talent des autres.* [30] » dit-il. Même si ce propos peut paraître éloigné des préoccupations dans la vie professionnelle habituelle, nous pouvons néanmoins nous en nourrir pour mieux agir de concert. »

Cet apprentissage de la notion de geste professionnel, mené de façon croisée et en exploration, mutualisée et expérimentale, ne s'est pas fait sans réfléchir en avançant. Nous nous sommes appuyés sur tout ce que nous apportent les sciences, dures et douces, physiques et humaines. Nous allons indiquer certains de ces apports qui nous ont été particulièrement utiles. C'est l'objet des paragraphes suivants.

4.5 Sur quoi s'appuie notre façon de pousser nos connaissances ?

« Toute matière est vivante » Penseurs présocratiques.

Nombreux sont les apports qui nous ont aidés à avancer. Nous sommes naturellement ouverts à toutes les disciplines issues de traditions où se forgent des connaissances toujours nouvelles. Elles nous ont aidées à préciser les notions de geste et de talent, à les illustrer, à en percevoir les forces de vie. Il y a bien sûr la littérature qui met essentiellement en scène des gestes, et la poésie qui les sublime avec des mots. Il y a les sciences humaines qui cherchent à savoir ce qui se passe dans les interactions humaines, et les sciences de la vie qui élargissent ces interactions à tous les êtres vivants. Enfin les sciences exactes, la physique et les mathématiques nous ont permis de préciser les notions de vide et d'imprévisible.

Bruno :

« Le geste naît du vide » nous dit Jean François Billeter**.** Il nous a apporté beaucoup avec ses éclairages sur la notion de geste. Sinologue, traducteur de Tchouang Tseu, il nous a permis aussi

---

[30] *Jacques Perrin : Introduction du livre « Le retour de Moby Dick » de François Sarano, édition Actes Sud.*

de voir que dans d'autres civilisations et d'autres temps ces questions ont été instruites et proposaient une véritable base philosophique de vie. Nous recommandons de lire son livre « *Paradigmes* »[31] dans lequel nous nous retrouvons pleinement.

Marielle Macé, auteure du livre « Styles »[32], met en évidence combien les formes comptent dans nos vies. Formes qui révèlent l'intégration de nos élans dans un style et aussi formes comme façons de vivre, unifiées dans et avec un monde. « *Une vie est inséparable de ses formes, de ses modalités, de ses régimes, de ses gestes, de ses façons, de ses allures… qui sont déjà des idées.* » écrit-elle en introduction d'un développement d'une véritable philosophie des formes. Les gestes sont des mises en forme. Je l'ai découverte en l'écoutant sur une émission de radio en 2011 s'interroger sur ce qui se passe quand nous lisons et qui fait tant sens pour nous. Elle nous a ouverts à la compréhension de la littérature. « *La littérature est une mise en travail d'un homme qui cherche sa forme maîtresse* » écrit-elle, avant de rajouter : « *la littérature aide aux « pratiques de vie* ». Nous pensons de même pour les gestes. Nous pensons aussi que « les gestes font sens ».

Marielle Macé nous a aussi fait découvrir le prolifique Giorgio Agamben, philosophe atypique, qui parle à l'oreille des papes. C'est lui qui dans un petit ouvrage[33] parle du « geste », issu du mode d'agir nommé « gerere » en latin. Il nous indique que ce « gerere » correspond à un troisième champ d'action distingué par Varron un auteur latin (-117 à -26 avant JC). Les deux précédents champs d'action sont la Poiésis (le Faire, faire quelque chose) et la Praxis (l'Agir, l'être agissant). Ce mot « gerere » est employé pour l'empereur à qui s'applique la formule « Res gerere ». L'empereur ne fait ni n'agit. Il « *gerit* », c'est-à-dire qu'il assume et soutient. En ce sens, « gerere » signifie soutenir mais aussi retenir, s'arrêter et exposer, montrer. On y voit ici que le geste « expose et contemple ». Nous sommes alors complètement immergés dans le monde du Comment, un grand comment sublimé. Débordant le quoi et le qui, cette dimension du

---

[31] *Jean François Billeter, « Paradigmes » ; éditions Allia, 2017.*

[32] *Marielle Macé, « Styles » ; éditions NRF Essais, Gallimard.*

[33] *Giorgio Agamben, « Karma », Seuil 2018.*

geste, qui nous était apparue de façon diffuse, a pris à ce moment-là toute sa force.

La lecture de John Dewey, l'un des pères fondateurs du pragmatisme[34], nous a éclairé sur deux choses : la première est sur le comment les choses s'unissent pour constituer des « unions[35] ». *« L'unité n'est pas trouvée ou retrouvée mais produite, au terme toujours provisoire d'un mouvement d'unification.* » est-il dit dans l'introduction du livre « le public et ses problèmes (1927)[36]. » Cela s'applique à tout ce qui peut s'unir : la société, les groupes, l'individu qui doit intégrer ses propres forces et efforts pour vivre, et aussi la conduite de l'action. Philippe dit s'être beaucoup inspiré de J Dewey dans ses démarches de mettre ensemble qui partent de l'intelligence des gens, les relient jusqu'à produire de l'engagement collectif. Et où, en retour, chacun s'en trouve enrichi.

Dewey précise un point que nous souhaitons souligner : « l'union » s'obtient par l'assemblage de deux forces de nature différente : les forces de l'habitude et les « impulsions » (impulse en anglais, que nous pourrions traduire par élans)[37]. Une union n'est pas fixée a priori, elle est toujours en train de se faire. Ceci est particulièrement éclairant pour nous car nous pensons que les gestes ne sont pas des formes définitives, mais des mouvements qui s'unissent de façon vivante et continûment.

La seconde chose que nous a apportée la philosophie de John Dewey concerne les idées d'expérimentation et d'expérience. John Dewey avait à cœur d'importer dans les sciences humaines les pratiques d'expérimentation et d'enquête, qui avaient fait leurs preuves dans les sciences de la matière, tout en y apportant quelques modifications. L'une d'entre elles propose que les objets sur lesquels porte l'expérimentation soient l'expérience même

---

[34] Pragmatisme : école philosophique américaine, apparue à la fin du XIX ° siècle, qui n'a pas grand-chose à voir avec l'attitude pragmatique prônée par les gens « concrets ».

[35] À la place d'union nous pourrions parler de « collectifs », ou mieux encore « d'agencements qui tiennent bon ».

[36] John Dewey : « Le public et ses problèmes », Collection Folio « essais » Dans son livre « il faut s'adapter », Barbara Stiegler analyse la pensée de Dewey confrontée à celle de Lippman, Dewey insistant sur la notion de confiance, Lippman, sur l'injonction.

[37] Je pense à la commande qui nous avait été faite : « aidez-nous à faire évoluer notre modèle managérial, tout en lui restant fidèle », voir page 98

des personnes participant à cette expérimentation. D'un même mouvement Dewey saisit l'idée d'expérimentation qui nous est chère ainsi que l'idée d'expérience de tout un chacun. C'est ainsi que nous procédions dans nos cohortes, avec notre approche faite d'essais, de façon orientée, tout en prenant appui sur les expériences, en les enrichissant. Et le tout produisant du « collectif » où les individus interagissent et se transforment mutuellement. » Nous faisions du Dewey sans le savoir.

Nous souhaitons mentionner aussi Nicolas Nessim Taleb connu pour son livre « le Cygne Noir »[38]. Mathématicien et philosophe, ses travaux portent sur l'imprévisible, le totalement non prévisible et la volatilité. Il définit la notion d'antifragilité et propose une méthode pour y accéder. C'est une méthode de développement de nos capacités adaptatives. Il est difficile de résumer en quelques mots une pensée aussi riche. Mais ses règles de conduite dans le volatile, nous pourrions aussi dire dans la précarité, sont frappées au coin du bon sens, tout en étant fondées mathématiquement. Une vraie pensée pour nos temps actuels.

Taleb nous parle d'agir sur des choses que nous ne comprenons manifestement pas, sans chercher à les comprendre. Nous ne sommes plus ici dans la connaissance qui se fixe dans des modèles et des programmations. Comme le dit Sylvain Tesson « *Sur glace, on ne conduit plus on vise.* ». Nous sommes sortis des formes d'adaptatifs préconisés par beaucoup de nos contemporains : « *Quand un programme est inefficace, changez de programme, reprogrammez-vous*[39] ». Ce qui peut advenir dans l'imprévisible est radicalement non « programmable », et chercher à capturer ce qui advient dans un modèle est au mieux éphémère. Déjà un autre devenir indéterminé se prépare. Cela ne signifie pas qu'il n'est plus intéressant de « prévoir » ce qui peut l'être, mais que ce qui ne peut pas doit être abordé différemment. Les recommandations de Taleb sont nombreuses mais elles tournent beaucoup autour de l'attention, de l'observation, de la vigilance, de l'écoute, de la disponibilité, du ressenti, de l'entraînement, de l'engagement « non mûrement raisonné », du

---

[38] *Nicolas Nessim Taleb, « Le Cygne Noir », et « Antifragile » éditions les belles lettres 2012 et 2013.*

[39] *Le programmation neurolinguistique, communément appelée PNL, se fonde sur ce paradigme.*

mouvement du corps… Bref autant de choses qui nous rappellent les caractéristiques de gestes. C'est grâce à Taleb que nous pouvons dire « *les gestes préparent mieux que tout à l'imprévisible.* »

« *Une fois débarrassées des absolus, les relations demeurent.* [40] » La lecture des livres de Bruno Latour nous a aidés à mettre de côté les explications épistémologiques et à découvrir le grand large. Pour observer « ce qui se passe », il nous recommande de ne pas trop chercher la bonne adéquation entre les mots et les choses, entre un modèle idéal que nous penserions et la réalité des choses. Cela égare. Il nous suggère plutôt de nous intéresser aux chaînes de confrontations qui se passent entre les observateurs de réalités et la mise en forme de leurs observations par des dispositifs de modélisation et les acteurs qui les manipulent. Pour le dire simplement, intéressons-nous aux acteurs qui s'allient ou s'opposent sur ces sujets, au moins autant qu'au fond de ce qu'ils disent. « *Considérez des choses, vous aurez des humains, considérez des humains et vous aurez des choses* »[41], et suivez ces chaînes d'aller-retour, des niveaux les plus locaux aux niveaux les plus centraux. C'est ainsi que se forme la connaissance, via des réseaux qui se tiennent ou s'affrontent. Comme le dit Philippe, nous ne sommes plus dans la binarité ! La réalité est pour nous beaucoup plus que des « quoi » que des « je » mettent en boîte, en affirmant qu'il en est ainsi. Finie l'hégémonie du « quoi ». La conceptualisation enfin mise à sa juste place, comme un point de vue parmi d'autres. Latour nous en donne une idée beaucoup plus précise et dynamique. Il nous a aidés à mieux comprendre ce que nous faisions lorsque nous prétendions repérer des gestes et des talents : observer, alléger nos « interprétations », traduire en mots simples, voir émerger une forme, se confronter, se chamailler, y voir plus clair, être transformé soi-même… Tout cela a pris un sens et une profondeur inattendue. Nous nous sommes rendu compte que nous appliquions de façon très élémentaire les suggestions du philosophe écologiste qui réarme nos pensées et nos pratiques. La lecture de ses livres nous a aussi bien fait rire par son ton libre et

---

[40] *Bruno Latour : et « Petites leçons de sociologie des sciences » p 159, Editions La Découverte.*

[41] *Petites leçons de sociologie des sciences Page 45*

mutin, alerte et pointu, souriant et généreux, en dépit de la gravité des questions qu'il traite.

Enfin nous aimons citer Anna Tsing[42], que nous avons découvert sur le tard en lisant son livre sur les matsutakes. Elle nous y entraîne à partager son art de l'observation ; observer depuis plusieurs points de vue et décrire. C'est un véritable pas de côté qu'elle nous propose. Il assouplit nos façons de penser les choses. Anna Tsing le déploie aux plus hauts niveaux. : « *Raconter des paysages nécessite d'apprendre à connaître ceux qui y habitent, humains et non-humains... Cela fait sens pour moi d'utiliser toutes les pratiques d'apprentissage auxquelles je peux penser, y compris les mythes ou les histoires, les pratiques de subsistance, (les écrits), les rapports scientifiques ou les expérimentations.* ». Cela résonne agréablement avec notre pratique du geste « *croiser les regards* » où chacun vient, sans méthode réductrice, avec tous ses bagages et ses imaginations. Tsing enrichit ce geste en cherchant à repérer les assemblages de vies à l'œuvre d'où peuvent émerger des mondes communs habitables.

Ces apports et tous ceux que nous ne pouvons mentionner ici nous ont confortés dans nos observations et nos expérimentations. Ce que nous faisions trouvait une traduction dans les réflexions et les pratiques les plus avancées. »

Philippe :

« Nous nous sommes nourris des idées de notre temps. Nous avons eu ce plaisir de découvrir que des gens avaient été bien au-delà de ce que nous avions mis en œuvre. Ces femmes et ces hommes, observateurs, découvreurs des temps modernes, nous ont touchés par leur intelligence. Nous en avons fait notre miel. Nous avons trouvé de vrais alliés. Ils nous ont ouvert un monde en nous révélant des champs nouveaux, sans nous asséner de doctrine, sans nous enfermer dans des cases étriquées.

J'ai été particulièrement épaté par Bruno Latour qui nous emmène loin avec un sourire un peu rebelle, résolument libre. Il m'a surpris par sa façon de naviguer entre les disciplines. Nous nous y essayons à notre façon, en profanes. Nous avons trouvé une gymnastique sympathique, déliée, qui accueille ce qui se passe.

[42] *Anna Tsing, « Le champignon de la fin du monde », La découverte.*

Elle nous maintient dans une dynamique d'observation, contribuant à mettre en mots et à partager la richesse de la pensée du geste.

Dans l'approche des auteurs cités ci-dessus, nous nous parlions spontanément de nos lectures. Si ce que me disait Bruno ne me paraissait pas suffisamment concret et vivant, je le poussais à m'en dire plus, à m'exposer plus précisément les choses. Jusqu'à ce que cela me parle. Nos compréhensions se croisaient alors, certainement plus conceptuelles pour lui et plus sensibles pour moi. Je le forçais à me traduire et à me rendre accessible ces auteurs parfois abscons. En retour je l'assurais que ce qu'il me disait faisait écho dans la vraie vie.

Je tiens aussi à mentionner Jean Christian Fauvet qui nous a éclairés dans nos années de consultants. Il nous a fait discerner les jeux de tensions qui se produisent dans les organisations. Il nous a appris à vivre dans ces tensions sans chercher à les résoudre, à accepter que coexistent la synergie et l'antagonisme, l'un et le multiple, le bien commun et les bonheurs individuels. Jouer dans l'entre-deux, rester en sustentation, sur la pointe des pieds, en vigilance ! Cela devenait une gestion des tensions vivante et féconde.

Il savait aussi nous emmener dans ses anecdotes riches de sens. Par ses histoires, il nous préparait à apprécier les formes de vie, plus que les mots. Ardu pour un jeune consultant, mais oh combien éclairant ! La forme cela veut dire beaucoup. Il aimait dire « la forme c'est le tréfonds ». Il nous préparait à l'idée que la forme exprime ce que les mots ne sauraient dire. Nous qui aujourd'hui cherchons à faire exprimer par les gestes plus que par les mots.

Ces rencontres m'ont fait énormément évoluer. Entrer en résonance avec un plus grand nombre, jouer en pensée avec eux, saisir ces pensées vivantes qui nous aident à rester ouverts au monde, et contribuent à nous faire grandir. Sans eux, je ne serai pas le même, j'aurai le même cœur, la même générosité, mais je ne serai pas celui que je suis devenu. Et ce n'est pas fini ! Il me reste encore du travail pour accueillir ce qui advient, sans préjugé, pour faire corps avec les éléments. C'est une nécessité en ces temps de bouleversements. »

ÉCLAIRAGE SUR COMMENT LES PHILOSOPHES TRAITENT L'IDEE DE GESTE

La philosophie s'intéresse à l'agir humain au sens large : être, exister, penser, parler, faire, agir… Elle se pose les questions du vrai, du bien et du beau. Notre idée de geste est clairement une façon de penser l'agir humain. Elle vient le compléter l'idée d'agir, lui donne de la chaleur, de la présence, de l'attention. Le geste est une belle forme donnée à l'agir, un style, qui vient démultiplier ses effets. Nous disons que les gestes touchent plus que les actes eux-mêmes.

Nous nous interrogions sur ce que les philosophes ont pensé de cette idée de geste, en particulier pour voir si un geste était « vrai », « bien », « beau ». Notre premier réflexe a été de poser la question à un ami philosophe.

Philippe :

« Je pose la question à un ami philosophe que nous rencontrons autour d'un déjeuner. Rapidement il nous évoque son philosophe de prédilection, Heidegger et nous déroule un exposé sur ses travaux. Il nous parle de « la main qui fait » et s'enfonce dans des développements difficiles à suivre. Il est passionné et bien équipé.

Le propos est austère. Nous sommes largués et repartons bredouille. Ce n'est pas que l'idée de geste lui était inconnue, mais il nous fallait beaucoup de prérequis pour pénétrer les arcanes de la pensée du maître... Un peu plus tard nous constatons avec Bruno que nous sommes face à une impasse. La notion de geste n'a pas sa place dans le monde des concepts philosophiques.

Une porte va s'ouvrir de façon inattendue. Nous rencontrons Yann, professeur de philosophie dans une grande école de commerce, avec lequel nous sympathisons rapidement. Yann est dans l'action, dans la philosophie de l'action et passe ses temps libres à bicyclette. Face à notre question, il nous propose, non de disserter sur la notion de geste, mais de venir nous présenter le geste de l'illusionniste. Yann pratique aussi l'illusionnisme dans ses temps libres. Pour faire sentir la notion de geste, mieux vaut en faire l'expérience soi-même dans la vraie vie plutôt que d'en entendre des explications.

Ainsi Yann vient à l'une de nos réunions des mentors nous présenter son geste d'illusionniste. Tout de suite il nous explique qu'il n'est pas doté de pouvoirs magiques, qu'il ne sait pas faire sortir un éléphant du mur. Il se livre ensuite à deux tours qui font mouche. Plutôt que d'expliquer son tour de main, ce que tous lui demandent, il nous dit que ce tour de main, est très secondaire et qu'il nous l'expliquera un peu plus tard. Ce qui importe nous dit-il c'est d'établir très vite le contact avec nous, de capter notre attention, et de s'en nourrir pour adapter ses gestes. Il nous montre alors comment il suit et oriente notre attention, sur certains éléments de son tour pour créer l'illusion. Son seul objectif dit-il n'est pas de nous « berner », ni de nous impressionner, mais tout simplement de nous divertir, en nous surprenant. Ce qui nous surprend finalement, ce sont nos travers d'observation, nos biais cognitifs diraient certains. Il nous les montre. Ces travers mis à jour, nous sommes amusés, rassurés, pas du tout diminués. Yann nous explique alors un tour de main, qui demande un peu de pratique pour bien l'exécuter. Tout le monde s'y met. Pour conclure Yann nous rappelle ses trois repères de conduite pour exécuter ses gestes d'illusionniste : entrer en contact direct, adapter ses gestes en fonction des mouvements et des attentions, chercher à surprendre joyeusement. Nous convenons tous qu'il s'agit là bien d'un geste. »

Bruno :

« Une autre question nous agite : le geste est-il éthique ? Est-ce que prendre conscience de ses gestes aide à bien agir ? Philippe aime à dire en s'inspirant de

Jean François Billeter « *Les mots peuvent mentir, pas les gestes* ». Sans prétendre trancher la question, il nous semble que la balance penche plutôt du côté du oui, avec une réserve : les bénéfices de gestes dépendent de là où l'on se place. Un jeu commun laisse nécessairement sur le bord une partie des acteurs, ceux de la partie adverse.

L'encart ci-après énumère plusieurs caractéristiques « éthiques » du geste. »

23. Est-ce qu'un beau « geste » produit du bien ?

Les ingrédients d'une belle geste.

- Un geste est fondamentalement relationnel. Il met en relation avec le monde. Un monde composé d'objets et de matières et surtout d'humains et de toutes sortes de formes de vie. Un beau geste est convivial.
- Un geste est une façon d'être et d'agir auprès d'autres êtres vivants. Il établit un rapport de rencontre que l'autre éprouve, autant que son auteur. Il produit du sens partagé.
- À la différence de l'action, dont on peut être extrêmement fier[43], un beau geste ne rend pas supérieur. Il est modeste, même s'il procure un plaisir discret.
- Si bien parler, clairement et de façon appropriée est en soi un beau geste, ce qui prime est la sincérité et l'intégrité morale de la personne qui dit les choses. Pour plagier Corneille nous pouvons dire *« La façon de dire vaut mieux que ce qu'on dit ».*
- Un geste qui s'exécute dans l'indifférence des autres, voire en les traduisant dans des cases, ou en les excluant est un simulacre de geste. C'est une mise en spectacle, une pose qui vise à illusionner ou à fasciner. Simuler un geste, faire semblant ne tient pas longtemps ou alors il soumet. La fausseté transpire rapidement[44] pour qui reste libre de ses pensées.
- Un geste exprime les énergies de son auteur en les rassemblant dans un même mouvement. En ce sens un geste est intégrateur de sa personne. Il lui permet aussi de s'intégrer dans un jeu avec les gestes des autres.
- Un geste exprime des élans de vie. Penser son geste aide à l'amplifier. Par la simple prise de conscience, sans recours nécessaire à des techniques ou à des disciplines, sans réduction, ni d'échelles d'évaluation. Un geste « est » tout simplement, plein et entier, immédiat, sans reste ni supplément.
- Nous avons du mal à imaginer un geste sans « empathie »[45], voire sans générosité. Sinon, c'est un mauvais geste ou un geste de misanthrope.
- Un geste peut aussi toucher par sa « beauté ». Un beau geste imprime. Ce beau est l'antichambre du « bien ». « *Si c'est pas beau, c'est pas juste* » dit Olivier Rattez. « *L'âme aspire au beau, la beauté apporte du sens* » dit François Cheng.

---

[43] *Avec les dérives qui peuvent advenir. A titre d'exemple, Elon Musk est extrêmement fier de ses actions.*

[44] *Le geste de l'illusionniste n'est pas simulé. Il vise à distraire et surprendre le public, sans chercher à lui faire croire à des super pouvoirs. Autrement ce n'est plus un illusionniste, c'est un mystificateur*

[45] *Empathie, dans le sens de capacité à ressentir ce qu'un autre ressent.*

Équipés de la notion de geste nous en voyions maintenant toute la richesse dans la vie quotidienne : richesse en termes de sens apporté à l'action, de prise en compte des élans de tous et de leurs talents, de repères pour avancer avec d'autres dans des mondes incertains. Mais surtout, avoir conscience du geste conduit à des observations fines de « ce qui se passe réellement ». Alors, l'idée de geste peut-elle servir de ressource et de boussole pour nos années vingt ? Nous en esquissons les contours dans le chapitre suivant.

Chapitre cinq : Vivre avec l'idée de geste

« Le soleil d'une idée peut réchauffer une journée entière. »[1]

Introduction

Nous sommes tous bien démunis pour penser ce qui nous arrive ces temps-ci. Ainsi que pour penser comment nous projeter. « *J'arrête de prévoir, cela va durer.* » nous a dit un jeune entrepreneur. « *Nous allons faire avec ces confinements et nous adapter.* » Le plus grave est la privation de relations physique avec les autres. « *Les sourires nous manquent* » déplore-t-il.

Philippe :

> « Les lucarnes de nos ordinateurs refroidissent nos rapports. Le contact physique fait défaut. La vie n'est pas un jeu vidéo, les journées en télétravail sont épuisantes. La conscience que nous agissons par des gestes peut-elle nous aider à retrouver la chaleur vivante des rencontres ? Et surtout peut-elle nous aider à « mieux agir » dans un monde devenu opaque et plus confiné ? Nous pensons que oui.
>
> Oui, parce que nous n'agissons pas simplement « mécaniquement » pour obtenir des résultats, et parce que nous n'activons pas des « ressources humaines » qui agissent comme nous le souhaiterions. Nous ne sommes pas que des rouages de dispositifs qui nous actionnent et nous demandent d'actionner. Certains voient les choses ainsi, et favorisent des mondes inhumains où la responsabilité se délite, des mondes froids en somme.

[1] *Lichtenberg, aphorismes*

Oui pour deux raisons : la première est que nous agissons ensemble principalement au travers des relations que nous cultivons, même si nous utilisons des machines et des dispositifs parfois très sophistiqués. La seconde est que nous nous mettons en relation avec les autres principalement par des gestes. Ils sont faits d'actes, des regards et de paroles qui relient, de façon engageante, conséquente et obligeante. C'est évident pour tous ceux qui tel Monsieur Jourdain agissent en « *mode geste* ». Ils sont très nombreux. »

Bruno :

« En quoi le fait de prendre conscience des gestes apporte un plus ? Parce qu'il redit l'évidence que le fait d'agir est surtout une question relationnelle qui ne peut être réduite à des suites d'actes fonctionnels. En pensant « gestes », nous redécouvrons clairement la primauté de la dimension relationnelle, dans nos vies professionnelles et autres.

Cette prise de conscience aide à repérer les gestes[2] et à les sortir de la banalité quotidienne dans laquelle ils sont vite oubliés. Ceci aide à découvrir le plaisir de travailler ses propres gestes. Car les gestes se travaillent en effet, et de plusieurs façons. À notre insu d'abord, sans que nous en ayons conscience. Nous avons tous appris à marcher sans analyser, ni raisonner. En prenant conscience qu'il s'agit de l'émergence d'un geste, ce travail souterrain est plus soutenu. Enfin, cette redécouverte des gestes stimule la curiosité et l'envie de les perfectionner. Ceci se fait par un travail d'observation, de description, voire d'entraînement, seul ou avec d'autres dans nos mentoring et dans nos cohortes, véritables ateliers de témoignages de gestes.

Penser avec les gestes remet ainsi sur le devant l'observation, la curiosité, l'imagination, la pensée concrète et l'art de composer avec les autres.

C'est aussi une façon de faire qui reste efficace, malgré l'incertitude qui nous pèse beaucoup plus ces temps-ci. Efficace premièrement parce que la personne sait que ces gestes qu'il déploie lui correspondent. Ils sont l'expression de ses élans de vie

---

[2] *Penser geste aide à donner un sens différent à une expression. Par exemple : « prendre un enfant par la main. » est un acte. Si on le pense que c'est un geste le sens est clairement différent, plus complet.*

et de ses valeurs. Deuxièmement parce qu'au travers de ses propres gestes, il suscite ceux des autres lorsqu'il souhaite interagir avec eux. Penser ainsi autorise aussi plus d'étonnements, d'observations, d'expérimentations, d'audace, d'apprentissages. Toujours en interaction avec les autres formes de vies qui nous entourent. »

À ce stade nous voyons plus précisément ce que « *penser gestes* » nous apporte. Penser gestes :

- Aide à développer les relations de façon simple. Cela permet d'aborder des questions lourdes avec légèreté : sans mots d'experts, sans plonger dans le « complexe », sans penser à l'intelligence émotionnelle, sans obligation d'avoir la réponse à tout… Simplement en mettant en avant la qualité de relation dans l'interaction. « *Penser gestes* » permet de réchauffer les liens.
- Permet de partir de la réalité effective, celle de l'expérience, en se dégageant de croyances devenues obsolètes, notamment celles qui nous mettent en cage, telle le nécessaire « *toujours plus* ». Il aide à observer avec un regard neuf, à expérimenter et à relier les expériences.
- Est utile pour penser l'action sans la réduire à quelques catégories qu'on pourrait programmer dans un algorithme. Les gestes sont infiniment hétérogènes, ils autorisent toute une palette de modulations de façons d'agir : la force d'exister et ses élans, l'expression de ses talents, la surprise, la maîtrise, la survie, la ruse, la fuite, le jeu, l'amusement, le beau…
- Rend temporairement joyeux. Un geste bien fait réjouit, soi-même et les autres. Il porte quelque chose d'accompli, qui se partage et fait se sentir ensemble, se vivre ensemble.

Pour résumer, les gestes contribuent à produire des mondes vivants et des appartenances. Même confinés, même réduits à des visio interactions, nous pourrons continuer à déployer des gestes et interroger ce nouveau monde. Nous aimons dire : *« Mets l'idée de geste dans ta tête, et tu verras le monde différemment.* »

Nous précisons ci-après comment l'idée de geste peut aider à agir plus clairement dans notre monde professionnel, celui du management, et plus largement dans celui des citoyens démocrates que nous sommes.

5.1 Les gestes aident au management

« Ce qui est planté ne ment pas ».[3].

Bruno :

« Un dirigeant nous a dit : « *Nous avons su rapidement nous adapter au confinement et au télétravail, partout, excepté là où avaient cours de mauvaises pratiques managériales.* » Les mauvaises relations demeurent un poison pour nos organisations et la crise en a accentué la virulence. Pour le reste le télétravail s'est imposé bon an mal an. Pour ceux qui n'avaient pas déjà évolué significativement vers des formes de travail à distance, les relations de travail ont été perturbées. Ils sont nombreux à parler de l'accroissement du stress du fait des isolements, de la perte de cadrages pour les uns, voire de sens donné à leur activité, de contrôle pour les autres, de l'aggravation des précarités, de la mauvaise intégration des nouveaux…

La généralisation du télétravail entraîne aussi la multiplication des téléréunions, sans pose entre deux. « *Les journées sont devenues épuisantes.* » La réunionite en prend un coup. C'était pénible, c'est devenu insupportable. Une chose semble claire : la raison première de ces dégradations est la réduction drastique des moments d'interaction, formels et surtout informels. Il va falloir y remédier, rapidement, car la situation va perdurer car nombre de dirigeants y voient de nouvelles opportunités pour réduire les coûts.

Les bonnes nouvelles ne sont pas en reste : « *À l'occasion de cette crise, nos managers ont découvert que leur métier était de mettre les collaborateurs en relation* » nous a déclaré un dirigeant. Il complète par : « *Nous allons revoir notre politique immobilière pour les bureaux, ce qui implique de repenser aussi notre modèle managérial* ».

De nouvelles habitudes s'établissent spontanément. Certains « jeunes » apprécient particulièrement ce mode à distance, et rechigneront à revenir « faire de la présence » lorsqu'on le leur demandera. Comment alors produire des liens et des sentiments d'appartenance professionnelle dans un tel contexte ? De vastes

---

[3] *Sylvain Tesson, « Un été avec Ulysse. P 114.*

programmes en perspective. Des chantiers s'ouvrent un peu partout.

Prenons celui de « repenser le modèle managérial ». Par modèle managérial nous entendons les principes qui vont régler les relations entre les niveaux hiérarchiques et les acteurs du terrain, et celles aussi entre les activités opérationnelles et fonctionnelles. Ainsi que les relations avec les partenaires, les clients, les administrations, les acteurs de la société… La liste est longue. Il est évident que le temps passé ensemble devenant une denrée beaucoup plus rare, il va falloir la gérer avec plus d'attention.

Comment aborder cette question ? Elle est quasiment toujours traitée en mode « organisationnel »[4]. Quelles relations instaurer entre les différents acteurs pour que l'organisation fonctionne au mieux ? : « *Qui est responsable de quoi, à qui reporte qui, quelles délégations accorder, quelles coordinations organiser, quelle part d'autonomie accorder*[5], *quels contrôles mettre en place…* ». C'est un véritable jeu de construction qu'il faut penser pour optimiser le fonctionnement des processus, bien dessinés, qui vont structurer les flux de production. Ce mode « organisationnel » ne suffira pas, ni même ne va répondre aux nouvelles réalités. La raison en est que la question de l'organisation est traitée en l'extrayant des relations qui lui donnent vie. Lesquelles, pour se remettre à vivre ensuite, font l'objet d'actions d'accompagnement, qui combinent campagnes de communication, formations et dispositifs d'animation.

La coupure entre l'intelligence du quoi, qui prime généralement, et la nécessité de prendre en compte le « qui y vit » est toujours là, insoluble.

La question est dorénavant d'intégrer les énergies de tous pour modeler ensemble une organisation habitable. Bien évidemment les experts y auront leur place, mais elle ne sera plus celle de « deus ex machina » avec des tableurs Excel et des PowerPoint. Ils seront des « agents » comme les autres. Dans ce monde

---

[4] *Nous ne parlons pas ici des organisations totalitaires alignées sur un ordre unique, qu'il soit celui des entreprises « disciplinaires », ou celui des entreprises managées essentiellement par des algorithmes, comme le préconisent certains.*.

[5] *C'est la limite des travaux sur « L'entreprise libérée ». Ces travaux butent sur les questions d'alignement et de contrôle qui limitent de facto l'autonomie.*

redevenu hétérogène, tous devront apprendre à se parler et donc s'écouter de façon productive, par-delà les fossés qui les séparent. Cette façon de faire pourra servir de ferment au nouveau modèle managérial.

C'est là que l'idée de geste peut apporter un liant vivant, partagé, qui aide à faire société autour de valeurs communes et de raisons d'être ensemble. La notion de geste pourra avoir sa place dans la boîte à outils qui sera utilisée pour ces réfections de modèles managériaux.

Pour deux raisons : Premièrement elle nous aide à penser comment vit et vivra l'organisation, avec ses appartenances, ses liens, le sens que chacun y trouvera, avec ses tensions entre les personnes et entre les groupes de personnes, de préférence en s'autorégulant… En se posant la question « *comment ça vit grâce à mes propres gestes et grâce aux gestes des managers ?* », « *comment ça va continuer à vivre ?* », la question devient immédiatement concrète et précise. Elle m'engage, elle m'oblige personnellement, et je cherche à partager cet engagement. Je ne suis plus un concept, une pièce mécanique, un élément du jeu de construction. Je suis redevenu une force vive en action avec les autres forces en présence. Quels gestes porteront ce projet de nouvelle organisation, et donneront envie d'y habiter et d'y agir ?

Deuxièmement, on peut se reconnaître dans des gestes qu'on partage, sans avoir une vision très claire ni du monde ni de l'organisation dans laquelle on évolue. On peut se sentir en appartenance à un groupe sans passer par des compréhensions rationnelles, ni des engagements d'allégeance. Reconnaître le sens du professionnalisme par le moyen des gestes est un bon appui pour oser aller vers de grandes transformations. Les gestes sont un bon instrument d'observation et de navigation dans un monde privé de repères.

C'est pourquoi nous préconisons une mesure radicale : en préalable à tout travail sur l'organisation et son management, penser aux gestes managériaux et aux gestes des métiers qui devront perdurer. Ce sont ces gestes aideront à vivre et produiront le sentiment d'appartenir à un même collectif. »

Philippe :

« J'ai toujours été mobilisé pour défendre les équilibres, entre le « Chaud » et le « Froid »[6], entre les relations humaines et la technique, pour éviter que l'humain ne soit remplacé par la machine. Je me suis toujours battu pour que ceux qui pensent les organisations avec le souci d'optimisation ne nous mettent pas dans cette situation, où l'humain n'aurait plus sa place. De nombreux organisateurs pensent encore qu'il suffit de concevoir des schémas d'organisation et des plans d'action pour y parvenir, puis de les faire appliquer par des personnes soumises au process. Ils agissent rationnellement. Ils conçoivent précisément les contributions attendues des exécutants qu'il suffit de formater pour qu'ils les réalisent. Ils sont dans l'action, réductrice, mais pas dans le geste qui embarque. Le rôle du management est alors réduit à n'être qu'une courroie d'accompagnement, nécessaire certes mais accessoire. L'essentiel étant dans la pensée de la bonne organisation. Un jour nous pourrions même nous passer des managers. « À quoi servent encore les managers ? » se demandent certains.

Ce que je vois de la crise renforce ma crainte de déshumanisation des relations à la manière d'Orwell. Je redoute les effets refroidissants des distanciations mises en place dans les organisations. Elles devraient durer. Elles se doublent de déploiements de solutions numériques innovantes, fondées sur des algorithmes de plus en plus « intelligents ». Il y a danger ! La tentation est forte pour ceux qui rêvent de dispositifs robotisés où l'humain, décrété être le maillon faible, serait à réduire le plus possible jusqu'à le faire disparaître. Les algorithmes pourraient bientôt faire le travail des managers, certains en rêvent.

Mieux encore, beaucoup se creusent la tête pour que la machine, au-delà d'intelligence artificielle, se dote d'une « conscience ».

Ce n'est pas pour moi. Je préfère préserver l'humanité des relations de travail entre humains que de chercher à donner de la conscience et de l'humanité aux machines. « *Ne laissons pas ces algorithmes faire le boulot à la place des managers* »

---

[6] *Voir page 71.*

Notre monde doit rester profondément humain, et les automatisations, qui vont évidemment se poursuivre, devront être au service de ce monde. Ainsi la ligne managériale restera nécessaire tant pour assurer les réglages et les coordinations mais aussi et surtout pour assurer les liens entre les personnes et l'organisation, la cohésion, l'appartenance à un groupe. Il sera aussi moteur dans la façon de se saisir des nouveautés « automatisées » pour réinventer des façons de travailler ensemble, dans ces nouveaux contextes. L'important reste que « le manager » soit au contact de ses équipes pour les relier, les entraîner, pour jouer avec eux pour faire réussir les projets de transformation. Son rôle n'est pas de donner les ordres depuis le haut pour faire exécuter un plan. Il est d'être lui-même dans la mêlée, c'est une activité où l'on « mouille la chemise », un métier de « full-contact ». Il en va de même pour les métiers de l'enseignement qui, comme l'affirme Étienne Klein, sont un corps à corps qui permet de porter attention à chacun, de saisir l'éventuel décrochage d'un étudiant. Le contact y est physique.

« *Penser gestes* » dans le management est notre façon de remettre de la vie dans les relations. Le geste est corporel, en présence, ici et maintenant. C'est l'inverse d'un acte désincarné. Il se joue dans des relations physiques, même si par moments il peut s'appuyer sur des contacts fil à fil. Toutes ces occasions où nous avons aidé les managers et les leaders à déployer leurs gestes ont permis de donner sa vraie place au management. Cela a fait bouger des lignes, réchauffer les relations, et s'ouvrir à de nouvelles façons d'agir ensemble. Mettre du geste est une garantie de conserver de l'interaction humaine.

Ma conviction est qu'au-delà d'une incantation sur l'utilité du geste pour créer, renforcer les liens, déployer des relations, il y a une véritable pensée du geste. Elle existe dans les arts, dans la littérature tout particulièrement. Nous pouvons nous en inspirer, bien que pour beaucoup, cela semble inapproprié pour la vie en entreprise.

De notre côté, dans nos ateliers de management, nous avons proposé un référentiel de sept gestes pour l'exercice du leadership, une sorte de prêt-à-porter. Nos interlocuteurs s'y sont essayés avec intérêt. Ils ont témoigné, ils se sont écoutés et ont ainsi découvert de nouvelles formes pour leur implication. Quel bonheur partagé quand nos interlocuteurs déplient progressivement, et découvrent qu'ils ont leurs gestes, des gestes à eux !

Nous sommes allés au-delà de l'exercice, en cherchant à repérer leurs ressorts profonds sans intrusion, puis en les poussant là où « ils en avaient sous le pied ». Ils sont ainsi entrés dans la pensée du geste : repérer des gestes, des élans, l'appui sur des points forts pour y progresser, dans l'expression de la singularité de chacun. En déployant le geste, nous les emmenons dans un monde où le lien, le contact, la relation, vont de soi. »

24.
Idée d'un leadership jardinier

« Le jardinier est celui qui fait vivre ensemble. »[7]

Nos réflexions autour du leadership pour les temps actuels nous ont conduits fin 2019 à proposer l'idée de leadership jardinier. Le jardinier ne tire pas sur la pousse mais arrose, bêche, sarcle, il prend soin de sa plante. Prendre le temps d'observer, d'expérimenter, de décrire et de parler de ce qui se passe, d'en parler, d'être attentif au comment ça vit et au comment aider à ce que ça vive mieux, résonnent bien avec l'art du jardinier. C'est l'art de créer les conditions d'un agir ensemble efficace et d'un grandir ensemble, qui sait faire advenir la floraison et la récolte.

Durant les confinements de l'année 2020, nous avons précisé cette notion, en nous inspirant notamment du livre de Bruno Latour « où suis-je ? ». Nous voyons émerger l'idée d'une nouvelle forme de management avec les gestes orientés « vie terrestre ». Gestes porteurs de sens, visant à creer des appartenances, autour éventuellement de raisons d'être, de performance devenue multidimensionnelle et complexe, de création de liens pour produire des mondes communs. Gestes de libération des énergies pour jouer collectif avec des alliés, de communication incarnée, de développement des talents et d'exercice d'une autorité face aux formes de leadership toujours tenaces, bien que devenues désuètes[8].

Ces enrichissements ont confirmé que nous avions pris la bonne direction.

---

[7] *Gilles Clément, Paysagiste Français qui propose le concept de « jardin en mouvement ».*

[8] *L'autorité des acteurs « économiques » a laissé pendant un temps la place à celles des acteurs terrain. A titre d'illustration, les acteurs terrains des métiers de soin ont montré leur réactivité et leurs initiatives, quand les acteurs programmateurs et planificateurs se montraient incapables de penser des réponses pertinentes.*

Bruno :

« Comment s'y prendre pour faire une place à la notion de geste dans nos organisations ? Voilà notre nouvelle question. Nous y avons répondu de deux façons : la première est de prendre le temps de repérer des gestes, de les dire, d'en discuter, les faire dire, les célébrer. Au moyen de dispositifs légers, locaux, qui s'articulent et se contaminent, de proche en proche, avec des alliés... C'est la façon de faire que nous utilisons dans nos cohortes et que Philippe vient de rappeler. Chacun y fait l'apprentissage de cette façon d'observer ce qui se passe et ce qui se vit quand on agit. Ils en ressortent plus forts, plus assurés et plus « déconfinés ». Enfin ils se sentent plus à l'air libre, libres de respirer à pleins poumons.

Parfois nous avons la possibilité de poursuivre les échanges avec certains. Nous pratiquons alors l'exercice de découverte de ses propres gestes. Nous en avons esquissé le principe[9]. Il consiste à observer finement à ce qui se passe lorsqu'on réalise un geste, en dépliant et en détaillant les micro-mouvements à l'œuvre. Décomposer les instants, pour découvrir dans chaque micro-séquence toute la vie qui s'y joue. À chaque dépliage apparaît tout un nouveau motif du paysage, bien intéressant.

Ce travail de découverte « fine » est troublant à plusieurs titres : c'est un travail inhabituel, dont on ne voit pas a priori l'objectif clair auquel on pourrait se raccrocher. Cela semble bien oiseux de prime abord. Et quand on s'y engage, l'exercice semble sans fin, toujours inachevé. Dès qu'on tient un bout de la découverte et la joie qui va avec, le sol semble à nouveau se dérober. Ce questionnement semble sans fond. C'est une expérience du vide et de l'inachevé. Pour autant, étrangement il procure un sentiment de plénitude et de félicité. « *Tu réalises que tu as fait quelque chose et qu'il s'est passé quelque chose, chez l'autre et en toi.* ».

Le sentiment d'ensemble qui s'en dégage finalement est positif. Découvrir qu'une simple action révèle autant de micro-mouvements, de micro-gestes, tous animés d'élans et de manifestation de talents. « *Je sais que j'ai ça, et que c'est à ma disposition. Cela me rend plus fort, plus serein et plus confiant.* ».

---

[9] *Voir l'image du nu descendant l'escalier P 159*

Cet exercice de découverte achevé, il faut vite en oublier le détail pour continuer à vivre normalement. C'est un peu à l'image du mille-pattes à qui l'on demande comment il procède pour avancer, et qui, y devenant attentif, se mélange les pattes. Il lui faut vite oublier cette prise de conscience pour laisser le corps reprendre la main. C'est aussi la raison de la primauté du faire sur le penser. Il est plus humain de « faire et puis d'y penser » plutôt que de « penser et puis faire ensuite». Cela redonne leur juste place à l'agir et au penser. »

25. L'effet de déplier un geste

« Cet exercice de déplier le geste est ce qui me manquait. Comme un artisan sur son atelier j'ai trouvé le bon outil. Prendre le temps de découvrir tous les plis autour desquels se forme un geste permet d'en saisir toute la richesse, tant en soi, que dans les effets opérés sur les autres. Tu réalises que tu l'as fait, et tu l'as en toi. C'est comme réaliser un origami, « à l'envers » : déplier l'origami, en comprendre la texture précise, en sentir la magie, puis le laisser se replier de lui-même, et savoir que tu l'as en toi. Quel bonheur, quelle source de force, de sérénité et de confiance !

En faisant cet exercice de temps en temps, les choses deviennent beaucoup plus claires et beaucoup plus simples pour moi. J'en suis devenu curieux, étonné et plus efficient. Cela me permet d'oser beaucoup plus : oser interpeller, oser proposer d'autres formes pour se parler, interagir, et s'engager ensemble. En particulier j'ose pratiquer beaucoup plus fréquemment le geste de « croiser les regards ». Observer ensemble, décrire ensemble ce que l'on observe de ce qui se passe, en déposant en entrant les cadres de pensée que tout un chacun porte en soi. Il sera toujours temps de les reprendre en partant.

J'ai eu ce geste l'autre jour avec mon Codir. Chacun était venu avec son « cadre », moi le premier. Marianne déroulait sa présentation bien cadrée, méthodiquement avec son grand professionnalisme. Les autres écoutaient normalement, correctement. Quelque chose ne se passait pas, quelque chose manquait, mais je ne savais pas dire quoi... Je me suis dit « oublie ton cadrage ». Quelques instants plus tard, une phrase m'est venue à la bouche. J'ai dit à Marianne « Il est important de prendre du recul face à l'adversité. » Quelque chose d'électrique l'a traversée. Elle m'a regardé, en arrêt, et s'est mise dans une toute autre façon de présenter son sujet. Beaucoup plus détendue, beaucoup plus participative, allant chercher l'information... Les participants se sont laissés aller à parler, et à s'écouter les uns les autres. Chacun avait mis de côté son « cadre », on n'était plus « cadre » contre « cadre ». Les échanges ont été plus longs que prévu, mais ce n'était pas grave. Nous en avons sorti beaucoup de matière. À la fin de la réunion Marianne est venue me dire que « ce Codir avait été exceptionnel. » » Philippe Soille

Nous voyons au travers de ce témoignage comment Philippe Soille, déjà bien au fait de la notion de geste, en ose un, bien aventureux, pour recréer du liant dans une situation qui se figeait. L'un de nos mentors nous a déclaré que la découverte de la notion de geste l'avait aidé à gagner en audace et à se permettre d'oser des figures inédites. Penser avec des gestes aide ainsi clairement à l'exercice du management et à son perfectionnement. C'est aussi le cas pour l'exercice de nombreux métiers. Y-en a-t-il pour lesquels cela ne serait pas le cas ? Nous pensons que plus largement elle peut aider aussi à mieux faire société dans ces temps perturbés. C'est l'objet des paragraphes suivants.

5.2 Les gestes aident à agir en société

« Une forme pure est comme un diamant. Nous avons besoin de faire retour et de nous rappeler de temps en temps le goût de la forme pure. » Yumeno Kyûsaku

Philippe :

« Si en tant que citoyen je m'intéresse à la marche du monde, mon implication a surtout été tournée vers la défense de l'humain. Je suis d'une espèce en voie de disparition : « un humaniste ». Certains de mes amis aiment à me le dire. Mon combat a été de préserver la part d'humanité en tous lieux. Et là, le geste a toute sa place. Ne pas se laisser piéger par l'acte étalonné, évalué, surveillé, mais valoriser ce que l'humain dans sa relation à l'autre peut apporter par l'exercice de ses gestes.

La numérisation tous azimuts de nos comportements et donc de nos vies, est inexorable. Nous sommes entrés de plain-pied dans l'ère de l'information. Toutes les activités de nos sociétés sont impactées de façon intensive et accélérée, tous les acteurs sont embarqués dans cette « transition ». Je vois que de nombreux utilisateurs apprécient le « tout automatisé », ils s'en réjouissent même : plus besoin de se frotter aux autres pour consommer tranquillement : des magasins sans magasin ni caisse, des guichets virtuels, des services en ligne, de l'information sur le Net, des réseaux « d'amis » virtuels… La liste est sans fin.

Et puis il y a les autres, moins à l'aise avec le tout numérique, méfiants de l'usage de leurs données, recherchant le contact, l'interaction, ceux qui ont envie de parler véritablement, pas de tweeter, de se regarder, de se sourire, de se toucher… Ceux qui ne mettent pas tous leurs œufs dans le même panier.

J'observe une tendance à abîmer et à étouffer la possibilité de gestes, qui font société. Pour beaucoup les motifs qui ne relèvent pas de l'économique sont secondaires. L'intérêt de relations humaines autres qu'utilitaires ou commerciales s'efface devant les impératifs des marchés.

Au sein même des organisations, des collaborateurs en viennent à se cantonner à la simple exécution d'actes, en oubliant que l'essentiel de l'action se fait en interaction avec d'autres gens, de façon engagée et responsable. Ceci d'autant plus que l'institution ne valorise, ne comptabilise, ne rétribue que l'acte et non le geste, qui préserve la relation. « *Si vous n'êtes pas d'accord faites le 2 !* »

Cette montée du numérique semble irrésistible sous la pression des nouvelles formes de captation de valeur qui entraînent un enrichissement délirant des grands acteurs du numérique, et de l'hyper contrôle pour la mise au pas des citoyens, déjà à l'œuvre en Chine. Ces forces, soutenues par des lobbyings intenses, entretiennent fascinations et fantasmes, qui bornent la pensée. Nombreux sont par ailleurs ceux qui œuvrent à limiter la pensée[10].

Je ne suis pas de ceux-ci. Je ne pense pas que tout est joué, je pense qu'il faut se battre. De nombreuses initiatives sont prises un peu partout pour résister à ces lames de fond. Certaines visent à simplement contenir cette dégradation, d'autres cherchent à inventer de nouvelles façons de se mettre ensemble. Même si d'ores et déjà d'importants dégâts sont à prévoir, il nous faudra batailler pour que réapparaissent de nouvelles formes de lien social. Nous pensons utile de résister et de nous allier à ceux qui ne se résignent pas. Ils sont nombreux.

Avoir conscience d'agir en « *mode geste* » aide à résister et à laisser émerger de nouvelles façons de faire des choses communes. Cette conscience procure plus d'élan et plus

---

[10] *Promouvoir l'agir dans l'ignorance, l'agir sans penser n'est pas nouveau. Il connait un regain ces temps-ci. Primauté de l'obéissance aux ordres, bénédiction de la Sainte Ignorance, aire de post-vérité ou du contrôle des pensées. La science qui étudie les mécanismes de l'ignorance s'appelle l'agnotologie.*

d'assurance, mais aussi plus de sentiment d'agir justement, et plus de sentiment de responsabilité. Je compléterais par l'idée que le geste n'a pas besoin d'objectivité scientifique, ni d'engagement idéologique ou de recours mystiques. Il ne nécessite que conscience, attention, et donc information et pensée. Un geste est là, simplement, tout simplement humain, sans besoin de rien d'autre que lui-même, en interaction avec les autres. En un mot, cette conscience du geste apporte plus de sens immédiat. »

Bruno :

« Avec le « tout numérique », les occasions de présence vont devenir des ressources plus rares. Elles seront à « consommer » avec beaucoup plus de finesse. Se croiser, se rassembler, se retrouver, se montrer, se regarder, s'écouter, s'organiser, s'arranger, se fritter, se mettre d'accord, s'aimer, se « fêter » Dans la vie de tous les jours, cela se fera toujours. Il y aura certainement des différences par rapport aux façons de faire ante-confinement. Même si pour certains ces nouvelles formes sont inacceptables, elles se déploient dans les organisations en télétravail, dans de nombreux rapports marchands et bientôt pour les votes à distance dans la société. Pour réussir au mieux ces adaptations, la notion de geste me semble aujourd'hui pouvoir y contribuer. Prendre le temps d'un léger recul par rapport à l'action, s'observer agir, penser les gestes qu'on adopte et leurs effets sont un bon antidote contre les gesticulations et les activismes frénétiques. De plus ce recul aide à contenir les tentations de repli dans une vision réductrice ou dans sa bulle. J'entends par là les simplifications de pensée auxquelles conduit une vie agitée, tout accaparée à agir sans cesse, hors sol et hors temps, au risque de sombrer dans la violence, envers soi-même et envers les autres. Penser et observer en mode « geste » rend visible avec une lumière crue les gesticulations et les manipulations qui se prennent pour de l'agir, et qui ne sont autre chose que l'action « sans geste », voire de l'action « sans pensée ».

Notre « monde commun » déjà perturbé par le tout économique qui s'est imposé depuis les années quatre-vingt, l'est encore plus avec l'arrivée du numérique. Il est même sérieusement abîmé. Comme le propose Philippe il est urgent de s'atteler à la tâche de renouveler du commun dans le monde.

C'est le sujet sur lequel a travaillé Hannah Arendt[11] dans les années cinquante-soixante, pour reconstruire du sens commun sur les ruines des totalitarismes. Elle a fondé sa réflexion sur trois idées : Celle de naissance, celle de pluralité et celle d'appartenance. Celle de naissance indique que nous avons tous été naissant, et que nous le sommes toujours. « *L'amour n'a pas d'âge, il est toujours naissant* » disait Pascal. « *Les hommes ne sont pas nés pour mourir mais pour innover.* [12] » disait Hannah Arendt à sa manière. C'est notre spontanéité singulière face au monde, nous n'arrivons pas programmés sur terre, quand bien même interviendrait une part de déterminisme liée à la géographie et aux origines sociales. Le monde vivant ne produit pas des clones, mais des êtres singuliers qui veulent vivre. L'idée de pluralité indique que les humains sont multiples et hétérogènes, et que l'homogénéité et l'alignement sur un modèle unique ne font pas des mondes vivants. Enfin l'idée d'appartenance met en avant le besoin de tous les humains de faire corps avec d'autres humains, de se sentir utiles. L'appartenance donne du sens à nos vies.

Je pense ainsi que l'idée de geste peut aider à produire du sens qui nous réunit dans un monde commun, à trois titres : d'abord agir en « *mode geste* » pousse à la spontanéité. Ensuite, il y a mille façons d'avoir un geste, aucune ne cherche à imposer une façon unique mais au contraire accueille celles des autres et s'agence avec elles. Les gestes se manifestent de façon plurielle. Enfin agir en « *mode geste* » renforce le partage de gestes et ainsi le sentiment d'appartenance à un même groupe. Les gestes aident à renforcer les collectifs auxquels on appartient, et vis-à-vis desquels on se sent engagé et responsable.

Mieux encore : les gestes aident à déployer de l'action politique. « *Il y a exercice du politique dès qu'il y a désir de se mettre ensemble autour d'une situation commune pour agir dessus.* » a dit un auteur commentant les travaux d'Hannah Arendt. « *Penser gestes* » y trouve toute sa place. Avoir conscience de la force de ses gestes, les éprouver et les perfectionner, aide à agir librement et efficacement. Les gestes de base d'un vivre ensemble se

---

[11] *Hannah Arendt, « la condition Humaine »*

[12] *Hannah Arendt, « Between Past and Future ».*

renforcent : s'écouter, se parler, se questionner, tenter des solutions qui rassemblent… au-delà des cadres établis, tellement confinés ces temps-ci.

Il est intéressant de « *penser gestes* » en toutes circonstances, tout particulièrement pour :

• Se forger une véritable opinion, une idée vraiment à soi, et ainsi échapper au charivari du ballet des opinions, les siennes pour commencer. « *Il faut dix ans pour avoir une idée bien à soi, dont on puisse parler* » disait Albert Camus[13]. Sans attendre si longtemps, « *penser gestes* » aide à penser à partir de soi, de son expérience, ici et maintenant, et tente d'observer ce qui se passe quand on agit, sans y mettre ni idéal, ni fascination, ni recours aux idées sur étagères et au prêt-à-penser.

• Se mettre en relation « constructive » avec un autre. Constructive dans le sens de rendre possible d'agir ensemble, en confiance, en intérêt porté à l'autre, à ses activités, à ses métiers, à ses gestes. Ses gestes avec lesquels on compose, on s'expose, on se projette[14].

• Agir en expert ; peaufiner ses gestes aide à donner plus de vie à ses enquêtes et à ses expertises. Plutôt que de privilégier l'imposition de ses conclusions et de sa discipline, « *penser gestes* » permet d'élargir l'expertise. Plus vivante alors, elle s'intègre dans le vécu de l'autre, elle tient compte de son intelligence et contribue à une compréhension commune.

• Agir en journaliste ; avoir quelque chose à dire, dire quelque chose qui ne soit ni répétition d'information, ni propos trop structurants qui referment, ni amplification d'émotions. « *Penser gestes* » comme le font certains journalistes qui vont chercher l'information, qui vont vivre leurs sujets sur le terrain et le font vivre ensuite auprès de leurs lecteurs, ça existe.

• Partager et transmettre ; comme nous l'avons précisé page 81, plutôt que de transmission de positions et de patrimoines, nous

---

[13] *Albert Camus dans Noces, édition Folio.*

[14] *Thierry Frémaux, délégué général du Festival de Cannes, rapproche les gestes du judo de ceux du cinéma, qu'il faut réaliser en symbiose avec les autres : la prise, la projection, la chute.*

pensons aux transmissions de façons de développer ses élans et ses trajectoires de vie.

- S'allier aux autres et composer ses forces avec celles d'autres pour accroître notre force de vie commune, si nécessaire actuellement.

- Diriger un collectif. Pour mémoire, c'est l'un des buts de ce livre. Avons-nous réussi ?

Cette liste n'est pas exhaustive. Chacun pourra l'enrichir de tous ses actes de vie, qui sont à chaque fois l'occasion de voir se déployer des gestes. »

Philippe :

« Je prends conscience que notre combat pour penser avec des gestes prend encore plus de sens s'il s'élargit avec tout ce qui interagit avec le vivant. C'est une question vitale et très actuelle, dont la prise de conscience est récente. Défendre les conditions qui nous permettront de vivre et de nous reproduire dans cette « *zone critique* » de vie de quelques kilomètres en bordure de notre terre.

En prenant conscience du « geste » j'ai appris à observer différemment, à saisir autrement la complexité des interactions et leur importance. La pensée des gestes me fortifie pour appréhender les formes de vie telles qu'elles sont en relation avec nous. Il ne s'agit pas d'une liaison banale, ni dominante, mais d'un corps à corps avec le vrai monde. Le geste m'aide à me sentir « terrestre ».

« Les chantiers qui nous attendent sont nombreux. Toute occasion de contact (même si ces occasions sont plus rares aujourd'hui) pourrait être conçue, entretenue et vécue avec le sentiment que nous agissons par le moyen de gestes. Avec l'acuité et la conscience de ce que nous avons à faire ensemble. »

Les gestes aident au sentiment de faire quelque chose de sa vie

Notre contribution porte principalement sur le management, le leadership et les façons de les mentorer. Dans ce livre nous avons tenté d'éclairer ce que signifie agir en « *mode geste* » à partir de notre expérience de dix ans de cohortes et de mentoring. Ce cheminement nous a aussi permis de découvrir que cette approche déborde largement le terrain du management, et que le champ est beaucoup plus vaste que nous le pensions. De nombreux textes ont été écrits sur cette question.

Par-dessus tout, grâce à ces ouvertures, nous avons découvert que passer en mode geste est un véritable changement de pied. Les gestes ne sont pas un rajout aux actes, pour leur donner un peu plus d'humanité qu'il serait bon de prendre en compte, parfois. Non. C'est une façon différente de penser l'action, en prenant en compte sa forme. Plus intégrée, plus conséquente, moins conceptuelle, plus les pieds sur terre. Comme remise à l'endroit, par rapport aux façons systématisées et refroidies de penser l'agir humain qui prédominent ces temps-ci. Cette façon de penser l'action se rapproche de réflexions en cours sur une philosophie des formes de vie qui font société[15]. À notre façon nous disons des gestes qu'ils font société.

Dans « *penser gestes* » il y a penser. Penser librement des formes de vies innombrables, toutes intelligentes, capables de s'agencer pour maintenir et revitaliser un monde commun. Penser librement[16], à plusieurs, dans un monde si compressé, où nous manquons d'air sous le poids des réseaux, des pensées à sens unique, des mondes binaires, du temps qui nous est compté.

---

[15] *Distinctes des philosophies fondées sur l'être. Pour une ontologie des formes, nous faisons référence aux écrits de Giorgio Agamben et de Marielle Macé.*

[16] *Est-il possible de penser autrement que librement ?*

Épilogue provisoire

> *« Les idées nées dans des jeux communs continuent à faire des appels du pied. »*[1]

Philippe :

« Pendant ces 10 années j'ai grandi, j'ai partagé, et j'ai embarqué sur l'agir en « *mode geste* ». Quel plaisir aujourd'hui d'avoir avancé sur un domaine qui concilie mes engagements personnels, professionnels et politiques. À ce point je crois y voir suffisamment clair pour avoir envie de transmettre cette idée.

J'ai grandi en apprenant à me détacher de la mainmise des disciplines et des croyances qui assènent leur vérité[2]. À me libérer de la mise en case et être porté par un mouvement qui porte mes valeurs, mes envies de vivre dans un monde d'humains, mon aspiration à un élan puissant pour jouer avec les forces de vie, sans avoir besoin de se fixer.

J'ai partagé, j'ai trouvé une façon de progresser avec l'autre, avec les autres, de cheminer, de tâtonner en tournant autour d'un mot : le geste, qui produit du qualitatif et du relationnel, dans un monde quantitatif et fonctionnel. Il s'est révélé juste et efficace Nous avons accepté de nous confronter, de nous chicaner, de nous éprouver mutuellement, de composer nos regards pour mieux voir la réalité de l'agir.

---

[1] *Anna Tsing, « Le champignon de la fin du monde » p 412.*

[2] *« Il y a des regards qui grignotent les ailes, en vous enfermant dans leur étroite appartenance, et d'autres qui donnent la force de les déployer. » Macile Hubert in « Une voix le soufflera » Ed. Babelio.*

J'ai embarqué un certain nombre de personnes de tous milieux, de tous statuts, avec le plaisir d'avoir contribué à les faire grandir. L'invitation à grandir en leadership est progressivement devenue une invitation pour grandir dans la vie. Le regard de certains qui ont cheminé avec nous est inoubliable.

J'ai eu le plaisir de visiter des façons de penser l'action, d'apprécier des poètes, des philosophes, de découvrir des écoles de pensée, des auteurs. Et là j'ai appris à picorer, à prendre, à ma guise, ce qui correspondait le mieux à ma façon de faire usage de ma vie. J'ai rencontré ceux qui faisaient de même. Avec Bruno, puis d'autres, nous avons continué à progresser ensemble, nous avons partagé pour aboutir à un corpus instable, en suspens, inachevé, jamais fixé, qui pourtant tient la route.

J'ai dépassé les amertumes, les tiraillements, les combats que j'avais menés dans les entreprises. Penser les gestes, aide à penser le mouvement et à l'encourager, beaucoup plus pleinement que le penser « principes et méthodes ». Mon propos est renouvelé. Il ne présente pas une nouvelle théorie, mais laisse chacun venir épouser le mouvement, découvrir ses gestes et les voir se manifester avec plaisir. S'y exprime un souffle nourri par une envie, un élan, libéré d'une finalité étroite ou du sacré d'une croyance.

Notre choix du « grand ouvert », qui évite toute « remise en cases », est un bel apprentissage pour nous. Sa transmission est fragile, elle ne s'appuie pas sur des outils, mais sur l'invitation à déambuler ensemble sur les chemins du geste. Il reste à étendre ce réseau des « amis du geste » qui voudront faire ensemble ;

« Et tout le monde est content »[3].

Bruno :

« Et pourtant un grand doute me vient à l'issue de la rédaction de ce livre : Et si ce parcours n'était que dérisoire face à l'ampleur des problèmes qui pointent. Ils sont énormes : économiques, énergétiques, écologiques, sociétaux, vitaux… À l'échelle de huit milliards d'humains. Dans un moment de parler obscurs, où tout se dit sur tout, de façon véhémente, insultante ou plaintive, où le

---

3 *Francis Guittonneau, mentor chez Talents et Mentoring, en conclusion de ses mentoring.*

sens vient à manquer. Prendre conscience que l'on agit par des gestes donne plus de sens à l'action, mais n'est-ce qu'un vol de colibri dans une forêt en feu ?

Beaucoup ont déjà leurs solutions pour faire face à ces temps perturbés, certains restent optimistes et souriants, d'autres serrent les dents et se préparent à des temps difficiles voire féroces, certains enfin se préparent à d'autres mondes. Qu'est-ce que « *penser gestes* » apporte en plus dans ce patchwork ?

« *Penser gestes* » apporte quelque chose d'essentiel et de radicalement irréductible : je sais que j'ai quelques gestes en moi, avec lesquels j'interagis avec les autres, qui sont mes façons humaines d'habiter dans ce monde. Quel que soit le monde vers lequel nous nous dirigeons il me faudra pouvoir accomplir ces gestes, sinon plus rien n'aura de sens pour moi. Je mourrai étouffé. Voilà ma boussole. Si dans le monde que vous me proposez j'ai la possibilité d'y déployer librement mes gestes, je m'allierai à vous, sinon je m'écarterai, voire je m'opposerai.

Une telle boussole personnelle peut-elle être utile à plus vaste échelle ? Je ne sais pas dire non plus. Ce que je sais dire c'est que « *penser gestes* » protège des tentations idéologiques, des fascinations, des emportements agités. Face aux élucubrations et aux bonimenteurs « *penser gestes* » est un bon antidote. « *Un geste ne ment pas.* » Ce pourrait être un cri de ralliement pour rallier ceux qui aiment la vie dans un monde habité.

« *Penser gestes* » est-il accessible à tous ? Oui certainement, parce que tous les humains sans exception portent en eux ces élans de gestes pour faire société. Nous vivons tous de gestes, de relations rythmées par des gestes, de moments où sont mis à l'épreuve nos propres gestes dans les contacts avec les autres. Nous avons tous le souci de les perfectionner non seulement pour mieux réussir mais aussi pour vivre plus intensément. Il est essentiel de cultiver cette possibilité de gestes pour qu'elle s'amplifie face aux menaces qui s'accroissent.

Parfois, quand me sentant à l'étroit je souhaite me redéployer, je commence par prendre une grande respiration, comme celle du moment de ma naissance. Un geste premier. Puis je regarde autour de moi, avec un regard le plus neuf possible, sans devoir ni contrainte. Alors je me sens vivant, comme les animaux dont parle si bien François Serrano : « *Que font donc les animaux quand ils ne se nourrissent pas, ne se reproduisent pas, ne se reposent pas ? Comme nous, ils jouent.* » [4]. Et je retourne à la vie. »

[4] *François Sarano, Le retour de Moby Dick, Actes Sud, collection « Mondes sauvages ».*

Remerciements

Nous devons beaucoup à tous ceux qui ont fait partie de cette aventure,

Par le temps qu'ils ont passé avec nous à témoigner, observer, converser, affiner nos points de vue communs, ils nous ont aidés. Nous leur en sommes reconnaissants.

Nous tenons tout particulièrement à remercier : Marie Diehl pour ses apports éclairants dans les échanges que nous avons eu tout au long de ces dix dernières années, Philippe Soille, pour les témoignages qu'il nous a apportés tout au long de la rédaction de ce livre. Anne Augier Pommey notamment pour sa traduction d'un texte de Kafka, Marc de Briançon pour s'être prêté au geste de dépliages de gestes, Bernard Bresson pour la perspective de travailler les gestes professionnels dans le cadre de l'Arche, Francis Guittonneau, pour ses contributions sur les gestes de la sécurité, et ses mentoring remarquables, Vincent Barbier qui nous a précisé la distinction entre le comment ça fonctionne et comment ça vit, tous les autres mentors, tous les mentorés, et participants aux cohortes, et nos amis qui nous ont soutenus tout au long de cette aventure, Aurore de la Morinerie pour ses illustrations élégantes, Charles Faugeron pour avoir partagé la quête du geste et rédigé un texte sur le geste du rameur, François Daniel Migeon pour la confiance qu'il a eu en nous et avoir osé un dispositif innovant dans la fonction Publique, Hervé Dumez et Magali Ayache qui se sont intéressés à notre approche de l'accompagnement et du partage d'expérience par les gestes, Yann Kerninon, philosophe, qui nous a présenté le geste du prestidigitateur, Jean Alain Baup, qui nous a initiés à l'observation et a posé le référentiel d'ArnavA, que nous avons fait évoluer, avec son regard bienveillant, Olivier Rattez qui nous a confié des cohortes de directeurs d'unités de gestion, Anne Catherine Unger qui nous a confié l'animation d'une cohorte de développeurs de talents. Et tant d'autres.

Nous tenons aussi à remercier les relecteurs et leurs précieux retours : Michel Bon, Renaud Sarrabezolles, Lionel Pourtau, Michel Berry, Magali Ayache, Thierry Demogue, Gérard Diehl, Didier Lebret, André Cathelineau.

Annexes

L'ensemble des documents présentés si après sont disponibles sur le site

https://talents-et-mentoring.com/

COMMENT QUALIFIER UN GESTE ?

Nous interagissons principalement par nos gestes. Nos gestes sont la partie vivante de nos interactions, à la différence des mouvements mécaniques. Les gestes ne trompent pas. Ne pas faire de geste, ou en faire de maladroits voire détestables, produit des tensions contre performantes.

Porter attention aux gestes, les siens, ceux des autres, donne plus d'espace, plus de profondeur à notre puissance d'agir, seul, et avec les autres. Porter attention aux gestes rend le fonctionnement collectif plus agile.

Dire ses gestes, en parler, ouvre l'attention aux gestes, à leurs effets, à leur perfectionnement. C'est aussi une façon de parler de son expérience, de la rendre plus clairement visible et porteuse de sens, pour les autres et pour soi-même. Ainsi la communication professionnelle s'élargit au-delà des messages fonctionnels et informationnels. Elle ouvre en grand la relation, le ressenti de valeurs et d'engagements responsables, ainsi que la manifestation de talents.

Parler de ses propres gestes est délicat et peu habituel. Quel dommage de puiser si peu dans cette ressource riche de vie et à portée de main !

Dix critères permettent de qualifier un geste professionnel :

Dire un geste professionnel fait sentir qu'il :

1. Est porteur de valeurs et de sens présent.
2. Procure un plaisir profond et inspiré.
3. Est incarné, toujours unique, même quand on le répète.
4. Produit un effet supérieur à la simple application de méthodes et de recettes.
5. Au-delà d'être efficace, il aide à transformer.
6. S'acquiert, se travaille, se perfectionne avec l'expérience.
7. Donne plus de vie aux relations et aux interactions.
8. Fait gagner du temps.
9. Prépare mieux que tout à l'imprévisible.
10. Transmet la vie et donne envie de le transmettre.

Un geste se vit, un geste se dit.

Les gestes entourent notre vie, ils forment notre vie.

Ils donnent vie au « modèle » managérial.

GESTES ET ÉNERGIES

Quand un rôle en action devient geste, il n'est plus utile de distinguer l'acte de l'être agissant. Ils forment un tout, chargé d'élan et d'énergie de vie. Fini les découpages entre l'acte et les compétences requises, entre les faits et les causes, qui nécessitent beaucoup d'attention pour être observés et expliqués.

Lorsque nous nous sommes mis à parler de gestes du leader plutôt que de rôles et d'actes, notre façon de les dire s'est modifiée. Nous avons parlé de moments de vie, de mouvements de vie, tendus par des énergies à l'œuvre ou en émergence, propres à chacun, qui interagissent, s'assemblent ou se confrontent avec celles des autres.

Philippe en est venu à dire les sept gestes du leader de la façon suivante :

Donner le SENS : C'est inspirer l'envie de se projeter dans un même devenir tout en prenant appui sur le vécu quotidien. C'est partager un élan vers quelque chose, une perspective, un paysage, un devenir ouvert.

Piloter la PERFORMANCE : C'est relier ce que nous faisons à la perspective souhaitée et faire prendre conscience des justes arbitrages entre les différents aspects de la performance. Arbitrages qui assurent les équilibres, les agencements, les rythmes et les pressions pour y arriver.

Créer des LIENS : C'est établir et faire vivre que chacun ne vaut que dans ses relations avec les autres. Une envie de percevoir ce qui unit au-dedans et au-dehors. Découvrir les complémentarités, la force des alliances, l'émulation, le partage, l'agir ensemble.

Libérer les ÉNERGIES : C'est reconnaître à chacun ses élans, ses agilités et ses histoires. Et faire en sorte qu'ils se composent avec les autres. Que la polyphonie qui en résulte augmente la force de l'action commune, et ses effets.

COMMUNIQUER : C'est avoir conscience d'être un être de parole vivante et présente qui fait effet comme tel. Votre parole elle-même est le message, plus que les mots que vous énoncez. Votre parole porte, rassure, éclaire. Elle est la voix incarnée de l'élan commun.

Développer les TALENTS : C'est aider les autres à se déployer, à grandir en professionnel. C'est être attentif à leurs talents en propre. Les inviter à les cultiver, à s'épanouir en s'intégrant avec les autres. Susciter le grandissement dans un vide relatif, plein de possibles.

Exercer L'AUTORITÉ : c'est porter l'exigence d'une Institution, avec subtilité, courage, pour que tous s'y rallient. En bon gestionnaire et aussi avec solennité. En présence, compréhension et intelligence, souplesse et fermeté s'il le faut en cas de dépassement de ligne blanche.

AGIR en LEADER, c'est être traversé par des courants d'énergie distincts qui animent ces différents gestes. Les gestes, autant que les énergies qui les sous-tendent produisent des effets d'entraînement et l'accroissement des forces des autres. Ces forces se composent avec les siennes propres, et se renforcent mutuellement dans un mouvement commun non uniforme, dans une expérience partagée.

Tout cela porté par des êtres singuliers qui donnent corps, qui donnent vie à ces élans mêlés, chacun à sa façon, avec sa patte, l'énergie, les couleurs qu'ils y mettront, les histoires qu'ils y tisseront.

« LE PLUS »

Nous travaillons depuis plus de dix ans sur l'action du leader.

Pour appréhender la « performance » d'un leader, à partir de l'observation de ses « résultats probants », nous avons pensé en termes d'actions nécessaires, de méthodes, de rôles incontournables, de « fondamentaux », de fonctions indispensables, de responsabilité, de morale.

Chaque fois, quelque chose en plus apparaissait devoir être pris en compte.

Ce quelque chose en plus relevait des compétences, des comportements, de l'attitude, de la posture, du tempérament, du caractère, des façons bien personnelles d'agir et de penser, de vivre en relation avec les autres, de s'engager, de se vivre.

De multiples sources nous proposent différents repères pour traiter ce « quelque chose en plus ». Sans nous convenir tout à fait.

Les notions d'attitudes et de postures nous semblent trop statiques pour saisir les effets produits dans les mouvements. Il en va de même pour les compétences et les comportements, abordés de façon très analytique et programmatique par les techniques en pointe. Même si ces différentes disciplines nous renseignent et nous éclairent, nous restons sur notre faim.

Faute d'arriver à définir ce quelque chose en plus, un quelque chose qui augmente l'action du leader, nous avons alors cherché à le nommer. Ce « plus » qui rend effective cette action dans un monde d'humains et de vivants, par un supplément de chair, d'âme, d'élan, d'exigence, d'audace, d'utopie.

L'idée nous est venue alors du mot « geste », pour sa connotation de « forme donnée à un mouvement », et pour sa dimension de « vécu de l'action d'une personne ». Le geste est vécu, tant par la personne qui l'exécute, que par celle qui le « reçoit ». Le geste est perçu comme une action d'une personne, en présence, dans un contexte, dans une histoire, dans un habitat.

Le mot geste nous convient aussi car il ne présuppose pas un quelconque sens moral (auquel il faudrait adhérer en préalable). En premier lieu, un geste « est ». Ensuite seulement, il peut être qualifié de bon ou de mauvais, de valable ou de détestable, de devoir être fait ou non.

Un geste donc est la manifestation de comment une personne est présente, pense et agit, avec ses façons bien à elle. Comment, par ses gestes, elle est en relation avec les autres, en communauté et comment elle fait effet sur eux. C'est ainsi que nous parlons des « Gestes du leader ».

Par extension, nous utilisons cette expression pour qualifier « le plus » que l'on trouve aussi dans les actes professionnels des métiers. Nous avons ainsi approfondi les notions de « gestes des développeurs de talents », « de gestes professionnels »

Notre approche éprouvée des pratiques managériales et des métiers, les pédagogies que nous avons mises en œuvre, les approfondissements « théoriques » auxquels nous avons dû procéder, nous ont fait découvrir que lorsque le « geste » est bien appréhendé dans sa richesse et dans son efficience, l'envie vient alors de le transmettre.

Nous pensons donc que « penser gestes », c'est penser plus.

LE RAMEUR

Depuis la rive, le spectateur entend le bruit du bateau avant de voir le bout de son nez. Un bruit sourd, métallique, qui se confond avec celui, plus organique, de la masse d'eau qu'il déplace en avançant. Un bruit d'une régularité implacable qui sonne presque martial, agressif, quand pour les rameurs il est synonyme de plaisir.

Vu de l'extérieur, la posture des rameurs peut elle aussi prêter à confusion. Le dos droit comme un I, le visage fermé, la tête obstinément tourné vers l'arrière du bateau. Condamnés à répéter inlassablement le même mouvement. Ils doivent trouver le temps long.

De son côté, le rameur aimerait leur rendre leur salut, à ces spectateurs massés sur le quai. Mais comment ? S'il lève une main, s'il se tourne vers eux, le bateau tangue et c'en est fini de la force centrifuge qui le maintient bien droit dans sa lancée. Les muscles bandés, le dos gainé, chaque rameur vient se placer dans la roue de celui de devant et calque son mouvement sur le sien. Ensemble, ils remontent les rails au même rythme, préparent leurs pelles à la perpendiculaire au-dessus de l'eau, et les lâchent en même temps. Alors la magie opère : un courant continu parcourt les muscles des quatre rameurs qui dans un même geste déplient leurs jambes, poussent sur les pieds, tirent sur leurs bras et ramènent les mains sous la poitrine.

Ce faisant, ils propulsent le bateau, qui en retour gargouille de plaisir. Deux sons parviennent alors à l'oreille du rameur et lui signalent que le coup de pelle est réussi : le bruit métallique de la machinerie qui se met en branle, un seul son pour quatre rameurs, communément appelé « schlack ». Ainsi que le gargouillis de l'eau qui s'engouffre sous la pointe avant, et parcourt la coque sur toute sa longueur. Ce bruissement de l'eau sous la coque constitue la plus belle récompense du rameur, bien davantage que la vitesse atteinte par le bateau ou la libération d'endorphines après l'effort. À mesure que le bateau prend de la vitesse, la coque se soulève au-dessus du niveau de l'eau et défie la gravité. Dans son sillage, quatre tourbillons généreux de chaque côté témoignent de la puissance imprimée par les rameurs. Coup après coup, tous se concentrent pour ne pas contrarier le mouvement. Ce n'est alors pas la peur de chavirer qui les animent mais bien plutôt l'envie de prolonger cette sensation de glisse, ce gargouillis permanent. En équilibre sur la pointe des pieds, sur la pointe des fesses, les rameurs manient leurs pelles du bout des doigts. Il ne s'agit pas d'être exagérément prudents, mais bien au contraire de s'élancer en souplesse, gagner en amplitude et en fluidité à chaque nouveau coup de pelle. La prise est ferme mais pas crispée, le dos est obstinément droit mais les épaules relâchées.

Tant de paramètres à intégrer et si peu de temps. Il faut agir vite. Impossible de tout passer en revue au moment de remonter la coulisse. Mais chacun a ses trucs :

- Fixer l'horizon par-dessus la tête de son voisin de devant. Bien sûr c'est difficile si le voisin en question est plus grand ou plus imposant mais c'est en tendant vers ce but que tout le reste suit, le corps vient se ranger dans l'axe de la tête, et la symétrie se met en place dans un bel ordonnancement organique.

- Surveiller la coulisse de son voisin de devant, pour remonter exactement en même temps que lui.

- Ramener les mains sous la poitrine sur l'arrière, de sorte que le bateau se stabilise.

Les exemples sont légion et les paramètres innombrables. Mais une fois le bateau lancé, les ordres, les invectives ne sont plus d'aucun secours, d'où qu'ils viennent. Même un rameur doit savoir lâcher prise (tout en tenant ses pelles). Le corps prend alors le relais. Chaque rameur peut se fier à son expérience, ses années de pratique, les muscles ad hoc qu'il a développés à force d'entraînement. Le corps saura réagir avant eux pour savoir comment se placer, rattraper un soubresaut, faire le lien entre toutes les sollicitations qu'il reçoit. Avec le temps, il est devenu l'un des rouages du bateau.

Un composant bien organique cependant qui se manifeste à intervalles réguliers : le cœur qui bat dans les tempes, le souffle qui s'intensifie, les abdominaux qui tirent puis ce sont les épaules, les chevilles, les avant-bras, les coudes. Une courroie de transmission au service du bateau qui à la différence d'une machine a conscience d'elle-même, de ses limites, de son plaisir aussi. Si l'expérience lui confère une certaine habileté, son comportement n'a rien de machinal. Bien qu'observant la régularité d'un balancier, il remet tout en jeu à chaque coup de pelle, et il n'est rien sans son équipage.

Les rameurs sont nécessairement attentifs les uns aux autres, ils s'écoutent, se ménagent et s'encouragent. Certes parce qu'ils sont civilisés, mais surtout parce qu'ils sont interdépendants. Le même courant continu traverse tous les membres de l'équipage. Ils poursuivent le même but et forment ensemble les rouages d'une même mécanique. Si on se trompe, c'est ensemble et lorsqu'on réussit, c'est forcément ensemble.

Charles Faugeron / septembre 2018.

DES IDÉES POUR PENSER LES GESTES

« Nous vivons de gestes appris devenus naturels.

Ils constituent ensemble notre puissance d'agir. »[1]

Un geste est porteur de sens. Il donne plus de sens à l'action.

Un geste produit plus d'effet qu'un acte.

Le geste libère le mouvement et fait naître de nouveaux degrés de liberté.

Un geste agit comme un greffon.

« Penser geste » aide à se sentir plus agissant.

Le geste relie, il réchauffe les liens.

Le geste aide à établir le contact. Il ouvre et amplifie les relations.

Un geste est généreux. Il aide à habiter quelque part.

Avoir conscience de ses gestes aide à respirer, à se sentir plus libre parmi et avec les autres.

Prendre conscience de ses propres gestes permet de se doter d'un référentiel bien personnel et bien vivant.

Penser « gestes » aide à penser.

Les gestes peuvent devenir des instruments de navigation pour évoluer dans un monde imprévisible.

Faire dire les gestes assure, rassure et renforce, fait grandir (et non s'élever) et ouvre de nouvelles perspectives.

Le geste est un bon remède aux gesticulations.

Les gestes font grandir. Un mentor transmet ses gestes.

[1] *Jean François Billeter, « Esquisses » Ed. Alia*

SOCIODYNAMIQUE ET STRATÉGIE DES ALLIES[2]

Jean Christian Fauvet a élaboré un modèle, qui permet de cartographier les jeux de tensions à l'œuvre dans toutes les organisations humaines.

Le modèle part de la constatation suivante : toute relation entre deux personnes se compose à partir de deux forces de nature distincte : D'une part les forces qui les rapprochent (synergies) et celles qui les éloignent (antagonismes). L'absence de telles forces produit de l'indifférence, autrement dit de la non-relation.

L'idée lumineuse a été de remarquer que la synergie n'est pas le simple contraire de l'antagonisme, et qu'un peu de l'un additionné à un peu de l'autre l'annule. Bien au contraire ils se composent.

Si les forces de synergie l'emportent sur les forces de l'antagonisme, le rapprochement se fait, les alliances se nouent, les forces s'unissent. Dans le cas contraire la division s'installe, les distensions priment, les conflits se déclarent. En cas d'équilibre entre les deux, toutes sortes de négociations sont possibles.

Ces forces peuvent être reportées sur un diagramme, qu'on appelle la carte des partenaires.

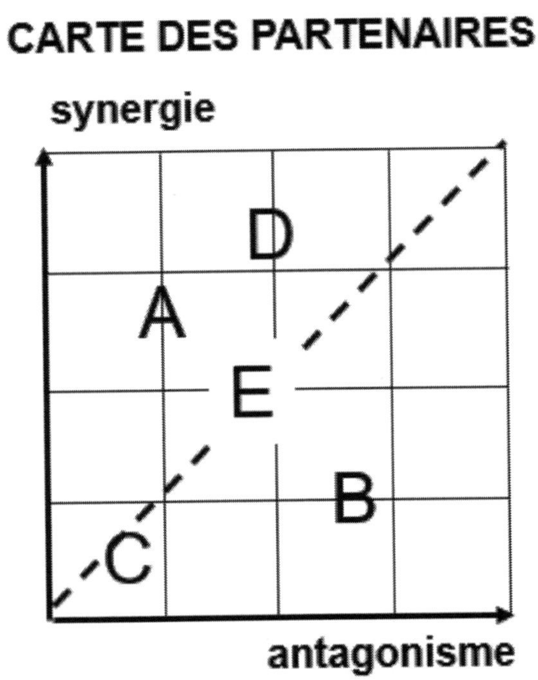

[2] *Pour plus de détail voir le site de l'institut de Sociodynamique : https://www.institutdelasociodynamique.com/*

Sur cette carte une personne a placé ses différents partenaires en fonction des relations qu'ils maintiennent avec elle. À et D sont en position d'alliance (synergie > antagonisme), C'est dans une relation d'indifférence, B est en opposition et E est intéressé à négocier.

La stratégie des alliés consiste à rallier le maximum d'acteurs en développant les synergies et en réduisant les antagonismes.

NB : Des usages brutaux et cyniques ont pu être faits de cet outil. Seules peuvent être incriminées les intentions des utilisateurs, l'outil gardant tout son intérêt.

UN INSTRUMENT LÉGER POUR APPRÉCIER L'ÉTOFFE D'UNE PERSONNE

LA MÉTÉO À PARTIR DU TRÈFLE DES TALENTS

« Il est important que tu connaisses ta valeur car tu vaux beaucoup plus »

Lisa Fischer, choriste des Rolling Stones.

Douze déclinaisons de la question : « aime-t-il et en a-t-il le talent ? »

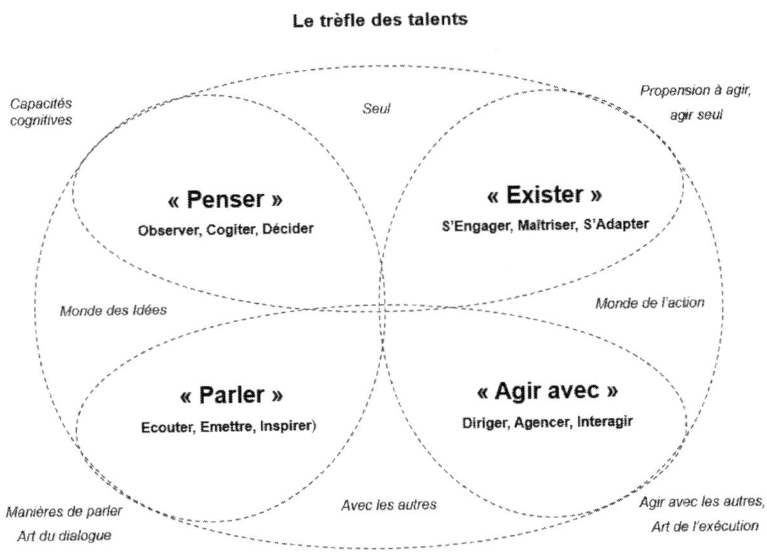

Sur ses façons de « Penser » :

- Observer : comment nourrit-il ses pensées de ce qu'il voit et entend ?
- Cogiter : comment analyse-t-il ?
- Décider : comment ses réflexions produisent ses décisions ?

Sur ses façons de « Parler »

- Écouter : comment prend-il en compte la parole de l'autre, lorsqu'il parle avec lui ?
- Émettre : parle-t-il de façon claire ?
- Inspirer : inspire-t-il par ce qu'il dit ?

Sur ses façons « d'Exister »

- S'engager : quels niveaux de motivations, comment s'automotive-t-il ?
- Maîtriser : Comment maîtrise-t-il les choses ?

- S'Adapter : Comment s'adapte-t-il à l'inattendu et à l'imprévisible ?

Sur ses façons d « Agir avec »

- Diriger : comment prend-il la direction des choses ?
- Agencer : comment organise-t-il l'action commune ?
- Interagir : comment fonctionne-t-il avec les autres au cœur de l'action ?

Météo : Pour chacune des questions, se laisser aller à positionner le talent en Astral (talent hors pair), Grand soleil (talent distinctif), Soleil sympathique (talent bien là), Brume (des interrogations sans que cela ne pose de souci), Verglas (talent non perçu, manque qui pourrait présenter des risques).

NOTRE PRATIQUE DES COHORTES

Une « cohorte » est un dispositif qui permet de faire prendre conscience de ses gestes, de les partager, de les perfectionner et de les transmettre. Il réunit de huit à dix participants. Il est conduit par deux animateurs.

Une cohorte procède en cinq temps :

1. Un temps de préparation où les animateurs repèrent quelques lignes de force qui permettront aux participants d'accrocher leur expérience professionnelle ou autre, afin d'en témoigner face aux autres participants.

2. Un temps de présentation de ce premier canevas de gestes, afin qu'ils s'en saisissent et le traduisent dans leur contexte. La parole leur est alors redonnée tout en veillant à éviter les traductions théoriques, explicatives ou directives. À ce stade il est demandé aux participants de se proposer pour venir témoigner sur l'une des formes d'action. Cette étape se fait lors d'une réunion de deux heures.

3. Un temps d'aide personnalisé à la préparation des témoignages. Cette préparation est nécessaire, tant il est inhabituel et troublant de parler de son vécu, sans référence à des cadres conceptuels.

4. Un temps pour les témoignages lors de réunions. Nous recommandons de ne pas présenter plus de deux témoignages par réunion, Un témoignage comporte le temps de témoignage (15 à 20 minutes) et le temps des échanges avec les autres participants (40 à 45 minutes). Lors de ces présentations les animateurs veillent à ce que chacun s'exprime, en évitant tout jugement ou explication. Ils soulignent les points remarquables des échanges et font en sorte qu'un collectif s'établisse (le partage des gestes en est le fil rouge).

5. Un temps de débriefing personnalisé avec chacun des participants pour poursuivre le dialogue et souligner les talents qu'il a mis en évidence durant ce parcours. Ce sont sur ces talents qu'il pourra s'appuyer pour perfectionner ses propres gestes.

Un tel dispositif peut se démultiplier aisément. Fort de leur participation à un tel dispositif les intéressés reproduisent de façon diffuse cette façon de parler, d'observer, et de dire les gestes dans leurs pratiques managériales.

Témoignage :

« J'ai découvert la diversité des personnes et des situations de leadership que je ne voyais pas. C'est un énorme atout de la fonction publique sur lequel il faut miser. Cette démarche aidera à faire grandir les leaders potentiels. J'en ai parlé autour de moi, j'ai des candidats ».[3]

---

[3] *Cité dans le Mook / Transformations (s), Etat agile, Etat durable. Mai 2012. / éd. Autrement*

NOTRE PRATIQUE DU *MENTORING*

Un ***mentoring*** est un accompagnement de développement professionnel basé sur un partage d'expérience avec un pair. Celui-ci, riche de ses réussites professionnelles, apporte son expérience tant en développement professionnel qu'en compréhension des contextes du mentoré (professionnels, organisationnels et managériaux). C'est un accompagnement dans l'action, conduit selon un parcours cadré, outillé, cadencé, orienté vers l'obtention d'un résultat probant tant pour l'intéressé que pour l'entreprise.

Les caractéristiques d'un *mentoring* :

C'est un dialogue à pied d'égalité, symétrique, sans attribution de rôles.

Les échanges portent sur les activités du mentoré, ses façons de s'y prendre et de les vivre dans ses activités professionnelles, tant opérationnelles que manageriales.

L'interaction est principalement relationnelle. L'affect et l'affinité y ont leur place. Elle est peu de nature fonctionnelle, ou

Les façons d'interagir du mentor avec son interlocuteur :

1. Il part du donné de l'autre, de ses élans et de ses talents, ainsi que de sa façon de voir les choses. Et de les vivre. Il l'écoute, vide d'intention et d'objectifs.
2. Il parle la langue de l'autre, à même hauteur.
3. Il découvre et visite le jardin du mentoré, avec lui, en croisant son regard avec le sien.
4. Il lui dit les choses telles qu'elles sont.
5. Il le stimule en le poussant à s'appuyer sur ses points forts.
6. Il l'accompagne en privilégiant le mode partage d'expérience sur les autres modes (raison, compréhension, méthodes, instructions).
7. Il transmet ses élans de vie.

Témoignage :

« La manière dont vous l'abordez est quelque chose de précieux : c'est savoir parler de quelque chose que vous connaissez pour l'avoir vécu : le rôle du dirigeant. Vous aidez votre interlocuteur à avoir une dilatation de lui-même, à l'assurer, à le réassurer. Il ne s'agit pas d'autre chose que d'une démarche de solidarité humaine. »[4]

[4] *Hubert du Mesnil.*

Bibliographie

Giorgio Agamben, Karma, « court traité sur l'action, la faute et le geste » et « Homo Sacer » Ed. Le Seuil

Hannah Arendt : « La condition humaine ». Ed. Pocket – Calmann-Lévy

Jean François Billeter : « Paradigme », « Leçons sur Tchouang Tseu », Ed. Allia.

Yves CLOT : « Le travail à cœur. » Ed. La Découverte. 2 010.

Yves Cohen : « Le siècle des chefs, Une histoire transnationale du commandement et de l'autorité (1890-1940) », Ed. Amsterdam.

John Dewey : « Le public et ses problèmes » Ed. Farrago – Léo Scheer 2003

Jean Christian Fauvet : Le manager joueur de Go. Ed. d'organisation - Eyrolles

Julia de Funes, « Développement (im —) personnel » Ed. L'Observatoire.

Bruno Latour : « Pasteur, et la guerre des microbes », « Petites leçons de sociologie des sciences » Ed. La découverte.

Thibault Le Texier : « Le maniement des hommes. Essai sur la rationalité managériale. » Ed La Découverte.2016

Marielle Macé : « Styles ». Ed. Gallimard, Essais, 2016

Olivier Rattez, « Petites leçons de management reçues des gens simples »,

Barbara Stiegler : « Il faut s'adapter » Ed. Gallimard, Essais, 2019

Nicolas, Nessim Taleb : « Le cygne noir », « Antifragile », Ed. Les belles lettres

Anna Tsing : « Le champignon de la fin du monde. » Ed. La Découverte 2017

Sources des citations :

- Albert Camus : « Noces », « le dernier homme ». Ed. Folio - Gallimard.
- Barbara Cassin : Vocabulaire européen des philosophes Ed. Le Seuil. 2019.
- Italo Calvino. « Leçons américaines. » Ed. Folio — Gallimard
- René Char, « Le bâton de rosier », 16 août 1982.
- François Cheng. : Vide et Plein, Ed. Point Essais — Le Seuil.
- William Finnegan, « Jours barbares » Ed. du sous-sol. 2017
- Raymond Devos : « Sens dessus dessous ». Ed.
- Pascal Dusapin : « Une musique en train de se faire ». Ed. Le Seuil
- Macile Hubert in « Une voix le soufflera » Ed. Babelio.
- René Huyghe, « Dialogue avec le visible. ». Ed. Flammarion.
- Étienne Klein : « Ce qui est sans être tout à fait, essai sur le vide. » Ed. Actes Sud.
- Emmanuel Levinas, « Hors Sujet ». Livre de poche, Ed. Biblio essais
- Haruki Murakami, 1Q84, Ed. Collection 10/18
- Henri Michaux : « Passages ». Ed. Gallimard
- Montaigne « Les Essais. » Ed. Arléa 2007.
- François Sarano « Le retour de Moby Dick » Ed. Actes Sud.
- Robert Pirsig - Traité de Zen et de l'entretien des motocyclettes, Ed. Le Seuil.
- Sylvain Tesson : Petit traité sur l'immensité du monde. Ed. Pocket -
- Paul Valéry : « Que se passe-t-il ? » *Cahiers, Tome 2, La Pléiade 1980, Ed. Gallimard.*

Encarts

Illustrations

Couverture et têtes de chapitres : Aurore de la Morinerie
Corps du texte : Bruno Diehl
Photo 4° de couverture : Philippe Faugeron

Table des matières

Achevé d'imprimer par Corlet - 14110 Condé-en-Normandie
N° d'Imprimeur : 175686 - Avril 2022 - Imprimé en France

Structures éditoriales du groupe L'Harmattan

L'Harmattan Italie
Via degli Artisti, 15
10124 Torino
harmattan.italia@gmail.com

L'Harmattan Hongrie
Kossuth l. u. 14-16.
1053 Budapest
harmattan@harmattan.hu

L'Harmattan Sénégal
10 VDN en face Mermoz
BP 45034 Dakar-Fann
senharmattan@gmail.com

L'Harmattan Cameroun
TSINGA/FECAFOOT
BP 11486 Yaoundé
inkoukam@gmail.com

L'Harmattan Burkina Faso
Achille Somé – tengnule@hotmail.fr

L'Harmattan Guinée
Almamya, rue KA 028 OKB Agency
BP 3470 Conakry
harmattanguinee@yahoo.fr

L'Harmattan RDC
185, avenue Nyangwe
Commune de Lingwala – Kinshasa
matangilamusadila@yahoo.fr

L'Harmattan Congo
67, boulevard Denis-Sassou-N'Guesso
BP 2874 Brazzaville
harmattan.congo@yahoo.fr

L'Harmattan Mali
ACI 2000 - Immeuble Mgr Jean Marie Cisse
Bureau 10
BP 145 Bamako-Mali
mali@harmattan.fr

L'Harmattan Togo
Djidjole – Lomé
Maison Amela
face EPP BATOME
ddamela@aol.com

L'Harmattan Côte d'Ivoire
Résidence Karl – Cité des Arts
Abidjan-Cocody
03 BP 1588 Abidjan
espace_harmattan.ci@hotmail.fr

Nos librairies en France

Librairie internationale
16, rue des Écoles
75005 Paris
librairie.internationale@harmattan.fr
01 40 46 79 11
www.librairieharmattan.com

Librairie des savoirs
21, rue des Écoles
75005 Paris
librairie.sh@harmattan.fr
01 46 34 13 71
www.librairieharmattansh.com

Librairie Le Lucernaire
53, rue Notre-Dame-des-Champs
75006 Paris
librairie@lucernaire.fr
01 42 22 67 13